新訂 事例で学ぶ保育内容

領域 **表現**

監修 無藤 隆
編者 浜口順子　宮里暁美　刑部育子
著者 砂上史子　吉川はる奈　岩立京子　吉永早苗　郡司明子

萌文書林
Houbunshorin

新訂版 シリーズはじめに

　幼児「カラー5領域」シリーズについて、多くの方々に大学の授業や現場での研修などのテキストとして使って頂いてきたが、平成29年3月の幼稚園教育要領、保育所保育指針、幼保連携型認定こども園教育・保育要領の改訂（改定）を受けて、そのポイントを盛り込み、改訂しました。

　同時に、従来からの特徴を堅持しています。第一に何より、保育現場の写真をほとんどの見開きに入れて、視覚的なわかりやすさを可能にしていることです。それは単なる図解ではなく、長い時間を掛けて、保育現場で撮った実践についての写真です。中身に意味があるように、複数の写真を組み合わせて、本文で記述している活動の流れがわかるように工夫したところも多々あります。また、写真をすべてカラーにしてあります。今時、誰しも写真がカラーであることに慣れているだけでなく、やはり実際の様子がよくわかるからです。特に初心の学生などそれは大事なことです。

　第二に、本シリーズでの実践例と写真は、特にお茶の水女子大学附属幼稚園及び東京学芸大学附属幼稚園など、編者や執筆者が関わりの深く、全国的にも名がとどろいている園について、その長年にわたり蓄えられてきた実践知を解説と写真により明らかにしようとしてきたのです。その実践者自身も多く執筆していますし、研究者もまた実践者と協同しながら研究を進めてきており、また保育の改善や解明に努めてきました。その成果を本シリーズで初心者にもわかりやすい形で伝えるようにしています。

　第三に、その意味で本シリーズは、大学の研究者と現場の実践者との間のまったくの対等の協同関係により執筆してきました。その協力関係を維持し発展させることと本書を執筆する過程は重なり合ったものなのです。日頃から研究会や保育公開や園内研究会などを通して協働してきた間柄でもあります。

　第四に、実践と理論の往復と対応に意識して、執筆しました。その二つが別なことでないように、話し合いを重ねて、原稿の調整を行いました。シリーズの全体のあり方を整えるとともに、各巻ごとに編者を中心に執筆者と互いに連絡を取りつつ、完成に至ったのです。理論的な立場の章も実践のあり方を踏まえ、それに対する展望を提供するよう努めました。

　最後に何より、新しい幼稚園教育要領、保育所保育指針、幼保連携型認定こども園教育・保育要領の考え方を反映させています。それは次のように整理できます。

最も基本となることは、従来からの考えを引き継ぎ、乳幼児期に相応しい教育のあり方を保持し発展させていくことです。この時期の子どもは園の環境にある物事に能動的・主体的に関わることを通して成長を遂げていくのであり、保育者の仕事はそれを支え促す働きにあります。また、この時期に子どもに経験してほしい事柄を整理したものが保育内容の5つの領域なのです。

　そこで子どもの内面に育つ力が「資質・能力」です。それを子どもが関わり、その関わりを通して体験を重ね、学びとして成立していく過程として捉えたものが幼児教育としての3つの柱です。プロセスとしてとらえることにより保育において子どもを指導する際のポイントが見えてきます。それは、子どもが気づくこと・できるようになること（知識・技能の基礎）、試し工夫すること（思考力などの基礎）、自分のやりたいことに向けて粘り強く取り組むこと（学びに向かう力など）を中心としたものです。それは短い時間での活動をよりよくしていく視点であり、同時に、長い期間を掛けて子どもの学びが成長につながっていくあり方でもあります。

　その資質・能力の始まりの姿を示すものが保育所保育指針などに示させる乳児保育の3の視点です。自分の心身への関わり、人との関わり、物との関わりからなり、それが5つの領域に発展すると同時に、そこから資質・能力が伸びていきます。

　その幼児期の終わりの姿が「幼児期の終わりまでに育ってほしい姿」です。それは資質・能力の成長が5つの領域の内容の中で具体化していき、姿として結実し、さらに小学校以降へと述べていく様子を示しています。これが実践を見直す視点として使えるものとなります。

　このように、新たな考え方を取り入れながら、乳幼児期の教育の本質である環境を通しての保育の考え方を実践に具体的に即して解説したものが本シリーズなのです。

　このような大胆な企画を全面的にサポートして頂いた萌文書林編集部の方々に感謝するとともに、本書に登場することを快く承知して頂いた子どもたちと保護者の方々、また保育の現場の実践者の方々に感謝申し上げます。

　平成29年の年末に

監修者　無藤　隆

本書はじめに

　10年ほど前、本書の初版をつくった際にめざしたのは、子どもの表現をみるときに大切なのは、その「結果」よりも「経過（プロセス）」なのだということが、具体的に明確に伝わる内容にすることでした。社会では、大人になると、表現のプロセスよりも、どのような形に表せるか（結果）の方が問われるようになります。たとえば、TPOに合ったふるまいができるか、お礼やお詫びをどのような形であらわすのか、といったこともそうです。音楽的・造形的な表現に関しては「上手」や「下手」などの評価にさらされやすくなるでしょう。しかし、こうした表現の結果ばかりが重んじられていると、人は、自分自身の気持ちや考えを表現することをためらい、ひいては自分自身の感じていること考えていることを大事にしなくなり、また、人の表現に対してもそのような態度をとるようになるでしょう。乳幼児期から、自分の表現のなかにある気持ちや意思が大切にされることは、そこにいる人（保育者やほかの子どもたちなど）と共に安心して過ごす基盤を築くことでもあります。そのなかで、子どもは自由に表現したいと思い、自分自身とも素直に対話しながら自分らしさを発揮していく人になるでしょう。

　本書は、10年ぶりに内容を一新しましたが、表現のプロセスを大事にするという点では変わっていません。子どもが保育者や友達と日常を共に過ごしながら、色、形、材質など、身の回りのモノの世界がもつ多様さ、豊かさ、美しさに驚き、興味をもち、働きかけ、意味豊かな世界を創造するプロセスを見ていきましょう。そして、そのような表現がどう育ち、それを環境がどう支えるのか、具体的な事例や写真をとおして考えていきましょう。このテキストでは、0歳からの表現のプロセスも多く取り上げられています。また、音楽的・造形的表現の乳幼児期から児童期への変化、指導法のヒントなどについても多くの事例が盛り込まれるようになりました。そして、表現をとおした教育の新しい試みや今後の方向性についても、海外の情報も含め、フレッシュな視野を拓くものとなっています。この新訂版が、子どもたちの表現環境の質の向上にわずかでも貢献できれば幸いです。

平成30年2月

編者代表　浜口　順子

領域 表現
Contents

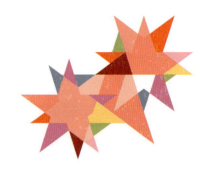

シリーズはじめに
本書はじめに

第1章 幼児教育の基本

§1 幼稚園教育要領、保育所保育指針、幼保連携型認定こども園教育・保育要領における幼児教育の捉え方とは …… 12
1. 幼児教育の根幹／2. 育みたい資質・能力／3. 幼児期の終わりまでに育ってほしい姿／
4.「資質・能力」を育む3つの学び

§2 これからの0～2歳児の保育 …… 18
1. 非認知と認知能力／2. 養護と教育の一体性／
3. 0～2歳児の保育における「視点」から領域へ／4.「視点」と「領域」

§3 幼児教育の目的と領域 …… 21
1. 幼児期にふさわしく教育するとは／2. 小学校以上の教育の基盤として／
3. 家庭や地域の教育とのつながりのなかで／4. 子どもの発達を促すとは／
5. 保育内容がもつ意味

§4 環境を通しての教育 …… 26
1. 環境に置かれたものと出会う／2. 園という場が探索の場となる／
3. 子ども同士の関係のなかから始まる／4. 保育者が支える／
5. 子どもが活動を進め組織し計画する

§5 幼児教育の基本 …… 30
1. 幼児期にふさわしい生活の展開／2. 遊びを通しての総合的な指導／
3. 一人一人の発達の特性に応じた指導／4. 計画的な環境の構成

§6 保育者のさまざまな役割 …… 34
1. 用意し、見守り、支える／2. 指導し、助言し、共に行う／
3. 共感し、受け止め、探り出す／
4. あこがれのモデルとなる／5. 園のティームとして動く

§7 幼児教育と領域「表現」……………………………………………………… 38
　　1. 幼児教育の目標と5つの領域／2. 領域「表現」の概要／
　　3.「幼児教育において育みたい資質・能力」と領域「表現」／
　　4. 領域「表現」のねらいと内容／5. 幼児期の終わりまでに育ってほしい姿

第2章 乳幼児期の発達と表現

§1 感性と創造性を育む ……………………………………………………… 48
　　1. 感性と創造性を育む／2. 表現者を主体として理解する／
　　3. 遊びを表現と捉える／4. 保育的関係に支えられる表現

§2 豊かな表現を支える援助や環境について ……………………………… 53
　　1. 乳児（0歳）の表現／2. 1歳以上3歳未満児の表現／3. 3歳以上児の表現

§3 乳幼児の表現が育つ基盤 ………………………………………………… 65
　　1. 乳幼児の主体的な活動を生活の中心に／2. 子どもの表現を育てる園環境

第3章 生活のなかにあるものをあじわい、感性を養う

§1 色 …………………………………………………………………………… 70
　　1. 色をあじわう／2. 色にこだわる

§2 形 －ブロック・積み木－ ……………………………………………… 75
　　1. ブロック／2. 積み木

§3 歌 －音・リズム－ …………………………………………………… 80

§4 動き ………………………………………………………………………… 82

§5 手触り ……………………………………………………………………… 85

§6 共にあじわい表現する …………………………………………………… 89
　　1. 保育者と共にあじわい、保育者に支えられて表現する／
　　2. 友達と共にあじわい、共に表現する

第4章 自然やものの美しさに触れる －感性を身につける－

§1 自然の美しさに触れる …………………………………………………… 94
　　1. 美しさが生まれるプロセス／2. 五感で緑を体験する／3. 本物の動物に出会う／
　　4. 手に届くものと届かないもの／5. 季節の産物をあじわう

§2 飾る・変身する …………………………………………………………… 100
　　1. イメージをもって遊び始める／2. 一連の遊びを高める子どもの工夫・能力／
　　3. 質を高める／4. 機能を増やす

§3 あこがれる ……………………………………………………………… 104
　1.「あこがれ」の存在／2.「あこがれ」を眺め、「あこがれ」をあじわう／
　3.「あこがれ」に近づく

§4 夢中になる ……………………………………………………………… 108
　1. 達成をめざす姿／2. 自分の力と真正面から向き合う／3. 他者との一体感を感じる

§5 こだわる ―究める― …………………………………………………… 111
　1. こだわりから生まれるもの／2. 繰り返しのなかで／3. 思いを集中させていく

第5章 コミュニケーションとしての表現

§1 まねる …………………………………………………………………… 116
　1. 乳児期における模倣（まね）の始まり／2. まねることから、より豊かな表現へ／
　3. 響き合う表現と人との関わりの深まり

§2 見せる …………………………………………………………………… 120
　1. 他者のまなざしの理解とその共有／2. 見せることによる自己の意味づけと自己形成

§3 友達を受け止める ……………………………………………………… 127
　1. 気持ちを受け入れて関わる／2. 年下の子どもたちに配慮する／
　3. 友達とメロディを奏でる

§4 話し合う ………………………………………………………………… 132
　1. 心を動かす出来事に出会う／2. 協同して取り組む

第6章 保育者が支える表現

§1 **表現を支える保育者の基本的なあり方** ………………………………… 138
　1. 子どもが始めたことを大切に受け止める／
　2. 共に感じ、共に楽しむ人として関わる／
　3. さまざまな表現に興味や関心があり、表現の楽しさを知っている

§2 **豊かな表現を支える援助や環境について** ……………………………… 143
　1. 子どもの姿を丹念に捉えることから始める／
　2. 豊かな感性を育む環境をつくり、共に感じ楽しむ／
　3. 心が動き表現する喜びをあじわえる活動を創り上げる／
　4. 多様な表現が自由に行き来する生活を創る

§3 **表現を支える保育者の基本的なあり方** ………………………………… 161
　1. なぜ、保護者への働きかけが大切なのか／
　2. 感じることの大切さを保護者に伝える／
　3. 子どもの取り組みの過程について画像等を通して伝える／
　4. 表現する楽しさを保護者自身があじわえる場を設定する

第7章　子どもの豊かな感性と音楽表現

§1　乳幼児にとって音楽表現とは …………………………………………… 166
1. 聴く・感じる・考える／2. 聴く・見る・感じる・イメージする／
3. 音を観察する感性

§2　音楽表現の芽生え ………………………………………………………… 169
1. 遊びを引き出す音／2. 音声のコミュニケーション／
3. 自然の音への気づきからの展開

§3　「感じる・考える・工夫する」音楽表現のために（教材研究） ……… 173
1. 環境との対話／2. 歌うこと／3. ひとつの教材からの展開を考える／
4. ねらいの明確化（保幼小連携）／5. 拍とリズム（幼小連携）／
6. 応答性／7. 即興性／8. 手作り楽器の意義

§4　音楽表現の実際 …………………………………………………………… 180
1 さまざまな素材から音を見つける・表現する／2 音の連想を引き出す／
3 聴く・考える・工夫する（＝主体的な表現に生まれ変わったコンサート）／
4 わらべうた遊びと「幼児期の終わりまでに育ってほしい姿」

第8章　子どもの豊かな感性と造形表現

§1　乳幼児にとって造形表現とは …………………………………………… 188
1. 「もの」（こと、人、場所）との対話／2. 触れて、感じて、表現する／
3. 「もの」（ごと）に向き合う感性

§2　造形表現の芽生え ………………………………………………………… 192
1. 遊び＝探索活動を誘発する造形性／2. 「もの」を介したコミュニケーション／
3. 日々の生活（自然）と共にある造形表現

§3　「感じる・考える・工夫する」造形表現のために（教材研究） ……… 197
1. 「感じる・考える・工夫する」表現活動を支えるために／2. 触れる（感触遊び）／
3. 描く／4. つくる／5. みる —見立てる／6. なりきる／7. あじわう

§4　造形表現活動の実際 ……………………………………………………… 207
1. 多様な「もの」との出会い／2. ほぐれる・染まる・交わる／
3. 日常の遊びから劇遊びへ／4. 季節の行事を創造的に／
5. 親子一緒に造形表現 —活動から展示に至るまで／6. 造形表現を通じた幼小接続

第9章 領域「表現」の現代的課題と新たな試み

- §1 **現代における「表現」の問題** ………………………………………… 216
  - 1. 表現する意欲はどのように生まれるのか／2. 作品から表現の生成過程へ／
  - 3. 表現を支えるための保育者の役割／4. 保・幼・小の接続を考える
- §2 **表現を生み出す環境** …………………………………………………… 222
  - 1. 素材と道具／2. 環境
- §3 **表現の評価** ……………………………………………………………… 227
  - 1. 作品・制作過程をどのように保障するか／2. 表現の生成過程を捉えるICTの活用／
  - 3. ドキュメンテーションとポートフォリオ／4. 作品展・展覧会
- §4 **表現活動に対する国内外の先駆的取り組み** ………………………… 233
  - 1. 芸術家や専門家と園との協働的実践／
  - 2. 親子で参加する園におけるアートワークショップ／
  - 3. 美術館におけるアーティストの作品作りに園児が参加する／
  - 4. 海外の美術館の事例 ― 親子で休みの日に美術館へ

引用文献 ……………………………………………………………………… 243
学生に紹介したい参考文献 ………………………………………………… 245
幼稚園教育要領、保育所保育指針 ………………………………………… 246

※本文中の上付き数字 [1] は、引用文献の番号を示しています。
引用文献は、巻末に章別に掲載してあります。

● 掲載写真について ●

本書は保育事例・写真を多数掲載して編集いたしました。ご協力いただきました園や関係者のお名前は、奥付に「事例・写真 提供協力」としてまとめています。また、本書全体にわたって多くの事例と写真のご協力をいただいた4園については、下記のように園名を略して本文中にも掲載しております。

略　　称	正　式　園　名
お茶大	お茶の水女子大学附属幼稚園
お茶大いずみ	お茶の水女子大学いずみナーサリー
お茶大こども園	文京区立お茶の水女子大学こども園
学大小金井	東京学芸大学附属幼稚園小金井園舎

第 1 章

幼児教育の基本

―――― この章で学ぶこと ――――

乳幼児期にふさわしい教育を行う、その中核が「環境を通しての保育」の捉え方である。
子どもは身近な環境に能動的に関わり、その充実した活動すなわち遊びを通して
心身の成長が可能となる。それを遊びを通しての学びと呼ぶ。
そこで育っていく子どもの根幹にある力が資質・能力であり、
それが幼児教育の終わりまでに育ってほしい姿として結実し、さらに小学校以降へと伸びていく。

§1 幼稚園教育要領、保育所保育指針、幼保連携型認定こども園教育・保育要領における幼児教育の捉え方とは

1 幼児教育の根幹

　幼稚園教育要領第1章では、幼児教育の根幹を幼児期の特性に応じて育まれる「見方・考え方」として示している。幼児教育における「見方・考え方」は、「幼児がそれぞれ発達に即しながら身近な環境に主体的に関わり、心が動かされる体験を重ね遊びが発展し生活が広がる中で環境との関わり方や意味に気づき、これらを取り込もうとして諸感覚を働かせながら試行錯誤したり、思いを巡らせたりする」ということである。

　この体験というのは内面が動くことと言っている。だから、心を動かされる体験というのは、いろいろなことに喜んだり感動したり、ワクワクしたりする体験をすることである。そういうことを積み上げながら、子どもの主体的な遊びが発展していく。また、遊び以外の生活の場面が広がっていく。そのなかで環境との関わり方や意味に気づき、自分たちが環境に関わっていることがどういうふうにすればよくなるか、どういう意味をもっているかについて考える。環境の関わり方を知り、こうしたいと思う気持ちをもち、それを取り込んで、自分のものとして自分の力でやってみたいと思うことから試行錯誤が生まれる。これは体を使い諸感覚を使いつつ、思い巡らすことである。思い巡らすというのは、「じっくり考える」「あれこれ悩む」「こうかなと思う」「こうしようとする」といった、子どもの内面的な、知的であり情動的なことを表現した様子である。

　たとえば、子どもたちが砂場遊びのなかで水を流すとする。樋（とい）を使って水を入れていくときに試行錯誤するだろう。子どもたちのイメージとしては水が水路みたいにスーッと流れていく、だけれど、樋が短いから組み合わせていく。その時に4歳児で最初はいい加減にやっていると、傾斜が平らで流れなかったり、樋に隙間が空いていると水が漏れたりするし、そうしているうちに、たとえば樋を重ねるときに上流の樋が上になければならない、逆になっていると隙間ができてしまうとか、細かいことに気づいて台を工夫することを何度もやっていく。そこに身近な環境に主体的に関わっている姿がある。何とか水を流したいというあこがれのイメージをもち、そのうえで何度も工夫している。水を流したいという気持ちから生まれる物事の関連づけということがここでいう意味である。子どもにとって、実際に何かをやることで、さまざまな事

柄のつながりが見えてくる。そのなかで、自ら考えながら、保育者と話しながら何度もやっていく。そこには試行錯誤がある。同時に単に手先で適当にやっているわけではない。ランダムにやっているわけではなくて、一度上流の樋を上の方にすると気づけば、それが外れたらまた上に乗っけることをする。傾斜が適当にできたら、それが外れたらちゃんと直す。水の特徴に気づきながら、それを自分のものにしていく子どもの様子が見られる。

そう考えると、幼児教育の一番の中心は、この「見方・考え方」であって、それを子どもが自分のものにしていく過程であるわけである。それを保育者は援助していく。この「見方・考え方」が成立していく過程を「学び」と言っている。それが幼児期にふさわしい教育のあり方で、それが一番の中核になる。今回の改訂では、それが幼稚園・保育所・認定こども園でつながる根幹だということで明確にしてある。

そのうえでそれを小学校以降につないでいく必要があると考える。ここにもふたつの側面がある。ひとつは幼児教育と小学校教育のつながりをしばしばあまりに周辺的・断片的なことを見ていく傾向があるということである。そうではなく、子どもたちが学校教育を通して育っていくときに身につけていく力の根幹までさかのぼって整理していく。これを小学校・中学校で言えば、教科を超えて共通の子どもたちの力の根幹というものは何なのかということに戻って整理していくということになる。それを「資質・能力」と呼んでいる。小学校とこの資質・能力においてつながる。もうひとつは、あまりにそれが抽象的すぎるので、具体的に5歳児の終わりごろの子どもたちが見せる発達の姿を具体的に提示して、それを小学校につなぐとしてある。この二重の構成によって幼児教育と小学校教育のつなぎをしていく。

2 育みたい資質・能力

まず、根幹となる力について3つに分けてある。①は「知識及び技能の基礎」、②は「思考力・判断力・表現力等の基礎」、③が「学びに向かう力、人間性等」である。これは小・中学校において従来言ってきた、「知識・技能」と「思考力・判断力・表現力等」と「主体的に学習する態度」という学力の3要素に対応している。この3つの資質・能力は幼・小・中・高で大きくは同じであるとしている。また、幼稚園と認定こども園と保育所においても同様である。つまり、すべての幼児教育の施設と、基本的には小・中・高が共通の枠組みであるとしたわけである。その共通性を明らかにさせて、そのうえで幼児期の固有性というのを、先ほどの見方・考え方によって、幼児期らしく言い換えて、はっきりとさせていく。

まず1番目に、「知識及び技能の基礎」の部分（豊かな体験を通じて、感じたり、気付いたり、分かったり、できるようになったりする）である。これは、砂場の例でいうと、「水は高い所から低い所へ落ちる」くらいは3歳児でもわかるだろうが、「ちょっとした隙間があるとこぼれる」とか、もう少し大きくなると、「相当ゆるやかにすると水が流れない」、逆に「傾斜があると水の流れが速くなる」という傾斜度に気づいていく。実際に遊びながら特徴を見いだしていくのだが、これが知識及び技能の基礎となる。それは別の言い方をすれば「何

（what）」についてである。知識及び技能の基礎というのは、世の中にはいろいろなものやいろいろな人がいて、それぞれの特徴がわかるということであるし、それぞれの特徴に関われるということだと言える。水の特徴に気づく、縄跳びが跳べる、ウサギをだっこできる、ダンゴムシは丸まるなど、それぞれの特徴がわかる、知るとか、実際にウサギにとって心地よいように抱くことができるなどといった、個別的な事柄が実は幼児教育のなかでは無数に存在する。これをまず基本として捉える。

　2番目に、「思考力・判断力・表現力等の基礎」であるが、これは、「気付いたことや、できるようになったことなどを使い、考えたり、試したり、工夫したり、表現したりする」力である。では、「考える」というのはどういう場面で起こるだろうか。「考える」というのは、脳のそれなりの部分を使うことであり、活性化していると言ってよい。その意味での考えること自体は乳児のときからしていることである。

　ただ、大人は頭の中だけで考える。それは、幼児にはなかなか難しい。幼児の「考える」場面というのは、つまり先ほどの砂場に水を流すだとか、段ボールで窓を窓らしく作るとかなどで、それは子どものやりたいことや願いがあることによって「工夫する」という姿が出てくる。どう工夫すればいいか、ということで立ち止まり、そこで試行錯誤する。その手を止めて「エーと」と思うその瞬間に子どもの考えが生まれる。一瞬考えるなかで、子どもたちの試行錯誤と考える力が入り混じっている。気づいたこと、できるようになったことを使いながら考えたり試したり工夫したりするわけである。

　さらに、ここに表現も出てくるだろう。つまり、考えたことや工夫したことを互いに伝えるということである。それによって子どもたちの考える力はさらに伸びていく。伝え合うというのは対保育者や対子ども同士ということであるが、「ここのところを工夫した」「こういうふうにするといいんだよ」等をお互いに言えるようになっていく。そこに自分たちの考えることの自覚があり、自覚があることによってよりよく考えるところに結びついていく。

　3番目の「学びに向かう力、人間性等」であるが、これはまさに非認知的な力の部分である。根幹にあるのが学びに向かう力なのだと考える。つまり、幼稚園教育要領等でこれまで大切にしてきた「心情・意欲・態度」というものはまさに非認知的能力、あるいは社会情動的な力である。そこでは従来、態度の詳細があまり書かれていなかったが、そこをもう少しはっきりさせていく。「心情・意欲」はまさに「心が動かされ」「やりたい」「好きになる」「興味をもつ」という部分である。「態度」はそれをもとにして、「粘り強く取り組む」とか「積極的に工夫する」あり方を指している。意欲だけではなく、たとえば「好奇心」「やり遂げる力」「挑戦していく力」「人と協力する」等、さまざまなことが「態度」と呼ばれており、それによっていかによりよい生活を営むかが大切になる。子どもが自分たちが作った物、気

づいたものを使ってさらに遊びや生活を発展させるものということを指す。たとえば、5歳児がまず大きなお家を作って窓を開けてみる。その後、3歳児をそこに招待する、中でお茶会をする。そうするとテーブルを用意してお茶セットを置いて、3歳児を呼んできて……ということはひとつの遊びの活動が次に展開しながら子どもたちがそれを生かしてまた活動していっている。これこそが、「よりよい生活を営む」幼児像となる。

では、それは具体的にはどういうふうに実践していけばよいのか。幼児教育の具体的な中身は5領域にある。5領域というのは「ねらい」があって、それは「心情・意欲・態度」を中心とした、先ほど示した3つの資質・能力の部分であり、具体的には内容を指している。内容によって、とくに「知識及び技能の基礎」が育まれる。砂場を使うのか、水を使うのか等々のことが内容となる。

そのうえで10の姿というのを提示している。これは、5歳児修了までに資質・能力が育っていく際の具体的な姿として挙げられている。つまり、5領域の中で5歳児の後半で、子どもたちに育っていくであろう姿を取り出している。5領域の内容というのは、よく見ると、やさしめなものと難しいものが混じっている。「これは3歳児くらい」というものと「これは5歳児くらい」というものが混じっているのである。それとともに、小学校との関連において、幼稚園・保育所・認定こども園を共通化していくときに幼児期の終わりまでに、言い換えれば幼稚園、保育所や認定こども園で育っていく「子どもの最終像」を描いていくことが大切になると考えている。それを小学校へつなげていく。それは最終テストをしようという発想のものではない。5歳児の2学期・3学期の子どものあれこれ遊び・活動している様子を思い浮かべたときに、思い当たる節があるようなことを示している。「あれが育っている」「あの辺がまだ育っていないから、ちょっと10月から力を入れよう」等を10に整理してある。

3 幼児期の終わりまでに育ってほしい姿

10の姿を確認したい。①は「健康な心と体」で、幼稚園などの「生活の中で、充実感をもって自分のやりたいことに向かって心と体を十分に働かせ、見通しをもって行動し、自ら健康で安全な生活をつくり出すようになる」とある。これはまさに領域「健康」そのものである。5歳児後半らしさというのは「見通しをもつ」とか「生活をつくり出す」というようなところかと思われる。それらは3歳児もできなくはないだろうが、それをちゃんとするのは難しいというところで、やはり5歳児の姿であると思われる。

次に②自立心は、「身近な環境に主体的に関わり様々な活動を楽しむ中で、しなければならないことを自覚し、自分の力で行うために考えたり、工夫したりしながら、諦めずにやり遂げることで達成感を味わい、自信をもって行動するようになる」とあり、これはまさに非認知的な力になる。これも、たとえば「自覚して行う」とか「諦めずにやり遂げる」とか「自分の力で」というと年長らしさというものを感じるわけで、この辺まで育ってほしいと

保育者として願うのである。

　さらに、③協同性も同様である。「友達と関わる中で、互いの思いや考えなどを共有し、共通の目的の実現に向けて、考えたり、工夫したり、協力したりし、充実感をもってやり遂げるようになる」とあるが、これはまさに「人間関係」のなかに、「友達と楽しく活動する中で、共通の目的を見いだし、工夫したり、協力したりなどする」とあり、それを受けている。共有するとか工夫、協力するとかやり遂げるということが、年長らしさということになるだろう。

　そういった10の項目が用意された。その際に、この『幼児期の終わりまでに育ってほしい姿』は、資質・能力が5領域の内容において、とくに5歳児の後半にねらいを達成するために、教師が指導し幼児が身につけていくことが望まれるものを抽出し、具体的な姿として整理したものである。それぞれの項目が個別に取り出されて指導されるものではない。もとより、幼児教育は環境を通して行うものであり、とりわけ幼児の自発的な活動としての遊びを通して、これらの姿が育っていくことに留意する必要がある。

　この姿というのは5歳児だけでなく、3歳児、4歳児においても、これを念頭に置きながら5領域にわたって指導が行われることが望まれる。その際、3歳児、4歳児それぞれの時期にふさわしい指導の積み重ねが、この『幼児期の終わりまでに育ってほしい姿』につながっていくことに留意する必要がある。これは保育所・認定こども園なら、0歳、1歳からスタートすることになるだろう。そして、これが「5歳児後半の評価の手立てともなるものであり、幼稚園等と小学校の教師がもつ5歳児修了の姿が共有化されることにより、幼児教育と小学校教育の接続の一層の強化が図られることが期待できる」のである。また、小学校の教員に「幼児教育って要するに何ですか」と聞かれたときに、「この10の姿を育てることです」と返答することができる。逆に言うと、「小学校に行く子どもたちはこの10の姿が多少なりとも育っているところです」と言えるわけである。厳密にいうと「この子はここが弱い、ここは伸びている」というのがあると思うので、それに向かって育っていきつつあるということであり、その具体的様子は要録等で示していけばよい。言うまでもなく、幼児教育における評価は、テストしてということではなく、保育者が保育を改善するためにある。

　この上で、10の姿として実現していく「資質・能力」を育てていくというときに大切なのは、「プロセスをどうしっかりと進めていくか」ということである。具体的には「学習過程」という表現であるが、学校教育法上で幼稚園も「学習する」ことになっているので「学び」と呼んでもいいし、「遊び」と呼んでもよい。資質能力を育てていく、その学びの過程にあって、子どもたちが主体的な遊びをするなかで身につけていくプロセスを保育者はどう支えていくか指導していくか。その際のポイントを3つに整理したのが「主体的・対話的で深い学び」の充実である。

4 「資質・能力」を育む3つの学び

　この「主体的・対話的で深い学び」というのは幼・小・中・高で共通して使っている言葉であるが、幼児期には幼児期なりの意味で使っている。

　「①直接的・具体的な体験の中で『見方・考え方』を働かせて対象と関わって心を動かし、幼児なりのやり方やペースで試行錯誤を繰り返し、生活を意味あるものとして捉える『深い学び』が実現できているか」

　「②他者との関わりを深める中で、自分の思いや考えを表現し、伝え合ったり、考えを出し合ったり協力したりして自らの考えを広げ深める『対話的な学び』が実現できているか」と言われており、これは、他者と協同の関係、自分たちでやっていること・やってきたことを言い表し、伝え合うなかで深めていこうとすることである。

　「③周囲の環境に興味や関心をもって積極的に働きかけ、見通しをもって粘り強く取り組み、自らの遊びを振り返って、期待をもちながら、次につなげる『主体的な学び』が実現できているか」。これは「主体的」について、まさに幼児教育の中心の部分である。主体的な遊びを通して学びを実現していくことなのである。ここはまさに非認知的な能力を育てるということである。ここでのポイントはまず、興味や関心をもってまわりに働きかけるということ、2番目は見通しをもつことである。粘り強く取り組むというのは、見通しをもつことなのである。

　たとえば、「人の話を聞く姿勢」といっても、ただボーッと座っていればいいわけではない。ボーッと聞くか、しっかり考えて聞くかの違いは、見通しをもつかどうかの違いなのである。なかなか3歳児に見通しをもつことは難しいだろうが、4・5歳になると「何をめざしてこれを言っているのだろう」と考えることができるようになってくる。砂場に水を流すというのは、樋と水があるなかで先生に「流しなさい」と言われて流すということではなく、子どもにとっては砂場に海やプールのようなものを作ろうとするなかで、バケツやホースを使うのであろう。つまりは、何かしらのものを作ろうとしているイメージがあり、見通しをもっている。そういうなかで主体性は育っていき、さらに、自らの姿勢を振り返ることができるようになる。「今日どういう遊びをしたのか」、「その遊びのなかでどういう工夫をしたのか」というのを友達同士で伝え合うということ、クラスで先生が子どもに聞いて発表してもらう、「これはどう」と聞いてもらう、それが対話ということである。

　そう考えると、「深い学び」も、「対話的学び」も「主体的な学び」ももちろん相互に密接に関連し合っていて、「ここが主体的な学びの時間、こっちが対話的な学び、ここが深い学び」ではない。すべての基礎となっているのが、子どもがものと出会い、人とつながり合いながら、より主体的で対話的な深い学びを実現していく過程であり、それが幼児教育のなかで起きているプロセスなのである。それが、より高いレベルで充実したものになるための指導のあり方である。幼児教育がほかの教育と共通性をもち、いかに小学校教育以降につながって、しかも同時に幼児期としての土台を形成できるかということをはっきりさせているのである。

§2 これからの0〜2歳児の保育

1 非認知と認知能力

　保育において普通の言い方をすれば、「認知」というのは知的な力で、「非認知」というのは情意的な力とか人と協働する力ということである。「資質・能力」でいうと、「知識及び技能の基礎」は「気づくこと」と簡単には言えるが、それは知的な力の一面である。もう一面は2番目の「思考力等」で、それは考えること、工夫することであり、知的な力の中心だ。3番目の「学びに向かう力・人間性等」というのは「心情・意欲・態度」の育ちから生まれるとあるので、情意的な部分となる。「心情・意欲・態度」という「心情」は、気持ちとか感情であり、心が動かされると説明できる。「意欲」はやりたいと思うこと。「態度」というのは、保育内容でいうと粘り強くできるといった類のことを指している。だから粘り強く最後まで取り組むとか、難しいことにも挑戦してみるとか、みんなで一緒に考えていくというのを「態度」と言う。そのあたりを一括りにして「学びに向かう力」ということで、これを小・中・高共通の言い方にしようとしている。

　幼児期の終わりまでに育ってほしい姿を理解するとき、乳児期から始まるということが重要である。「乳児保育のねらい・内容」で3つの視点が示されている。第1が「自分の心身への関わり」である。2番目は「親とか保育士など身近な人との関わり」で、信頼感とか愛着を育てることから始まる。3番目は「ものとの関わり」で、ここに気づいたり考えたりという知的な部分の芽生えがある。

　なお、「健やかに伸び伸びと育つ」という部分で、心身について子どもが自ら健康で安全な生活をつくり出す力の基盤を養うということとしており、これが幼児期の終わりまでに育ってほしい姿とつながることがわかる。つまり乳児から始まって幼児期、さらに小学校・中学校との連続性を明瞭に出してある。また、身近なものとの関わりの方は、「考える」「好奇心」というのも入っている。乳児もまた当然ながら考えるのである。それは小学生や、まし

て大人とは違う働きでもあり、無意図的で無自覚的であるけれど、そこから発展していき、より意図的で自覚的な考えへと乳幼児期全体を通して発達していく。人間関係は段階的であり、まず愛着が成り立って、その次に1〜2歳児を見ていくと、仲間との仲良し関係が始まり、3歳以降に集団的な取り組みや共同的活動が始まるという3段階になっている。ベースとして愛着がまず先にある。

このように、いずれも発達的な展開として示してあり、視点で異なるが、いずれにしても乳児期からの連続的な発展というのが強く打ち出されている。

2 養護と教育の一体性

　養護とは生命的な存在である子どもの生きることそのものの保障を言っている。生命の保持と情緒の安定という整理は、その身体とさらに心の基盤を整えるということを意味している。とくに保育側がそのことの責務を負っており、保育所なり認定こども園ではとくに幼い子どもがおり、長時間の生活があるので強調されるが、実はその用語を使うかは別とすれば、幼稚園教育でそもそも「保育」という用語を使い（学校教育法における幼稚園教育の目的）、保護という概念がそこで中核的な意味をもち、また児童福祉法の根幹にある理念としての「愛し保護すること」を受けている以上、当然なのである。

　養護とは保育・幼児教育の施設の場という家庭から離れて不安になっている子どもを安心していてよいとするところから始まる。そこから、保育者との愛着・信頼の関係に支えられ、子どもの関心が徐々にその周囲へと広がっていく。すると、そこにほかの子どもたちがおり、いろいろなものがあり、さまざまな活動が展開していることに気づき、そこに加わろうとする動きが始まる。そこでの経験の保障が保育内容の5つの領域として整理されたものであり、その経験を「教育」と呼ぶのである。だから、養護に支えられた教育が「幼児教育」ともなり、将来の小学校以降の学校教育の土台となり、同時に小学校以降の教育を下に降ろすのではなく、身近な環境における出会いとそこでの関わりから成り立つ経験をその幼児教育としていくのである。

3 0～2歳児の保育における「視点」から領域へ

　実は乳児保育の「視点」は、5領域が成り立つ発達的根拠でもある。発達的問いというのは大体始まりを問題にする。身体に関わるところは比較的直線的に発達していく。物の辺りは広がりとして発達していく。人との関わりは対大人と対子どもと違うので階段的な展開をする。いずれにしてもその5領域が教科教育の手前にある乳幼児期に成立する土台であり、さらにその基盤がある。逆に、その上に発展の土台があって、その上に教科があるということなのである。全体を見ると、小・中学校の教科教育の発達的な基盤が乳児から始まることが明示されたと言えるのではないだろうか。そういう意味で、乳幼児から大人までの流れを発達的に規定して教育を位置づけるということになったのである。

子どもが主体的に環境と相互作用することで、その成長が保証されていくという原理は平成元年度から入っているが、子どもの主体的な生活、自発的な活動としての遊びを、専門家である幼稚園教諭・保育士が援助していくという構造が、平成20年度ではっきりとしてきた。計画としての保育課程、実現としての指導計画というカリキュラムがはっきりしている。それを受けて、幼児教育全体の原則が構造的に明示されたのである。

　「幼児期の終わりまでに育ってほしい姿」というのは方向性であると述べた。それは幼児期に完成させようとしているわけではない。乳児期から育っていく方向である。「姿」というのはさまざまな活動のなかで見えてくる子どもの様子である。かつ、保育者がていねいに見ていけば見えるような様子なのであり、現場で見えてくる部分を大切にしていこうというメッセージなのである。とくに、乳児保育から始まる子どもの姿であるのだが、幼稚園もゼロから始まるわけではなく、幼稚園に行く前に家庭での育ちがあり、さらに子育て支援施設などで集団経験がある程度あり、そういうところの育ちを受けて幼稚園がある。

4 「視点」と「領域」

　乳児保育では、たとえば8か月の赤ちゃんは、自分の体と相手となる大人、そしてそばにあるものとの関わりで始まる。それに対して保育内容というのは子ども自身がどう関わるかという、その子どもの関わりである。「保育内容」という場合には、まわりにいろいろなものがあるというところから出発する。人がいる、物がある、動物がある、植物がある、積み木があるというように、物や人や出来事の整理で、そこに子どもが出会っていくという捉え方をする。しかし乳児においては、子どもが関わるという行為そのものが先にあって、そこから対象化が始まる。それを「領域」と呼ぶと誤解を招くので、「関わりの視点」としている。関わるというあり方が重要なのである。乳児自身がまわりにどう働きかけるというか、まわりにどう関わるかということの視点である。小さい時期から人と関わるなかにいろいろなことが生まれてくるという、関わりから捉えるということを意味している。

§3 幼児教育の目的と領域

　幼児教育は家庭や地域の教育とつながりつつ、家庭で養育されてきた子どもの力をさらに家庭外にある諸々に向けて伸ばしていくものである。園でのさまざまな活動から子どもが経験することがしだいに身について積み重なり、小学校以降の学校教育やさらにはそこでの自立した生活への基盤となっていく。だが、それは単にのちに必要なことを保育者が一方的に述べれば身につくということではない。幼児期の特性に配慮してそれにふさわしい指導の仕方がいる。だが、逆にまた幼児期にふさわしく、子どもが喜ぶなら何でもよいのではない。発達の大きな流れを形成して、将来に向けての基盤づくりともなるべきなのである。

1 幼児期にふさわしく教育するとは

　幼児期にふさわしいとは何をすればよいのだろうか。活動であり、遊びであり、また生活である。それは教育の方法であるように思えるが、同時に、教育の内容に関わり、さらに幼児教育の目的に関わってくる。そこで可能であり、望まれることが何かということから目的や内容が規定され、実際にはどのように行ったらよいかで方法が定まるが、そのふたつが別々のことではないというのが、この時期の教育の基本となる特徴なのである。

　幼児期はとくに幼稚園においては（基本的には保育所や認定こども園でも）、家庭で育ってきた子どもを受け入れ、一定の空間（園のなか）と一定の時間（4時間程度）、ある程度の人数の同年代の子ども集団のなかで、育てていく。それが小学校教育へと引き継がれていく。たとえば、小学校教育ではこれこれのことをする。その前の準備の段階でこういったことができていると便利なので、そうしてほしいという声がある。それはもっともだが、そのうち、どれが幼児期にふさわしいことなのかどうかの吟味がいる。さらに、小学校側で必要とは意識されていないが、実は幼児期に育てていることはたくさんある。

　だからまず、幼児期に子どもは幼稚園といわず、保育所・認定こども園といわず、どんなことを学び、どんなふうに育っているのかを検討し、それをもとに、そこをさらに伸ばすとか、特定の点で落ち込みがないようにするということが基本にある。その全体像のなかで特定のことの指導のあり方を問題としうる。そういった子どもがふだんの生活で行い、学び、また教わっているであろうことを、もっと組織的に、また子どもが積極的に関わるなかで、さまざまな対象について、園のなかで関わり、そこから学んでいくのである。その意味で、幼児期の教育は子どものふだんの学びの延長にあり、その組織化と集中化にあるのである。

2 小学校以上の教育の基盤として

　小学校以降の学校教育はふだんの生活ではあまり出会わないことについて、しかし、将来必要になるから、教室の授業で学んでいく。専門家になるために、また市民生活においてある程度は必要であることではあるが、といって、ふだんの生活で子どもにそれほど理解でき、学習可能なように提示されない。見よう見まねでは学ぶことができないことである。かけ算の九九を、とくに筆算としてふだんの生活の延長で学べるとはあまり思えない。文章の細部の表現の精密な意味を考え、何度も文章を読み返して考えるという経験もほとんどの子どもはしそうにない。そこで、小学校では教師が教科書を使って、ていねいに初めからステップを踏んできちんと理解し記憶できるように教えていくのである。

　幼児期に生活と遊びをもとに学んでいくというのは単にそういったやり方が導入しやすいとか、楽しいからということではない。学ぶべきことが生活や遊びの活動と切り離せないからである。またそこで子どもが行う活動の全体とつながったものだからである。

　たとえば、小学校の算数で図形の学習が出てきて、丸や三角や四角について学び、さらに面積の求め方を習う。では、幼児期はそのような形を身のまわりから探し出して、命名したり、簡単な図形を比べたりすることだろうか。実はそうではない。実際に幼稚園の生活を見てみると、そこで出会う図形とは、たとえば、ボール遊びのボールが球であり、積み木遊びの積み木が四角や三角である（正確には、立方体や直方体や三角柱）。机だって立方体のようなものだ。子どもにとって規則性のある形が印象に残るのは立体図形であり、それを使って、図形の特徴を利用した遊びをするときであろう。ボールはまさに球として転がるから遊べるのである。積み木は四角は積み重ね、三角はとがったところに使う。子どもの遊びや生活のなかにあって、身体を使って持ったりさわったりできて、形の特徴が顕著に利用されるものが基礎として重要である。

　学ぶべき事柄を生活や活動の文脈から切り離して、教室のような場で、言葉をおもに使って説明を受けて学ぶのは幼児の時期にはまだ早い。この時期は身のまわりにある諸々について関わり、その関わりから多くのことを少しずつ積み重ねていくのである。

　その積み重ねを発達の流れといってもよい。どんなことでもその流れのなかで獲得されていく成果であり、あくまで後から見ると、ひとつの成果となっていても、その背後には長い時間をかけてのさまざまな活動からのまとまりとして成り立つものなのである。45分座って人の話を聞くとか、鉛筆を持つということでも、ある時期に訓練して成り立てばよいのではない。人の話を聞くのは姿勢を保つだけではなく、その内容に興味をもち、自分が知っていることにつなげつつ理解を試みていく長い発達の過程が乳児期から始まって生じている。

筆記具にせよ、クレヨンで絵を描くことから色鉛筆を使うこと、大きな画用紙に描くことや小さな模様を描くこと、手先の巧緻性を要するさまざまな活動に取り組むこと等が背景にあって、初めて、鉛筆をちゃんと持ち、小さな字を書くということが可能になる。

　さらにそういった小学校の学習活動を可能にする前提として学びの自覚化、自己抑制ができるようになるということが挙げられる。算数の時間には算数を学ぶといったことが可能なためには、やろうとすることを自分の力で切り替えて、続きは次の機会にして、今は目の前のことに集中するなどができる必要がある。そういったことはまさに幼児教育で少しずつ進めていることである。時間割を入れて行うということではなく、やりたいことをやりつつも、ほかの子どもに配慮し、園の規則を守り、適当なときに遊びを終わらせる、などができるようになっていく。そういった広い意味での学校への準備は気づかれにくいが、最も大事なことである。

　実はその前には、やりたいことをするということ自体の発達がある。自己発揮とは、何も自己が確立していて、それを発揮するという意味ではない。まわりのさまざまなものが何であれ、それに心が動いて、何かやってみたくなり、実際に試し、それをもっと広げていく。そういった遊びのような自発性のともなった積極性のある活動が成り立つことをいっているのである。何にでも好奇心を燃やし、それに触れたり、いじったり、試したりして、その結果を見て、もっとおもしろいことができないかと考えてみる。そこに実はその後の学習の原点があるのである。

3 家庭や地域の教育とのつながりのなかで

　たとえば、小学校以上の教育でも、家庭や地域の教育のあり方とつながり、連携して進められる。だが、その教育内容も教育の方法も、学校という独自の場で学校ならではの事柄について教えることで成り立つものである。それ自体が直接に家庭や地域での活動やそこでの学びとつながるというわけではない。

　だが、幼児期の場合、そこで活動し学ぶことは家庭や地域でのことの延長にある。だからそのつながりはいわば内在的であり、だからこそ、幼児教育ということで、家庭や地域での教育を含めて、園の保育を考えるのである。

　そこで、子どもの発達の全体に対して、園と家庭と地域が総体として何を可能にしているのかの検討は不可欠である。ある程度の分担があり、また重なりがあるだろう。家庭で親子・家族の関係のなかで、また慣れ親しんだ場において、日々の繰り返しのような活動を子どもは営んでいる。その多くは親に依存し、親にやってもらっているだろう。そうなると、園においては、子どもだけでやれることを増やすべきであろう。また、

発達としてもそのほうが伸びていくに違いない。といって、何でもできるというわけにはいかず、むしろ、とくに注意を向けたことのない多くのことにできる限り関わりを増やそうとしているのだから、初めはほとんどのことができないだろう。だから、そこに助力が必要になる。

多くの家庭でやっていることであれば、改めて園であれこれとその種の活動を初めからすべて行う必要はないだろう。家庭で少々やっているが不十分であるなら、園で行うことになる。家庭でやってはいるが、漠然としていて明瞭な形でないため、園では正面切ってきちんと学ぶようにするかもしれない。子ども同士の集まりのなかで互いの関係を取り結び、小集団さらに大きな集団へと活動を展開するようなことは、地域での子ども集団がほとんど成り立っていない現在では、とくに園に求められるだろう。

そういったことの見通しのうえで、子どもにとって必要な経験を保証していくために、保育内容を定めている。必要な活動から子どもは内容に即した経験を得て、それを広げ、深めるなかで発達を遂げていく。

4 子どもの発達を促すとは

幼児期の教育を子どもの発達を促すこととして捉えた。しかし、その発達とはさほど自明のことではない。発達学とか発達心理学とかで扱うものが、幼稚園での保育での大まかの流れを規定するのではあるが、その保育の実際にまで立ち入るものではない。むしろ、そこでいう発達とは、家庭・地域・園がつながるなかで子どもが経験し、その経験が相互に重なりながら、次の時期へと発展していく大きな「川」のようなものだとイメージするとよいだろう。たくさんの支流があり、また分岐し、合流しつつ、しだいに川は大河となって流れていく。その川の流れやまわりの景色の様子を記述していくと、発達が見えてくるが、それはかならずしも細部まで固定したものではない。大まかな川筋の線だけが決まっていて、あとは、実際の子どもを囲む環境や人々や文化のあり方でその詳細が成り立っていくのである。

そういった総体が発達を進めていくのはよいとしても、そこで、とくに園において専門家である保育者がその発達を促すとはいかにして可能なのだろうか。すでに生じている・動き始めているところを促すのである。だから、すでに起きているところを見定めつつ、さらにそれが進むように、関連する活動が生じるような素材を用意する。すると、子どもがその素材に関わり、その素材をもとにさまざまな活動を展開する。その活動の流れのなかですでに生まれている発達の流れをもとに学びが成り立ち、子どもはいろいろなことができるようになったり、気づいたり、その他の経験を深めるだろう。その経験が子どもにとってその発達に入り込み、発達を促すことになる。

だから、どういった発達を促し、そこでいかなる学びを可能にし、どういった経験が結果していくかを保育者は見定めて、環境にしかるべき素材を用意する。またその素材へどう関わると、とくにそういった学びと経験と発達の経路が成り立つかを考えて、それを刺激し、動かしていくであろう活動を支え、助言し、ときに指示していくのである。

5 保育内容がもつ意味

幼児期の特徴の大きなものに、その発達は物事への関わりのなかで、いわばそれに含み込まれるところで進むということがある。その物事の種類が保育内容である。その意義はふたつに大きく整理できる。

ひとつは、家庭から学校への移行の期間としての幼児期において、子どもはこの世の中を構成する諸々と出会い、そこでの関わりを通して、次に

成長していくであろうさまざまな芽生えを出していくということである。そういった諸々とは、たとえば、人であり、動物であり、植物であり、砂であり土であり、積み木でありすべり台である。あるいはまた自分自身であり、自分の身体である。また、他者とコミュニケーションをとるための手段であり、とりわけ、言葉であり、また自分の考えや感じ方を表す表現の方法であり、表現されたものである。そういったものが、健康、人間関係、環境、言葉、表現といった具合に大きくまとめられている。

そういった物事についてそれが何であり、どのようにして成り立ち、どのようにいろいろな仕方で動くかということをわかるだけではなく、それに対して自分がどのように関わることができて、どのような経験が可能なものなのか、自分がそこで考え、感じ、さらには感動することがあるのか、その様子はどのようなものかなどが感性的に把握できるようになる。それが幼児期の発達である。

もうひとつは、その対象をいわば素材にして、自分がそこでもがき、感じ、考えることが大事だということである。子どもは抽象的なことを相手に学ぶわけではない。生活はつねに具体物からなる。そこで子どもが能動的に関わるとき、それが遊びという活動になっていく。そういった遊びや生活が幼児期の特徴だということは、保育内容を切り離して、子どもの活動はあり得ないということである。しかも、その活動が展開し、そこで子どもの経験が深まるには、その対象となる物事の特質に応じた独自の関わり方が不可欠である。何でもよいか

らそれに触れれば、そこにおのずと子どもにとって意味のある経験が成り立つのではない。その物事にふさわしいあり方を子どもは模索するのである。とはいえ、子どもの遊びにおいては、かならずしも大人の正答とか正しい規則にのっとらねばならないのではない。物事は実に多様な可能性を秘めているから、むしろ幼児期はその可能性を逐一試していき、そのうえで、正しいとか適切だとされる関わり方の方向へと習熟していくのである。

§4 環境を通しての教育

　幼児教育は園の環境を通して、そこでの子どもの出会いを通して成り立つ。その経緯をていねいに追ってみよう。

1 環境に置かれたものと出会う

　子どもは園の環境に置かれたものと出会い、そこから自分でできることを探し、取り組む。むしろ、園に置かれたものからやってみたいことを誘発されるというほうがよいだろう。すべり台を見ればすべりたくなる。積み木を見れば積みたくなる。

　とはいえ、園にはルールがあり、何でもしてよいというわけでないことは入園したての子どもでもわかる。また、さわりたくなっても、実際にどうしたらよいかがすぐにわかるとは限らない。保育者が説明をしたり、見本を示すこともある。ほかの子どもがやっているのを見て、まねすることもある。ある3歳の子どもが入園後すぐに砂場に入り、どうやら初めてらしく、おずおずと砂に触れていた。砂を手ですくい、それを何となく、そばにまいていた。そのうち、まわりの子どもの様子を見ながら、手で浅い穴を掘り始めたのである。おそらくほとんど初めて砂に触り、砂場に入ったのだろう。砂の感触もなれないだろうし、穴を掘ることもわからない。何より、そこでのおもしろさがピンとこない。でも、一度始めると、ほかの子どもの刺激もあり、自分で始めたことを発展させていくことも出てくる。何より、自分がしたことの結果を見て、さらに何かを加えていくことにより、工夫の芽があらわれる。

　どうしてもっと簡単に保育者が使い方を指導し、正しいやり方を指示することをなるべく避けようとするのだろうか。ひとつは、園に置かれたもの、またそこにいる人、そこで起きている事柄は実にたくさんあり、その一つ一つを保育者が指示するより、子どもが見て取り、自分で始めるほうがいろいろなことについて学べるからである。

　また、どのもの・人をとっても、多様な可能性の広がりがあり、その動かし方の全体を知ることが必要だからである。積み木は置くだけではなく、叩くことも、転がすこともできないわけではない。置き方だって、上や横や斜めといろいろとある。置いて見立てることも、その上を歩くことも、ものを転がすことも可能だ。体の動き自体だって、数百という体中の関節での曲げ方や回転の仕方とその組み合わせだけでも膨大な可能性があり、その一つ一つ

を子どもは経験することで、その後のもっと組織的な体の動かし方の基礎ができる。そういった経験のうえに、場に応じ、対象の特性を考慮し、目的にふさわしい使い方を習得するのである。

　園に置かれたものとは、子どもがいわば世界に出会い、その基本を学ぶための一通りの素材である。おそらくどんなところであっても、人間として生きるのに必要な最小限の出会うべき対象があり、関わりがあるだろう。水や土や風や光といった自然や、動植物、さまざまな人工物、いろいろな人、自分自身、そこで可能な社会的文化的に意味のある活動。そういったものへの出会いを保証する場が園である。

2 園という場が探索の場となる

　園にはいろいろなものがあり、さまざまな子どもがいて、絶えず多種多様な活動が並行して生じている。小さな子どもにはめまいがするほど、することのできる可能性が目の前に繰り広げられている。だが、それらのほとんどは眺めていると楽しくて時が過ごせるとか、ボタンひとつでめずらしい光景が展開するというものではない。いくら積み木を眺めていても、自動的におもしろいことが起こるわけではない。あくまで子どもが関わって、おもしろいことを引き起こすのである。いや、子どもが初めて、動かし、工夫し、発見し、思いつくからこそ、楽しいのだろう。一見、何でもないようなものを一転させて、変化をつくり出せることがおもしろいのである。

　そういったものが園にはほとんど無数に置いてある。保育者がとくにそういった意識をもたないような何でもない隅っこや単なる都合で置かれたものでさえ、子どもはそうした遊びの素材に変えてしまう。雨の日に、雨樋から水がポトポトと垂れてくれば、それに見ほれ、入れ物を置いて、水を溜めてみたり、音を楽しんだりするかもしれない。

　園のどこに何があり、そこで何が可能かを子どもはしだいにわかっていく。それでも、季節や天候により何ができるかの可能性は広がる。ほかの子どもが楽しそうに遊んでいれば、そういうこともできるのかと新たな気づきもある。自分の技術が向上すれば、また可能性が大きくなる。「園は子どもの宇宙である」と私はあるところで述べたことがある。

　園のいろいろな箇所に子どもが動く動線を毎日重ねていってみよう。その無数の線が重なっていくに違いない。そのさまざまな箇所で子どもがする活動や動き方の種類も広がっていき、動線の重なりをいわば立体化し、時間の流れのなかでの展開をイメージしてみる。子どもは園という生態学的環境の一部になり、そこでの潜在的可能性の探索者になるのである。

3 子ども同士の関係のなかから始まる

　子どもの間の関係はまた独自の活動のあり方を構成する。園の物理的なものの場のあり方とは異なる独自の人間としての関係を子どもは取り結ぶからである。園は子どもが見知らぬところから互いに親しくなり、協力の関係をつくり出す経験をする場でもある。子どもは園においてほかの子ども、すなわち対等につきあう相手に出会うのである。

　子ども同士の関係は友情という心理的人間関係にいずれ発展していくが、まずは共に遊ぶということから始まる。平行遊びという言葉があるように、たとえば、砂場で一緒にそばで遊んでいつつも、しかし互いに話し合ったり、明確に模倣し合ったり、共に同じものをつくるということはまだない。だがどうやら一緒にいるということはうれしいようである。実はそういった関係はある程度協力して同じものをつくったり、遊んだりするようになっても続いていく。大型積み木を使って、ふたりがともに「遊園地」をつくっていた。しかし、時々どうするか話し合ったり、遊んだりするものの、大部分の時間はひとりずつで組み立てている。ただ、5歳児くらいになると、分担して、各々が何をつくっているかを互いに了解し、また全体のテーマに合うように工夫している。大事なことはそのものを使う遊びに関心があって、その遊びがいわばほかの子どもを巻き込むようにして、広がることを基本形としているところにある。

　といっても、子ども同士がもっと直接に交渉することはしばしば見られる。交渉があまり生じていなくても、数名が一緒に動きまわるといったことは始終ある。そこでは、同じようなことをするということ自体に喜びを感じているようである。相手がすることと同じことをする。相手が跳び上がれば、こちらも同じように跳び上がり、楽しい感情が伝染し、その感情に浸っているようである。人間関係は、共にいることの楽しさといった感情を中心に成り立つ。

　しだいに特定の相手との安定し持続した関係が生まれる。園に朝行くと、特定の子どもを探し、いつもその数名で動く。またその子どもが来たら、何も文句を言わずに仲間に入れてやる。だがその一方で、始終、遊ぶ相手が変化し、毎日入れ替わるのも幼児期の特徴である。子どもは園でのさまざまな子どもと遊ぶことを通して、さまざまな人柄の人とのつきあい方の学びをしているのである。同時に、特定の人と親しくなるという経験も始まっている。

　子どもが同じ目標をもって、互いにそれを実現しようと、相手に配慮し、話し合ったり、工夫したりして、活動することは、つまり協力する関係が成り立つことである。子ども同士の関係は親しみを感じるということと、目標に向けて協力するということの両面をもち、そのつながりが濃密であることに大事な意味がある。

4 保育者が支える

　園が単に子どもが集まり、安心して遊べる公園以上の意味をもつのは、保育者が園の環境を整え、また随時、子どもの活動を支えるからである。その支えは専門的なものであり、その専門性が何であるかを理解し、それを身につけることにより、初めて、プロとして一人前になる。そこには、ピアノを弾くといった個別の技術を必要とするものがあるのだが、根幹はこれまでも述べてきたような子どもの活動を促し、子どもの深い経験を支えていくことにある。この点は節を改めて、後ほどさらに詳しく述べよう。

5 子どもが活動を進め組織し計画する

　子どもは環境との出会いから活動し、学んでいく。そこではただそのものを眺めたり、誰かと一緒に定まったことをしていても、子どもの経験として深まっていかない。何より、子どもがその子なりにやってみたいと心が動くことが肝心である。そうなって初めて、子どもの力が存分に発揮され、またまわりのものや人を利用しようという気持ちも生まれる。といっても、実際には、何かを眺めて、そこでおもしろく思って、すぐに活発に工夫して取り組むとは限らない。まず取りかかる。そこでふとおもしろくなる可能性に気づく。さらにやってみる。だんだん、楽しくなる。こうしたらどうだろう、と工夫も出てくる。そういった対象と子どもの間のやりとりが成り立って、活動は発展していく。その過程で子どもがもつ力や好みその他が発揮され、またまわりを巻き込んでいくだろう。

　子どもにとって園の環境が大事だとは、単に図書館のようにまた公園のように、子どもに有益な遊具その他の素材を配列して、順番にそれに接するようにすることではない。子どもが対象とやりとりをして、ほかの子どもとの協同する関係に広がる一連の過程を刺激し、持続させていくところにある。

　そこから、子どもは思いついていろいろなことをする楽しさや、どんなことでも関わり試してみると、おもしろい活動が広がるものだということをわかっていく。まわりのいろいろなことへの興味が生まれ、それがその後の大人になるまでの長い生活や学習の基盤となる。さらに、試してみることから、もっと計画して、こうやってみようと先をイメージして、そこに向けて、自らのまたまわりの子どもの活動を組織することの芽生えも出てくる。そういったことが園の環境において成り立つことが幼児教育の核である。

§5 幼児教育の基本

以上述べてきたことを改めて、幼児教育の基本として整理してみよう。

1 幼児期にふさわしい生活の展開

　子どもは園のなかでたとえば、造形活動を保育者の説明のもとに行うといった活動もする。だが、それは小学校の授業とはかなり異なっている。明確な時間割というわけではない。その製作はたとえば、七夕の笹の飾りというように、行事やその他の活動に用いるためである。また、とくに保育者が指示しない自由遊びを選ぶ時間でも子どもが造形活動を行えるように、部屋にはクレヨンや絵筆や紙などが用意してあり、やりたいときに使えるようにしてある。そして設定での造形活動はそういった子どもが自発的に取り組む活動への刺激にもなり、またそこで使えるような技法の導入をも意図している。逆に、そういったふだんやっていることが子どもの設定での活動の工夫としてあらわれてもくるだろう。子どもが、たとえば日頃から親しむウサギやザリガニを絵に描くことがある。そういう毎日のように世話したり、遊んだりする経験がもとになり、豊かな絵の表現が生まれてくる。

　そもそも、子どもが朝、園に来て帰るまでのその全体が子どもにとっては生活である。そこでは、服を着替えるとか、トイレに行くといったこと、お弁当や給食を食べることも含めて、保育の活動である。幼児期にはそういったことも生活習慣の自立として大事だし、また、子どもが自分でできるようになるという自信を得るためにも大事な活動となる。そういった流れのなかで子どもの遊びの活動は生まれているし、設定の活動だって、意味をもつ。さらに、設定の活動と子どもの自由な時間の遊びがさほどに違うともいえない。子どもが興味をもって集中するように設定の活動を行えるようにするには、子どもの遊びの要素を組み込む必要がある。逆に、ふだんの遊びだって、それが子どもにとっておもしろくなり、発展していくには、保育者の助力が不可欠である。

　幼児期の生活は子どもにとって遊びと切り離せない。衣食住の生活自体と遊びそのものは異なるが、その間はつながりが深く、すぐに生活から遊びへ、遊びから生活へと移行するし、重なっていく。またそこで体を使い、実際に関わり、動いていくところで、子どもにとっての経験が成り立つ。

2 遊びを通しての総合的な指導

子どもの行うどの活動をひとつとっても、そこには保育内容の領域でいえば、さまざまなものが関係している。たとえば、大型の積み木遊びをするとしよう。子どもは想像力を働かせ、どういった場にするか、どこを何に見立てるかと考えるに違いない。そこにはさらに言葉による見立てや言葉を使っての子ども相互の了解が行われるだろう。互いの意見の調整があり、誰を仲間に入れるか、誰をごっこの役割の何にあてるかでも、子ども同士のやりとりがなされる。

積み木を積んでいくのだから、そこには手の巧緻性が必要となる。ずれないようにしっかりと積まないと、何段も積むことはできない。斜めの坂にしたり、門にしてくぐれるようにしようとか思えば、どうやれば可能かと考える必要もあり、試行錯誤からよい工夫を編み出すことも出てくる。積み木というものの特性を考慮し、ものの仕組みのあり方を捉えていく必要もある。さらに、三角や四角（正確には三角柱や立方体や直方体）の形を生かそうともする。積んでいくのは四角い積み木であり、上には三角を置いて、屋根みたいにする。平たい板を使って坂にする。形の特性の利用がなされる。

こう見てみると、ひとつの遊びのなかに、領域健康（手先の運動）、人間関係（友達同士の交渉）、環境（仕組みの理解や図形）、言葉（見立てややりとりの言葉）、表現（積み木の組み立ての全体が表現）のすべてのものが関係していることがわかる。小学校につながるという面では、生活科（遊び）、算数（図形）、国語（言葉）、図工（表現）、道徳（一人一人の子どもの意見を生かす）、等々につながることも理解されよう。

遊びが総合的であるとは、そういった多くの領域が遊びのいろいろな面を構成するからであるが、さらに、もっと未分化な遊びのなかの子どもの心身の躍動があるからである。子どもの心も思考も遊びの展開のなかで生き生きと動き始め、子どもの体の動きと密着し、分けがたいものとして、流動し、形をなし、活発化し、また静かになり持続する。その基底にある経験の流れからそれが対象につながり、活動を引き起こすことで内容に関わる気づきが生まれていく。

3 一人一人の発達の特性に応じた指導

子どもはその時期にふさわしく、時期に固有の発達の経路をたどって、進んでいく。その大きな道筋はどの子どもをとっても、ほぼ共通である。だが、その流れを仔細に見ると、ちょうど川は上流から下流に流れ、海に注ぐのは同じで、その上流・下流といったことに伴う

特徴も大きくは共通である。だが、一つ一つの川は独自の道をたどり、勢いも異なり、幅も違うし、まわりの光景もさまざまである。それは川の独自性であり、その土地の様子や気象風土、天候などにより異なるのである。子どももまた、大きな筋は共通でも、子どもの生来の気質、それまでの家庭の養育条件、誰が友達となったか、子ども自身がどのように遊びを展開してきたかなどにより、経験が少しずつ異なり、発達の独自性が生まれる。

さらに、子どもが特定の対象に関わり、そこで繰り返し活動するなかで、ある程度はどの子どもにも共通する流れとその踏んでいく順序が成り立つ。すべり台であれば、初めはおずおずと段を登り、すべるにしても緊張して少しずつ足を突っ張りながらすべるだろう。だが、しだいに慣れていき、すべりを楽しむようになる。次には、すべり方を変えてみたり、誰かと一緒にすべったりもする。すべり台の板を逆に登ってみるなどの冒険もするだろうし、腹ばいとか段ボールを使ってすべるなども出てくるかもしれない。

そうすると、発達を3つの水準で考えることができる。第1は、大きな時期ごとの流れであり、大まかでかなりの幅がある。第2は、その場への適応を含んだ、対象との関わりの進化である。第3は、子どもによる独自の経験による、その持続と展開の流れであり、それは一人一人異なる。

保育者はつねにその3つを念頭に置き、一般的な年齢や時期の特徴だけではなく、対象に応じて、また一人一人の発達の流れのありように応じて、活動を計画する。大きな枠としての計画と、そこでの対象に対する技術指導を含めた適応や習熟への指導、さらにひとりごとへの配慮を並行して考えるのである。

4 計画的な環境の構成

繰り返し述べてきたように、幼児教育の基本的なあり方は、園にさまざまなものを置き、そこへの関わりを誘導することである。だとすると、保育者が子どもに相対し、どう関わり指導するかということ自体とともに、どのように園の環境を整え、子どもの活動を導き出すための素材とするかに十分に配慮する必要がある。

一年中置いてあるいわば基本素材というものがある。保育室や庭の空間がそうである。

それが、走りまわったり、運動遊びや踊りをおどったり、遊具を取り出して展開する場となる。また保育室には絵を描く道具や紙が置いてあるだろう。セロハンテープその他の文房具類がある。紙やテープや段ボールが置いてあることも多い。コーナーに積み木があったり、ままごと用の台所セットや衣装が置いてもある。庭に出ると、すべり台やブランコや砂場がある。砂場のそばには水道があり、バケツやスコップが使えるようになっている。

ちょっとした木立があり、そこには虫なども来るかもしれない。飼育小屋があり、動物を飼って、子どもが世話をしたり、遊んだりする。果実のなる木があったり、畑があり、栽培やその後の活動が可能となる。こういった年中あるものは動かせないものもあるにしても、大体は毎日のように子どもがしたがり、またするほうがよい活動に対応している。

　その時々で保育者が入れ替えたり、出したり引っ込めたりするものもある。壁面構成などは適宜変えていき、そのつどの子どもの活動の刺激剤となるべきだろう。秋の活動となるなら、ドングリや柿の実やススキなどを飾っておくかもしれない。部屋の絵本もそういった秋の素材に関わる図鑑とか、物語絵本を揃える。ある時期に保育者が導入することもあるだろう。編み物を教えてみる。そのための道具はいつも部屋にセットしておく。

　環境に年中置かれていながら、変貌を示すものもある。落葉樹があれば、落ち葉の季節に注目を浴びる。季節の変化に応じて、夏ならプールが出され、水遊びが展開する。花びらを使った色水遊びも行われる。冬は氷に興味をもち、どこならできやすいかを試してみる。

　そのつど、生まれる環境や呼び込まれまた出ていく環境もある。激しい雨の後に絵を描くとか、虹を見ることができた。小学生や中学生が訪問してきた。外に出て、散歩をして、近所の小川で遊び、ザリガニを捕まえる。

　子どもにはできる限り多様な環境を用意する。だが同時に、そこでの活動にじっくりと取り組むことを可能にして、経験を深める。環境との出会いからいかなる活動が生まれるかが肝心な点であり、それを見越した環境の構成が求められる。

§6 保育者のさまざまな役割

　保育者が園の環境を保育のための場と転換させる鍵である。どのように助力し、指導するかで、子どもの活動の幅も多様さも集中力も工夫の度合いも大きく変わってくる。その保育者の働きはいくつかに分けることができる。

1 用意し、見守り、支える

　子どもから離れ、子どもを見ていく働きである。環境を構成することは準備であるが、その日の保育を予想しつつ、行うことである。そのうえで、実際の保育の活動が始まり、子どもが遊びを進めていくとき、保育者は子どもの様子を見守り、必要ならいつでも助力に行ける体勢で、クラス全員の子どもの一人一人がどのようであるかを捉えていく。安全への配慮を含め、保育者は特定の子どもとのやりとりにあまり長い時間を費やすことを避けて、どの子どももその視野に入れるようにする。

　すぐそばでまた遠くから、子どもが何をしているかだけでなく、落ち着いているか、何か問題やもめ事が起きていないか、楽しそうかなどを把握できるものである。あるいは一通り遊んではいるが、どうやら遊びが停滞しているようだとか、いつもと同じことを繰り返しているだけではないかといったことは、そばに寄らないとわかりにくいが、捉えるべきことである。

　子どもは保育者に見守られているということで安心して遊びに没頭できる。困ったら相談し、助けを求めることができる。どこに行けば、保育者からの助力を得られるかがわかっている。その際には、保育者はよい知恵を出してくれるし、いつも味方するとは限らないにしても、遊びがおもしろくなるような提案をしてくると感じられる。時々、保育者に声をかけたり、目を合わせると、にっこりと励ましの合図をくれる。

　保育者は必要ならすぐに子どものところにかけつける。危ないことがあったり、もめ事が拡大しそうだったり、誰かがいじめられているようであったりする。遊びが沈滞し、退屈そうだったり、乱暴になっていたりする。ふらふらととくに何をするでもない子どもがいる。せっかくのおもしろい遊びが進んでいるのに、ほかの子どもが気づいておらず、もったいない。いろいろな場合に保育者は子どもの遊びに入っていく。そういったいつでも動くという準備をもちながら、見守ることが支えるという働きなのである。

2 指導し、助言し、共に行う

　保育者はまた子どもの活動に直接、関与して、指導していく。ここに指導技術の違いが最も顕著にあらわれる。子どもが対象に関わって、そこにおのずと発展が可能になり、子どもが工夫しつつ、豊かな遊びとなり、子どもが多くのことを学ぶ、となればよいのだが、そういうことはかならずしも起こるとは限らない。通常は、その活動を広げていく保育者の働きかけが必要なのである。

　保育者は指導助言の機会をためらってはいけない。だが、その仕方はかなり難しい。ひとつは、子どもに何をしたらよいのかの明確な指示をどの程度に行うか、子どもの活動の手伝いをどの程度までしてやるかである。もし子どものやりたいことがはっきりとしており、しかし自力ではできそうになく、しかもそのための技術がわかっていないなら、この際、やり方を教えてみる手もある。途中までやってやり、あとはやってごらんと渡す手もあるだろう。子どもたちが何とか考えて、上手なまた正規のやり方ではないにせよ、やれそうな力があり、また課題であるなら、任せてみて、「どうすればできるのかな」と子どもに委ねることもできる。あえて、「一緒に考えてみよう、もしかしたら、このあたりを試してみるとよいかもしれないね」と誘うこともあってよい。

　子どもに考えさせ工夫させることが大事だが、同時に、ある程度の達成感を覚えられないと、先に進もうとしなくなる。技術指導はちゃんと行って、子どもが遊びに活用できるようにすると、かえって子どもの遊びが広がることが多い。その際一方で、子どもの遊びの価値とか、そこでの素材への関わりから何を学ぶとよいかの見通しをもつことが大事だ。つね日頃からそのことを念頭に置いておくと、いざという機会に指導が可能となる。もうひとつは、子どもの側の動きを捉え、それを拾い上げ、流れの勢いを大事にすることだ。教えておきたいことや気がつかせたいことはあるにせよ、それはまた次の機会として、子どもの側のやってみたいことや発見を尊重することも多い。子どもの願うことを察知して、その素材で実現でき、かつその素材の特性を生かすような活動を思いつけると、もっとよいだろう。一緒に活動して、子どもの感じているおもしろさのポイントを捉えることがヒントになる。

3 共感し、受け止め、探り出す

　子どもの気持ちを捉え、その感情を共にすることは、保育の最も基礎にあることである。そういった共感を感じてもらっていると子どもが思えるからこそ、その指導も命令ではなく、子どもの活動をふくらませるものとして受け止められる。何かの折に助けを求める気にもなる。うまくできたときに達成の喜びを声や笑顔で知らせもする。

　子どもがいろいろなことをする。保育者の指示の範囲であったり、園としてのルールのなかのこともあり、また時にそこからはみ出しもする。あるいは、そういった違反ではないが、なかなか保育者の期待に沿えず、たとえば、ほかの子どもの遊んでいるところに加われない

とか、砂や土に触れないといったこともあるかもしれない。そういった場合に、注意を与えたり、時に叱ったり、励ましたり、適切なやり方を示したりもするだろうが、その前提には何であれ子どものすることを受け入れるということがある。全部を是認し、許容するという意味ではない。子どもがそれなりの重みや流れのもとでそうしたということを理解し、そこで動いている子どもの気持ちに共感することである。「やってみたかったんだ」と、いけないことであっても、理解を示すことはできる。なかなかやろうとしないことについて、「難しいことだからね」と気持ちのうえでの大変さの了解を言葉にすることもできる。そうすると、子どもは思わずしてしまうことの理解があるのだと安心して、そのうえでの是非の説明や教示を受け止めるゆとりができるだろう。

　子どもがあることにこだわり、何度も試してみる。そういったことについて、理解を働かせるには、その場で様子をよく見たり、子どもの言葉に耳を傾けるとともに、記録を整理したり、思い起こしたりして、子どもの活動での経験を探り、追ってみるとよい。本当のところはわからないとしても、子どもの視点に立っての深い共感的理解を具体的な活動の場に即して進めることが次の援助の手立てにつながる。

4 あこがれのモデルとなる

　保育者が子どもに向き合うだけでなく、子どももまた保育者を見ている。助けを求め、確認や励ましを得るためでなく、子どもには保育者は親とは異なりながら安心できる相手であり、困ったら頼りにすることができ、そもそも園でどうふるまったらよいのかの見本となる。どうしてよいかわからないときに保育者を見て、参考にするだろう。だが、それだけではなく、日頃から保育者や5歳児の子どものすることを参考にしつつ、こういったことができるのかと子どもは思い、それをめざしたり、自分たちが大きくなったときに思い出して試してやってみるだろう。

　特定の遊びとか遊具の使い方という以前に、保育者の立ち居ふるまいが子どもの日頃の様子に影響していくものなのではないだろうか。歩き方ひとつとっても、ゆるやかながらスムーズな足の運びというものがある。ドタバタとするのではなく、急いでいるにせよ、落ち着

きのある歩き方である。歩きながら、まわりに配慮でき、ぶつかったりしない。まわりの子どもの様子に気を配る。

　説明をするとか、歌をうたうとか、絵本の読み聞かせの声の出し方や調子はもっと直接に子どもが模倣することがある。ものを作るときの手さばき、「どうしたらよいかなあ」と考える様子、「もっとがんばってみよう」と粘り強く取り組む仕方なども、子どもは保育者のやり方を見習うだろう。

保育者の服装や趣味にもよいセンスを発揮したい。保育室の飾りつけとか、花の生け方とか、歌の歌詞を紙に書いておくことひとつでも、センスがあらわれる。そういったものが子どもの感性に沈み込み、いつの間にか変えていくのである。

　とはいえ、あまりに大人の「よい趣味」に寄りすぎないように注意することも必要だ。子どもは、ちょうど、苦みの味を嫌い、甘いものが好きなように、明快なものや格好よいもの・かわいいものが好きなのである。そういったものを大事にしつつ、ほかの好みにもセンスを広げてほしいのである。

5　園のチームとして動く

　保育者ひとりが自分が担任する子ども全員へのすべての対応を担い、そこに全責任を負うというのは、本来、園においてあってはならないことである。園の保育は園長以下、全員で取り組み、保護者から委託された子どもの保育・教育にあたるのである。たしかに担任がいて、クラスの子どもに責任をもつのであるが、それはすべてを担い、ほかの保育者や園長などの介入や支援を排除すべきだということではない。園の保育は子どもに直接また継続的に関わる人もそうでない人もいて成り立つ。

　子どもの保育に迷ったら、ほかの保育者と相談し、管理職からの助言をいつでも受けられる。改めて会議といわずとも、ちょっとした業務の合間とか、子どもが帰ったあとのお茶の席にでもそういう話題が出る。そのためにも、日頃から研修その他を通して、そういった相互に信頼のおける、また園の全体の目標や考え方を共有している間柄をつくっていくのである。

　保育室での配置や園庭のあり方なども、園長の考えに従い、ある程度の整備を進めるだろうが、そこにクラスの担任の意見を反映し、また逆にそちらの設計意図を理解しつつ、クラスの活動を計画するだろう。そもそも、保育の指導計画は担任がつくりつつ、ほかの担任とも調整し、また園全体の教育課程と年間計画に合わせてもいく。園長に見てもらい、添削をしてもらうこともある。

　子どももまたいつもクラスとしてまとまって動くとは限らない。自由に遊ぶなかで園のいろいろなところに広がることもあるだろう。3歳児の子どもが5歳児の遊んでいるところに呼ばれて混じって遊ぶこともある。時に、多動な子どもがいろいろなクラスに行ってしまうこともある。そういった折など、自分のクラスの子どもでないなどと思わずに、目の前に来た子どもの世話をし、指導もするだろう。そのためにも、ふだんから、どのクラスの子どもであれ、その情報を共有しておく必要がある。

　園の保育とは、このように、各々の保育者がその力量を発揮しつつ、互いの得意や特徴を組み合わせ、園全体のいわば保育力を、個々の保育者の力の足し算以上に上げていくものなのである。そして、そういった園全体の保育に個々の保育者が加わることにより、その力量も伸びていく。園内の話し合いや研修の機会とともに、まさにチームとして保育に取り組むこと自体が保育者の力量形成の主要な場ともなるのである。

§7 幼児教育と領域「表現」

1 幼児教育の目標と5つの領域

　日本の幼児教育は幼稚園・保育所・認定こども園などの施設を中心に行われている。日本で生活する満6歳以上の子どもたちが、ほぼ一律に小学校という場に入学するのに比べ、それ以前の乳幼児期の子どもたちの過ごす場所は多様である。しかし、当然のことながら、子どもには人権がある。「すべての子どもが生命に対する固有の権利を有すること」「子どもの生存及び発達を可能な最大限の範囲において確保する」（児童の権利に関する条約第6条）ことは、日本の関係法で規定されている。だから、どの種類の施設で過ごしても、その養育・教育の環境水準が一定以上保障され、子どもが幸福に生きる権利が侵害されないことは基本的なことである。そのために、国は、幼稚園については「幼稚園教育要領」を、保育所については「保育所保育指針」を、幼保連携型認定こども園については「幼保連携型認定こども園教育・保育要領」という、各教育・保育現場の実践や運営の方法についてのフレーム（準拠枠）を提示している（3つの要領・指針）。それぞれの実践現場は、これによって、家庭や地域社会と協同し、創意工夫を重ねながら、実際の教育・保育活動の充実を図るのである。

　2018年度から実施される3つの要領・指針の改訂版では、幼児教育の捉えにおいて共通性が明確になった。種別は異なっても、3つの施設で育つ子どもたちが、幼児教育に関する考え方や目標、実現への方途において、共通の視野から見えやすくなった。しかし、その一方で、3種の施設には、養護的必要性が相対的に高い乳児期から、小学校教育との接続を考慮した就学直前期に至る6年間という年齢幅のある子どもたちが過ごしており、しかも、その時期は人生で最も発達的変化が著しい。また、3種の施設は、それぞれの機能を発揮しながら家庭や地域と連携することが重要であることから、施設による特徴を生かした運営が図られなければならないということも理解する必要がある。

　3歳以上の幼児教育について、まず考えよう。幼稚園は制度的には「学校」のひとつであるので、幼稚園の目的・目標は学校教育法の中に示されている。

> 第22条（目的） 幼稚園は、義務教育及びその後の教育の基礎を培うものとして、幼児を保育し、幼児の健やかな成長のために適当な環境を与えて、その心身の発達を助長することを目的とする。
> 第23条（目標） 幼稚園における教育は、前条に規定する目的を実現するため、次に掲げる目標を達成するよう行われるものとする。
> 1. 健康、安全で幸福な生活のために必要な基本的な習慣を養い、身体諸機能の調和的発達を図ること。
> 2. 集団生活を通じて、喜んでこれに参加する態度を養うとともに家族や身近な人への信頼感を深め、自主、自律及び協同の精神並びに規範意識の芽生えを養うこと。
> 3. 身近な社会生活、生命及び自然に対する興味を養い、それらに対する正しい理解と態度及び思考力の芽生えを養うこと。
> 4. 日常の会話や、絵本、童話等に親しむことを通じて、言葉の使い方を正しく導くとともに、相手の話を理解しようとする態度を養うこと。
> 5. 音楽、身体による表現、造形等に親しむことを通じて、豊かな感性と表現力の芽生えを養うこと。

　この学校教育法第23条に示された、幼稚園の目標に関する5つの項目が、保育内容の5領域、すなわち「健康」「人間関係」「環境」「言葉」「表現」に相当する。5領域の目標は相互に関連をもちながら、子どもたちが園生活の全体を通じてさまざまな体験を積み重ねるなかで、実現されていく。したがって、保育者がどのような活動を園生活で提供するかを計画したり、あるいは、子どもにふさわしい教育・保育がなされているかを日々振り返ったりする際に、子どもが充実して育つ姿を捉えるための5つの視点（側面）ともなる。

2　領域「表現」の概要

　3つの要領・指針において、領域「表現」について、その概要は次のように示されている。

> 感じたことや考えたことを自分なりに表現することを通して、豊かな感性や表現する力を養い、創造性を豊かにする。

　幼児期の自己表現は素朴な形で行われることが多いため、大人から見ると稚拙に思われたり、「わかりにくい」と思われたりしがちだ。しかし、この時期はそういう「自分なり」の表現をする姿を温かく見守り、表現しようとする意欲を育て、表現することに前向きな態度を育むことが極めて重要である。子どもには乳児期から周囲の環境を敏感に感じとる感性が豊かにあり、保育者が子どもの「見方・考え方」に寄り添い、見守り、伸ばす構えをもつことが重要である。

　また、保育者にも思いもよらないことが保育のなかではしばしば起こる。そういう偶発的な事象が、子どもの表現する力、創造性を豊かにする機会になることも、保育者は心得ておく必要がある。子どもは、周囲の美しいもの（紙の切れ端が風に揺れている、というような些

細なことも多い)や自然の驚異(にわか雨の激しさなど)に驚いたり、友達の表現に共感したり、共に表現する楽しさをあじわったり、思いがけない素材に出会ったりするなかで、感性が豊かに育ってゆくものでもある。そのような周囲のものや人との出会いを通して、自分の体を使って働きかけ、再現しようとしたり、模倣したり、さまざまな表現を楽しみイメージを形にしようとしたりする体験が創造性を育てていく。

　表現は、子ども一人一人においても個性があり一様ではないが、乳幼児期はとくに、発達段階による差も著しいことから、豊かな表現を育む環境や経験のあり方について、発達に応じた配慮が必要であることを理解する必要がある。

3 「幼児教育において育みたい資質・能力」と領域「表現」

　保育者が幼児教育において指導を行う際、「幼児との信頼関係を十分に築き、幼児が身近な環境に主体的に関わり、環境との関わり方や意味に気付き、これらを取り込もうとして、試行錯誤したり、考えたりするようになる幼児期の教育における見方・考え方を生かし、幼児と共によりよい教育環境を創造するように努める」(幼稚園教育要領「総則」の第1「幼稚園教育の基本」)ことが基本となる。この考え方は、その他の施設においてもおおむね共通である。これは、具体的には、園生活の全体を通じて、5つの領域がカバーする保育内容において実現されていくものである。

　教育において、大人が用意した目標へ子どもを引き寄せるのではなく、子ども自身が主体として生活する姿をまず受け止めることが大切であるが、それは、そのときそのときだけを見て前(未来)を見ない関わり方をすることとはおおいに違う。保育者はどのような展望をもって目前の子どもを見、育もうとしているのだろうか。3つの要領・指針で、それは「育みたい資質・能力」として示されている。日々の園生活を経験しながら「生きる力」の基礎を育むために、幼児教育段階にふさわしい「知識及び技能の基礎」「思考力、判断力、表現力等の基礎」「学びに向かう力、人間性等」を一体的に育むことが望ましいとされている。これら3項目は、小学校、中学校、高等学校の学習指導要領においても共通に、それぞれの発達段階と社会から期待される姿に対応して示されており、幼児教育が生涯にわたる教育の基礎として位置づけられている。

　幼児教育において育みたい資質・能力とは次のことである。

> (1) 豊かな体験を通じて、感じたり、気付いたり、分かったり、できるようになったりする「知識及び技能の基礎」
> (2) 気づいたことや、できるようになったことなどを使い、考えたり、試したり、工夫したり、表現したりする「思考力、判断力、表現力等の基礎」
> (3) 心情、意欲、態度が育つ中で、よりよい生活を営もうとする「学びに向かう力、人間性等」

それぞれの項目について、領域「表現」の側面から考えてみよう。

（1）の「知識及び技能の基礎」は、周囲の世界と主体的に、身体の全感覚を使って出会い、関わることで育まれる。子どもは、まわりの世界（人やもの）の美しさやイメージなどを受け止めて驚いたり不思議に思ったり感動したりしながら、主体的に世界と関わろうとする心情や意欲を育み、関わりながら印象を深めたり新たに気づいたりすることを楽しむ態度を培うのである。

幼児教育においてこの時期に重要であるのは、知識や技能そのものを身に付けることではなく、知識・技能とみずから出会うということである。子どもの主体性と関わりなく、上から与えられる知識や技能は、子どもの生活に生かされないだけでなく、子どもが新たな知識や技能に主体的に取り組む心情や意欲・態度を育てないことになろう。乳児期から、安全や安心感が確保され、適切な養護的・対話的な関係のもとで深い学びへの基盤が育まれることが重要である。

6、7か月ぐらいになると赤ちゃんは手にしているものでテーブルやベッドの柵をたたく行動をする。はじめは思わずぶつかって音がしたのだが、今度は自分から主体的に音を確かめるようにして、コツコツ……コツコツ……と間をおいては、小さい実験と探究が始まっているようにも見える。このようなときに、近くにいる大人がたとえば、「コツコツいっているね」と一緒に耳をそばだてたり、「トントン……」とリズムを合わせて話しかけたりすると、赤ちゃんはひとりだけでやるよりも、興味が持続し楽しくなる（場合がある）。このような場面に、学びにおける共感的対話的な関係の芽生えを見いだすことができるだろう。

「知識及び技能の基礎」を蓄えながら、体験を通じて感じたり気づいたりできるようになったことを元にして、（2）の「思考力、判断力、表現力等の基礎」が培われていく。まわりの世界への能動的な関わりを、より多様に、粘り強く押し広げ、自分から何かを表現しつくり出していく過程を楽しみ、やりたいという心情、意欲、態度が育つのである。園においては、友達と気持ちがぶつかったり、繰り返し試してもうまくできなかったりするような経験を多くする。「楽しむ」ためには、そういう葛藤的な経験をもつことがむしろ大切なのである。葛藤を経験しながら、子どもは、自分の気持ちやイメージを表現し、友達と共有する喜びをあじわったり、自分の存在を主張したり、友達の表現を受け止めて調整したりする。葛藤は、自分の思い通りにならない外界のものとの関係でも生じる。固くて切れない、くっつかない、道具をうまく扱えないなどの事態を前にして、どうしたらよいか考え、友達と工夫したり、試行錯誤を繰り返したりということも貴重な経験である。そんななかで、粘り強く状況と向かい合い、考え行動していくことが重要なのである。幼児期においてこのような資質・能

力を育てるために、保育者の支えも不可欠であることは言うまでもない。
　（3）の「学びに向かう力、人間性等」という資質・能力の育成についても、表現は深く関わっている。子どもは、保育者や友達と表現を通して関わり、その人を理解し、自己を表すようになる。そして、表現する意欲を育て多様な表現を試みながら創造性を発揮し、受け止められる経験を重ねる。その過程のなかで、子どもは与えられる知識や技能では飽き足らずに、自分から世界と関わり、友達や周囲の人たちとの協同性のなかで学ぼうとする人間となっていく。幼児期のうちに、周囲の人やものと関わりながら自己発揮する関係性を楽しむ資質・能力を育てることが、生涯にわたって、主体的・対話的に深い学びを志向する人へと成長するうえで極めて大切なのである。

4 領域「表現」のねらいと内容

（1）3歳以上児について

　各領域の目標について、幼児の生活する姿から捉えたものが「ねらい」であり、そのねらいを達成するために指導する事項が「内容」である。
　領域「表現」のねらいは、3歳以上について、次のようなものである。

> ①いろいろなものの美しさなどに対する豊かな感性をもつ。
> ②感じたことや考えたことを自分なりに表現して楽しむ。
> ③生活の中でイメージを豊かにし、様々な表現を楽しむ。

　上で示した、「育みたい資質・能力」として示されている3つの項目（「知識及び技能の基礎」「思考力、判断力、表現力等の基礎」「学びに向かう力、人間性等」）の一つ一つについて、「表現」の視点から子どもの姿を描いたものとなっている。
　これらのねらいを達成するための指導事項は、「内容」として次のように書かれている。

> （1）生活の中で様々な音、形、色、手触り、動きなどに気付いたり、感じたりするなどして楽しむ。
> （2）生活の中で美しいものや心を動かす出来事に触れ、イメージを豊かにする。
> （3）様々な出来事の中で、感動したことを伝え合う楽しさを味わう。
> （4）感じたこと、考えたことなどを音や動きなどで表現したり、自由にかいたり、つくったりなどする。
> （5）いろいろな素材に親しみ、工夫して遊ぶ。
> （6）音楽に親しみ、歌を歌ったり、簡単なリズム楽器を使ったりなどする楽しさを味わう。
> （7）かいたり、つくったりすることを楽しみ、遊びに使ったり、飾ったりなどする。
> （8）自分のイメージを動きや言葉などで表現したり、演じて遊んだりするなどの楽しさを味わう。

これらは領域「表現」の側面から見た保育者の指導事項であるが、8項目すべての文末を見てみると、すべて子どもが主人公の文章になっている。つまり「楽しむ」も、「味わう」も、「遊ぶ」も、子ども自身が主体となって体験することなのである。

保育者の指導とは「させる」とか「提案する」などではなく、子どもが自ら楽しんだりあじわったりする状況になるような環境を整え支援する役割をとるということである。これは、他の領域の保育内容においても共通である。日本の幼児教育では、子どもの主体的な感じ方、見方、考え方を中心に据えて、保育者がそれを理解し、支え伸ばすための環境をつくるという関係性を重視しているからである。

（2）3歳未満児について

保育所や認定こども園では、心身の発達がとくに著しい3歳未満の乳幼児たちが一日の大半の時間を過ごすことが多い。したがって、養護と教育が一体となって展開されることがとくに重視され、保育所保育指針などには、保育のねらいや内容について、発達段階に応じた特別な記述がされている。

領域「表現」についても、3歳以上児の幼児教育との連続性は保持しつつ、3歳未満児の発達時特徴を捉えながら、次のようにねらいと内容が書かれている。

①1歳以上3歳未満児

○ねらい
　①身体の諸感覚の経験を豊かにし、様々な感覚を味わう。
　②感じたことや考えたことなどを自分なりに表現しようとする。
　③生活や遊びの様々な体験を通して、イメージや感性が豊かになる。
○内容
　①水、砂、土、紙、粘土など様々な素材に触れて楽しむ。
　②音楽、リズムやそれに合わせた体の動きを楽しむ。
　③生活の中で様々な音、形、色、手触り、動き、味、香りなどに気付いたり、感じたりして楽しむ。
　④歌を歌ったり、簡単な手遊びや全身を使う遊びを楽しんだりする。
　⑤保育士等からの話や、生活や遊びの中での出来事を通して、イメージを豊かにする。
　⑥生活や遊びの中で、興味のあることや経験したことなどを自分なりに表現する。

3歳以上児のねらいや内容とほぼ重なるが、「感性をもつ」ではなく、感性の受容体である「感覚」という語を使って「感覚を味わう」としており、より基礎となる体験が重視されていることが示唆される。触覚や聴覚、運動感覚などの諸感覚を刺激し楽しむための素材や方法が具体的に示されている。

②乳児（1歳未満児）

　生命の保持、情緒の安定を図ることを目的とした養護は、乳幼児期を通して根本的に重要なことである。しかし、その必要性が乳児期においてとくに顕著であることも確かである。乳児は、「視覚、聴覚などの感覚や、座る、はう、歩くなどの運動機能が著しく発達し、特定の大人との応答的な関わりを通じて、情緒的な絆（きずな）が形成される（保育所保育指針第2章1(1)ア）」ため、愛情豊かで応答的な養護を経験することが重要である。

　保育所保育指針第2章1（2）において、乳児保育は（5領域ではなく）3つの視点（ア 身体的視点、イ 社会的発達に関する視点、ウ 精神的発達に関する視点）からまとめられている。

　それぞれの「ねらい」は下記のとおりである。

> ア　健やかに伸び伸びと育つ。
> 　（健康な心と体を育て、自ら健康で安全な生活をつくり出す力の基盤を培う。）
> 　ねらい
> 　　①身体感覚が育ち、快適な環境に心地よさを感じる。
> 　　②伸び伸びと体を動かし、はう、歩くなどの運動をしようとする。
> 　　③食事、睡眠等の生活のリズムの感覚が芽生える。
>
> イ　身近な人と気持ちが通じ合う。
> 　（受容的・応答的な関わりの下で、何かを伝えようとする意欲や身近な大人との
> 　信頼関係を育て、人と関わる力の基盤を培う。）
> 　ねらい
> 　　①安心できる関係の下で、身近な人と共に過ごす喜びを感じる。
> 　　②体の動きや表情、発声等により、保育士等と気持ちを通わせようとする。
> 　　③身近な人と親しみ、関わりを深め、愛情や信頼感が芽生える。
>
> ウ　身近なものと関わり感性が育つ。
> 　（身近な環境に興味や好奇心をもって関わり、感じたことや考えたことを表現する
> 　力の基盤を培う。）
> 　ねらい
> 　　①身の回りのものに親しみ、様々なものに興味や関心をもつ。
> 　　②見る、触れる、探索するなど、身近な環境に自分から関わろうとする。
> 　　③身体の諸感覚による認識が豊かになり、表情や手足、体の動き等で表現する。

　乳児期から、身近な人やものの世界への安心感、興味、関心を基盤に育て、身体感覚を育てながら表情や体を使った表現が豊かになることが大切である。

5 幼児期の終わりまでに育ってほしい姿

各領域のねらいや内容に基づく活動全体を通して、乳幼児期をかけて資質・能力が育ってゆく。その資質・能力が、園生活の終了時に具体的にどのように育っていてほしいかを示したものが、次の「幼児期の終わりまでに育ってほしい姿」として3つの要領・指針に示されている。領域「表現」にとくに密接に関わる部分を抜粋して示した。

> 幼児期の終わりまでに育ってほしい姿
> (1) 健康な心と体
> 　「園生活の中で、充実感をもって自分のやりたいことに向かって心と体を十分に働かせ……」
> (2) 自立心
> 　「身近な環境に主体的に関わり様々な活動を楽しむ中で、……自分の力で行うために考えたり、工夫したりしながら、諦めずにやり遂げることで達成感を味わい、自信をもって行動するようになる」
> (3) 協同性
> 　「友達と関わる中で、互いの思いや考えなどを共有し、共通の目的の実現に向けて、考えたり、工夫したり、協力したりし、充実感をもってやり遂げるようになる」
> (4) 道徳性・規範意識の芽生え
> (5) 社会生活との関わり
> (6) 思考力の芽生え
> (7) 自然との関わり・生命尊重
> 　「自然に触れて感動する体験を通して、自然の変化などを感じ取り、好奇心や探究心をもって考え言葉などで表現しながら、……。また身近な動植物に心を動かされる中で、生命の不思議さや尊さに気付き……」
> (8) 数量や図形、標識や文字などへの関心・感覚
> 　「遊びや生活の中で、数量や図形、標識や文字などに親しむ体験を重ねたり……」
> (9) 言葉による伝え合い
> 　「先生や友達と心を通わせる中で、絵本や物語などに親しみながら、豊かな言葉や表現を身に付け……」
> (10) 豊かな感性と表現
> 　「心を動かす出来事などに触れ感性を働かせる中で、様々な素材の特徴や表現の仕方などに気付き、感じたことや考えたことを自分で表現したり、友達同士で表現する過程を楽しんだりし、表現する喜びを味わい、意欲をもつようになる」

上で示した部分以外にも、「表現」と関わる姿を挙げることはできる。たとえば、上で抜

粋していないが、(5)における「情報を伝え合ったり、活用したり」や(6)の「友達の様々な考えに触れる」ということもおおいに表現と関係がある。厳密に見れば、領域「表現」は、「育ってほしい姿」の10項目のどれとも関係しているということも可能だ。

　小学校との接続を考えると、「表現」は、内容的に密接な「音楽」「図画工作」「体育」という教科と直結しているように見える。実際は、どの教科等（教科以外の諸活動も含む）にも深く関わっている。「幼児教育において育みたい資質・能力」が育つということは、小学校以上の教育に対する構え（心情・意欲・態度）をもった子どもへと成長していることを意味する。幼小接続とは、「授業」と「遊び」、「教科」と「領域」など、幼稚園等と小学校との教育方法の形式的な違いに子どもを適応させることではなく、新たな学びに向かう力において、子どもが滑らかに一貫して主体性を発揮できるようにすることなのである。

第 2 章

乳幼児期の発達と表現

---- この章で学ぶこと ----

この章では、まず「表現」とは何か、表現を通して理解するということは
どういうことか、ふだん考えていることを一から問い直してみよう。
次に子どもの育ちや発達を「表現」の視点から捉え直す試みである。
保育者の目に映る子どもの行動を「表現」として捉えてみると、
子どもの育つ姿も違ったものとして見えてくるだろう。

§1 感性と創造性を育む

1 感性と創造性を育む

ほかの領域「健康」「人間関係」「環境」「言葉」と比べると、「表現」がなぜ幼児教育に必要なのかわかりにくい、ということはないだろうか。5領域それぞれの視点から子どもを思い描いたときに、たとえば、「健康」は生き生きとして元気に過ごす様子、「人間関係」は友達との葛藤を乗り越えていく様子、「環境」は周囲にあるものに好奇心をもって

おすしやさん

関わる姿、「言葉」は言語的コミュニケーションを育む姿など、それぞれ具体的な子どものイメージが浮かび、幼児期に育つべき姿だと了解されやすいのではないか。

私たちは、人間がどのように成長し、どのような大人になっていく「べき」かについて、ある共通理解をもっている。社会からどのような人間になることが期待されているのかについて共通理解があるともいえるだろう。「表現」領域はどうか。「幼児期の終わりまでに育ってほしい姿」の（10）「豊かな感性と表現」は、領域「表現」と関係の深い項目だが、これは、後々どんな大人になっていくことがめざされているのだろう。幼児期の表現における育ちが、人間形成にとってどのくらい重要なのかについて、社会の人々が共通理解をもっているとは言いにくく、その幅はかなり広い。それが幼児期の表現を育むうえで、多くの誤解のもととなり、弊害にさえなっている。

たとえば、「感性や創造力の豊かな人」というと、音楽家や画家などの芸術家といわれる人たちのように、人を感動させる作品を創り出すための特別な感性、芸術性、そして優れた技能をもち合わせた人のことをイメージするのではないか。そのこと自体、間違いというわけではないが、領域「表現」が目標としているのは、子どもをそのような芸術家に育て上げる準備をすることでも、そのための基礎を培うこととも違う。

また、領域「表現」では、主に、幼児期後期になるにつれて、音楽・身体表現・造形などを通した表現を扱うことが多いので、小学校の「音楽」「体育」「図画工作」などの教科が「うまく」「上手に」できるように、その準備として、幼児期から技能や知識を訓練する必要があると考える人もいるだろう。しかし、小学生の低学年段階で、すでに「絵が下手」とか「歌が苦手」などと感じている子どもは少なくない。幼児期段階でも、上手か下手かを気に

する子どもがすでにいる。早期から、周囲の大人がもっている価値観（「上手に」絵を描くのがよい、とか、「歌のうまい人、下手な人がいる」など）のシャワーを子どもが浴びると、大人の期待に応えたり恥をかかないようにすることを、自分らしい表現をすることよりも優先させてしまいがちになる。

　これでは、幼児教育において育てたい資質・能力を伸ばす芽を、摘み取ることになるだろう。表現の「結果」（表現物）である、歌や、演奏、絵や作品などについて、大人が、「上手」「下手」などと評価したり、こうしたら「うまくなる」と指示したりすることについて十分注意深くなる必要がある。

　もうひとつ、重要な問題がある。子どもの表現物を「うまい」とか「未熟」などと評価するときの判断基準が、子どもの視点に立っておらず、大人が一般的に考えている「上手」や「下手」の価値観に根付いていることである。たとえば、幼児の描いている絵を見て「メロンはピンク色かな？」と言って黄緑色に塗り変えさせたり、学芸会の練習で「もっと元気に大きな声で歌いましょう」などと無理な発声をさせたりするような場面があったとする。大人がもっている「良い表現」（正しい表現と、間違えた表現があるという考え方に基づく）という物差しで表現を評価して、子どもの気持ちや発想、イマジネーションよりも優先させているかもしれない。

　幼児教育における表現は、子どもの表現するプロセスを含めて理解することが大切である。

2　表現者を主体として理解する

　普段の生活のなかで、私たちは日常的に表現を繰り返しているともいえる。表現は、心で感じたことが外に目に見える形で現れることである。

　たとえば、心配事を考えながらいつの間にかうつむいて歩いていて、「元気がないね」と人に言われることがある。逆に、うれしいことがあり鼻歌などを歌っていると「何かいいことでもあった？」などと、自分が意識する前に気づかれることもあるだろう。心のなかにあるものが外に現れて、人にも、そして自分自身にも感じられるものになるのが表現である。

　長い山道を登り、やっと頂上へ着いた。そこから見渡した景色のすばらしさに思わず息をのみ、すがすがしい空気を胸いっぱいに吸い込み、両腕を伸ばしたりする。試合に勝って、思わず跳び上がったり、仲間と抱き合ったりする。自然に体のなかから感情が湧き上がってきて、外に現れている。

　このような、心の内面的な動きが外に現れることを表現という。

　表現は、英語で「expression」という。「Ex-」というのは、「外へ」という意味を表し、「press」は「押す」なので、つまり、外へ押し出すという意味である。それとは反対に、「内側へ（In-）」押すという意味の「impression」という英語もある。「印象」と訳すことが多い。美しいものを見て、美しいという印象を受け、それに手を伸ばしたり、「きれい」と思わず口にしたり、その前でしばらくたたずんでしまったりしたら、それは表現である。

　左の写真を見てほしい。1歳の子どもが、窓辺に立って、光の差す方へ手を伸ばしている。まだ歩行もままならないほど幼い1歳児が、かかとを浮かせてまでして体全体を上に向かって伸ばし、指で何かをさしている。

　これを見て、あなたは何を思うだろうか。次のAさんとBさんは、見方がちょっと違う。

A：「何に向かって指をさしているのかな。窓の上の丸いステンドグラスシートか……青い方か、赤い方か、いやいや、この腕の角度からすると、その先の木立をさしているのかも。まだ、おむつが取れていない赤ちゃんだから、尻もちをつきそうだな……」という風に、客観的に状況説明する見方をする人だ。

B：「夢中で何かを伝えようとしている感じ。赤や青のステンドグラスシートを通して差し込む光がきれいなんだろうな。それとも、そのずっと向こうの木立から透けてくる光の明るさを感じているのかな。アッ、アッという声が聞こえてきそう、後ろにいる保育士さんに感動を伝えているのかも」など、子どもの気持ちに共感するように見る人もいるだろう。

　AとBで比較すると、子どもの表現を、Aは大人の視点寄りで、Bは子どもの視点寄りで捉えている。このとき、保育者としてそばにいたら、それぞれの見方で、応答の仕方も違ってくるのではないか。

　津守真は、保育における表現と理解について次のように語っている[1]。

　「外部から観察される行動は内なる世界の表現である。こう考えたときに、私は子どもと一緒にいることがいっそうおもしろくなった。行動を子どもの表現として理解するためには、大人は固定観念を捨て、想像力をはたらかせて子どもの側から見る努力をせねばならない」

　上のBの理解のように、その人の内側から（子どもの側から）出たものとして表現を捉える場合、表現者自身をあくまでも主体として捉えようとしているという意味になる。大人側の理解の枠組みを一時捨てて、子どもの見方に想像力を働かせてできるだけ近づくという仕方で、表現を理解している。

　Aの方は、子どもを、客体として、客観的に捉えようとしている。子どもの一般的な性向を見たり、医師が病名を診断したり、子ども集団の力学的傾向を捉えたりする場合など、客観的に子どもを見ることがおおいに必要なこともある。目的によって、AとBの見方を自然に行き来できることが望ましい。

　Bのような表現としての人間理解は、そばにいる人に意味があるだけではない。表現をすることを通して、その人自身が、自分を感じ直すのである。自ら生み出した表現を前にして、人は新たな自分に気づかされるということがあり、それは子どもも大人もそうである。

　右頁の写真の高いタワーは、年長児がひとりで積み上げたものである。手が届かなくなっ

てくると、イスを持ってきて、さらにその上に大型積み木を積むなどして、保育者に見守られながら天井に届きそうになるほど高くまで積み上げた。しかし、その後、ほかの遊びをしに出かけて、そこからしばらくいなくなった。戻ってきたときには、片づけの時間になっていたが、惜しげもなくそれを一気に壊すことで新たな喜びを味わっていた。そばで見ていた大人には、「せっかく積んだのに、もったいない」と思われたのだが、本人はそれとは別の世界を生きていたようである。子どもの表現は、未来につながっていて、作品自体は過去のものとなっているようにも見えた。

3 遊びを表現と捉える

「表現」が5領域のひとつに位置づけられていることは、子どもの自発的な活動としての遊びが、日本の幼児教育における基盤になっていることと深く関係がある。遊びとは、目的が外にあるのではなく、それ自体のおもしろさを追究する活動である。子どもは、健康な体、社会性や、言語能力、探究心などを養うために、手段として遊びを行うのではない。遊びを通して、健康な体や、社会性、言語能力、探究心などが育まれるのである。この違いは重要だ。

約250年前、J.ルソーは、子どもが生まれながらにして行うことを人間形成の基礎に据え、その自然の力を生かして人を育てようという教育論を近代社会に提示した。それまで、子どもは不完全な人間として価値のないものと考えられ、教育とは、その劣った存在である子どもを矯正して大人にするものと考えられていた。しかし、ルソーは、子どもが本来もっている力を活かし、教育はあくまでも消極的に必要に応じて援助するものと提唱した。

子どもは乳児期から、生命活動とは直接関係のないことをして楽しむ。持っているものでコツコツとベッドの枠を叩いたり、いないいないバーで笑ったり（乳児期）、鏡の中の自分と遊んだり、人形をおぶったり（1歳ごろ）、活動自体のおもしろさを楽しんでいるように見える。これらは、生きるために絶対必要なことというわけではない。しかし、まったく無関係ということでもなさそうである。

子どもを主体として捉えるとき、大人はこのような遊びを前にすると、どうしてそういうことをするのか理解しようとする。この子がその表現を今したいということを、肯定的に、意味のあることとして捉えるのである。その態度が、子どもの表現を支える。その理解自体が正しいかどうかではなく、保育者が子どもの表現に意味を見いだしながら、そばにいることが非常に大切なのである。

たとえば、1歳児が、保育園の生活のなかで、手洗いのしつけが始まったころ、流し台におもちゃのブロックを持っていき、それを転がすような遊びが見られた。子どもが手洗いのことをどこまで意識しているかはわからないが、どこかつながっているのだろう、という風に見える。大人は、それを見て、「手洗いの練習かしら」などと理解するかもしれない。その理解が正しいか否かよりも、そのようなまなざしをもって大人が子どもの行為の意味を探りながらそばで見守ることが、子どもの表現への意欲を育てる。

　子どもは意図せずに「遊ぶ」。その延長上に、音楽的な活動や造形的活動が生まれるようにしたい。大人が準備した活動に向かわせるのではなく、子ども自身が興味をもってやり始め、試行錯誤しながら（外からは遊んでいるように見える）、あるものは音楽的活動に、あるものは身体表現に、あるものは絵画や造形活動となるというプロセスこそが重要なのである。

4　保育的関係に支えられる表現

　子どもは自らの表現を肯定的に受け止められる状況で、さらに表現を豊かにしていく。つまり、子どもの表現が保育者（養育者）によって理解される環境が、表現を育てるための第一条件なのである。このような条件を前提として、さらに幼児期の感性や創造性が育まれるためには、子ども―もの―保育者という三者関係が重要である。

　たとえば、「生活の中で様々な音、形、色、手触り、動きなどに気づいたり、感じたりするなどして楽しむ」ためには、聞く、見る、触れる、嗅ぐ、味わうなどの自らの感覚でものと出会うだけでは十分とはいえない。子どもはよく「先生、見て、見て」と呼びに来る。感動を共有してもらいたいのだろう。

　また、子どもが何気なく見ていた雑草の花などを、保育者が「なんてきれいなんでしょう」と素朴な気持ちで伝えたり、子どもと一緒に興味深くアリの行列を見入ったりする態度は、子どもに共感を呼び起こして、印象を一層刻みつけるものである。大人が形だけ感動するふりをしても、それは伝わらないだろう。保育者は、普段から、周囲の世界を大人の目からだけでなく子どものような新鮮な視線で感じ直すこと、感動を素直に表現できるような態度を心がけていることが大事だ。子どもの感性は生まれもってくるものだが、それをいっそう豊かにするか、貧弱なものにするかは、そばにいる保育者のあり方と関係している。

　一方、生活経験や発達に応じて表現を十分に発揮できるように、「遊具や用具などを整える」ことも、保育者の重要な働きである。子どもの日頃の生活や遊びを見守りつつ、さらに表現を伸ばすのに役立つかもしれないおもちゃや大型遊具、リズム表現や造形を助ける楽器や道具、文房具などを適当数用意することも、表現を育むために必須の保育の働きである。また、作品をほかの子どもの前で上演したり展示したりすると、ほかの子どもの表現に触れて印象を受け、自分の新しい表現を生み出す機会にもなる。このように表現する過程を大切にして楽しめるようにする工夫が保育者には求められている。

§2 豊かな表現を支える援助や環境について

　子どもの発達を、表現という視点から、生活全般を見渡しながら追ってゆくこととしよう。ここでは、津守式乳幼児精神発達診断法の発達行動項目を参考にして、表現の萌芽的行動も含めて、乳幼児の表現の発達を概観し、その輪郭をたどっていく。「生活」と「遊び」両面にわたる、発達時期ごとの表現の特徴が見えてくるだろう。

　次頁以降の枠の中に示す行動の項目は、各時期に見られる行動の例に過ぎない。このすべてができなければならない、という意味ではないし、この時期にできていないと発達が遅れているという意味でもない。発達時期ごとに大体こういうことをするようになるのだと、全体的な発達のイメージをつかむことが重要である。そして、「どうしてこの時期に、人間はこういうことをするのだろう」と疑問をもち、人間の発達の意味を考えてほしい。

1 乳児（0歳）の表現

　人は、1歳ごろから歩き、話すようになる。歩く、話すという、人間らしさの二大特徴が表れるのに、生後1年間を要するということだ。離乳食から大人と同じようなものを食することができるようになるまでにも1年ほどかかる。ほかの哺乳類が、生後すぐに歩いたり、親にしがみついたりできるのに対して、人はあまりに無力な状態で生まれてくる。その1年間が乳児期であり、依存度の非常に高い時期である。だから、大人はつい乳児のことを「まだ歩けない」「まだ言葉がない」と、否定的に、能力の低い存在として見てしまいがちである。

　しかし、最近の研究のなかで、赤ちゃんは生後間もなくからまわりの世界に自分から働きかけており、自発的に適応する有能性をもち生まれてくることが注目されている。赤ちゃんがよく泣くことも、能力がないからではなく、自ら大人に対して援助を引き出す方法を知って生まれてきていると考えられるのだ。これに気づくために、大人は赤ちゃんをよく「見る」必要がある。乳児はいろいろな表現をし、大人は、それを「おなかがすいたのかな」「暑いのかな」と推測しては対応する。乳児の表現を理解しようとする大人がいることが、赤ちゃんが安心して元気に育つ条件なのである。

0歳児 「ふわり」

（1）生後1か月（養育者の世話を引き出す原始的な表現）

> 新生児期（1か月未満、生後4週間ぐらい）
> ・裸にさせたとき、入浴のときなど足をピンピンさせる。
> ・快いときにひとり笑いをする。
> ・話をするように声を出す。

生まれて間もない赤ちゃんの手のひらや足の裏に触れると、指を曲げてものをにぎるようなしぐさをしたり（把握反射）、唇か口元を指で触れると、顔を動かして口を開けてその指をくわえるようにしたり（口唇探索反射）など、原始反射といわれる行動が見られる。この時期に現れる「新生児反射」といわれる一連の行動を、神経系の自動的な行動にすぎないと捉えることもできるし、今のように行動科学や脳科学が発達し、胎児期～新生児期

生後1週間乳児

の能力に関する研究が盛んになる以前は、そう考える人が多かった。

しかし最近は、そうした新生児期の行動は自動的に起こっているのではなく、世界に適応するために行っている自発運動だと捉えられるようになってきた。この時期の赤ちゃんの行動をただの生理的な反射運動だと思うと、大人の養育するわりあいが半減するかもしれない。赤ちゃんが睡眠中にうっとりするように微笑んだり、お風呂に入れてもらっているときに足をピンピンと伸ばしたり、話をするようにうっくんと声を出したりすると、大人は「気持ちがいいんだね」「元気だね」「楽しいね」などと赤ちゃんの気分に寄り添い、赤ちゃんが少しでも気持ちよい状態になるように工夫をして関わろうとする。赤ちゃんの表現と大人の理解とのコミュニケーションの始まりである。

こういう関係性は、教えられなくても、通常の場合、新生児を養育する立場になると、自然に起こってくる。1か月未満の新生児の動き一つ一つに目をこらし、養育者はそこから意味を読み取り、世話・養育への意欲を育て、（母親の）産後期に陥りやすい不安な心身状態もたいていは乗り越えていけるようにできている。

また、この時期に「赤ちゃんの表現⇔養育行動」という往復的かつリズミカルな経験を積み重ねていくと、赤ちゃんは、この新しい世界で生きることを受け止められていると感じる（基本的信頼）。そうして、赤ちゃんはさらに周囲への働きかけ（表現）をして、養育者に受け止められる経験を繰り返す。そのプロセスで、表現⇔受容⇔信頼関係⇔安心・快⇔表現という循環的な快いリズムを乳児は体験していく。表現すると、それへの応答がきっと（時差は多少あっても）あるという信頼感を、人生の最初期に蓄積することが極めて重要である。

（2）生後2〜6か月（まわりの世界を感じて楽しむ）

> 2か月
> ・音のした方に、首を回す。
> ・機嫌のよいときは、あたりを見回して、声を出したり、手足を動かしたりして、ひとりで遊ぶ。
> ・あやすと顔を見て笑う。

　1か月目は横抱きで静かにしていたのに、2か月ごろから首がすわり始め、縦抱きの抱っこもだんだんしやすくなる。このころになると縦にしてほしいとむずかる（表現する）ようにもなる。

　そして、音のする方に首を回したり、機嫌がよいと、ひとりでいろいろと手や足を動かしたりしている。手足を動かし、身体表現を楽しんでいるように見える。この2か月ごろから徐々に手足の動かし方が変わってくることが、生理学者や脳科学者などに最近注目されている。手足の動きが1か月ごろはばらばらだったのが、2か月ごろから、右足、左足、右手、左手でそれぞれまとまりのある動きをするようになってくる。手足の運動を、赤ちゃん自身でうまくバランスをとって制御できるように発達するようになるという。

　笑い方の変化も著しい。1か月ごろの「ひとり笑い」ではなく、「あやすと顔を見て笑う」ようになっている。まわりの大人とのコミュニケーションをおもしろいと感じて笑う、私たちにとって理解しやすい笑いになってきている。

> 3か月
> ・声を立てて笑う。
> ・気に入らないときは、むずかって怒る。
> ・乳を飲みながら、あたりを見たり、声を出したりして遊ぶ。
> 4か月
> ・ガラガラを振ったり、ながめたりして遊ぶ。
> ・気に入らないことがあると、そっくり返る。
> ・「いない、いない、ばあ」をしてあやすとキャッキャッと笑う。
> 5か月
> ・体のそばにあるおもちゃや、大人が差し出すおもちゃに手を伸ばしてつかむ。
> 6か月
> ・持っているもので、テーブルなどを叩く。
> ・ガラガラを、一方の手から他方の手に、持ち替える。

　3か月ごろ、声を立てて笑ったり、怒ったり、嫌がったりなどの感情表現が明確で強くなってくる。

　4か月ごろ、ガラガラを振って音を聞く様子から、音色を受け身で楽しむだけでなく、自分で調子を変えられることにも気づき始めていることがうかがわれる。5、6か月ごろになると、興味あるものに手を伸ばしたり、ものを叩いて音をつくったりもする。手に持ってい

るガラガラなどが、偶然、ベッドの柵などに当たって「コツコツ」と音を立てると、赤ちゃんは一瞬はっとしてまた試す様子も観察されることがある。

　まわりのものの世界の質感と出会い、同時に、跳ね返る感触を味わう自分の体にも赤ちゃんは気づく。そのプロセスのなかで、自然と、音づくりという表現活動も始まっている。

　人間は生まれて間もないころは、まだ、自分が、独立したひとりとして存在していることを認識していないといわれる。人やものとの出会い、やりとりを通して、養育者やまわりの世界とは別のひとつの自分がいることを見いだしていく。

6か月児の笑い

（3）生後7か月～1歳未満（まわりの世界を感じて楽しむ）

> 7か月
> ・自分の体の部分を注意して見る。
> ・要求があるとき（何か取ってほしいときなど）、声を出して大人の注意を引く。
> 8か月
> ・仰向きから、うつ向きに寝返りする。
> 9か月
> ・うつ向きから、仰向きに寝返りする。
> ・「いやいや」「にぎにぎ」「バイバイ」などの動作をする。
> 10か月
> ・つかまって、ひとりで立ち上がる。
> ・はいはいする。
> ・大人のやることをやりたがる（字を書く、櫛(くし)を使うなど）。

　自分の体をじっと見る（7か月ごろ）姿は、「私の体」と「私の体を動かす人」の関係を内側から探究しているようにも見える（参考　ハンドリガードの写真）。

　乳児期の後半は、寝返り、つかまり立ち、はいはいと、自分の体を移動させる能力をぐんぐんと伸ばす時期でもある。手を伸ばすだけでなく、体全体で、まわりの世界と関わっていくことができるようになっていく。赤ちゃんは活動エリアを自分の意思で広げられる有能性を感じ取っているだろう。

　10か月ごろに大人のやることを模倣するよう

ハンドリガード（7か月）

になる。模倣は、その人らしい表現を生み出す大切なきっかけである。乳児は10か月ごろから自己意識を形成しているといわれ、自己と他者をかなり区別できている。そのため、ある人物や、その人のやっていること、作り出すものへの注意や関心が生まれると、子どもはそれをなぞりながら、自分なりのイメージを形成し（表象）、体全体でそれを表現していく。これを模倣という。だから、音楽的表現においても、造形的表現においても、「真似（模倣）をしたい」という心情や意欲は大事に育てたい。「字を書く」真似をするといっても、まだ文字自体への興味はなく、紙を前にして鉛筆を走らせる動きの全体を真似しているという感じだ（参考　赤ちゃんが書く真似をしている写真）。赤ちゃんが体全体の感覚を統合的に操りながら大人の「書く」姿を模倣できるという能力は、考えれば驚異的ではないだろうか。

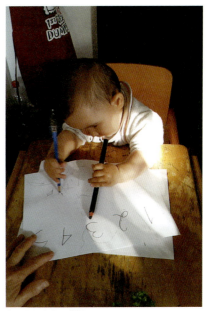

書くまねをする乳児

　保育所保育指針、幼保連携型認定こども園教育・保育要領の中に、乳児期の保育に関して、視覚・触覚などの感覚や、座る、はう、歩くなどの運動が著しく発達し、特定の大人との応答的な関わりをが示され、情緒的な絆が形成されることが基本であり、主に、「健やかに伸び伸びと育つ」「身近な人と気持ちが通じ合う」「身近なものと関わり感性が育つ」という3つの視点から乳児保育のねらいが明らかにされている。

　そのなかで、乳児期の領域「表現」ととくに関わりの深い「身近なものと関わり感性が育つ」というねらいを実現する際の内容について、次の2点に留意する必要がある。

- 玩具などは、音質・形・色・大きさなど園児の発達状態に応じて適切なものを選び、その時々の園児の興味や関心を踏まえるなど、遊びを通して感覚の発達が促されるものとなるよう工夫すること。なお、安全な環境の下で、園児が探索意欲を満たして自由に遊べるよう、身の回りのものについては常に十分な点検を行うこと。
- 乳児期においては、表情、発声、体の動きなどで、感情を表現することが多いことから、これらの表現しようとする意欲を積極的に受け止めて、園児が様々な活動を楽しむことを通して表現が豊かになるようにすること。

2 1歳以上3歳未満児の表現

　保育所保育指針において、この時期の発達特徴についておおよそ次の内容が示されている。
「この時期は、歩く、走る、跳ぶなどの基本的な運動機能が発達し、排泄の自立のための身体的機能も整うようになってくる。つまむ、めくる、などの指先の機能も発達し、食事、衣類の着脱なども保育者の手を借りながらできるようになる。発声も明瞭になり、語彙も増加し、自分の意思や欲求を言葉で表出できるようになってくる。（第2章2（1）ア筆者要約）」
　表現するための身体運動能力が、体全体においても、手先の細かい部分においても発達し、可能性が広がるうえに、言葉という人間に特有の表現手段もここに加わってくる。言葉がほとんどなかった乳児期に比べ、この時期になると、大人はつい言葉による表現のほうに注目してそちらを伸ばすことに一生懸命になる傾向がある。しかし、言葉による表現はまだまだ発達の途中であるから、保育者が子どもに対して、言葉で説明するように強いたり、間違った言葉づかいを矯正したりすると、言葉だけでなく、体全体の表現への意欲を低減させることになるだろう。子どもが体を使ってする表現や、歌やリズム、絵や工作などの素朴な表現を見守り、その意味の豊かさを感じられるようによく見て、子どもを理解していくことが重要である。

（1）1歳児

> 1歳1か月ごろ
> ・鉛筆で、めちゃくちゃがきをする。
> 1歳7か月ごろ
> ・なんでも自動車に見立てて、押して歩く。
> ・砂いじりを好み、砂を容器に入れたり出したりして遊ぶ。
> ・父母などのしぐさの真似をする。
> 1歳10か月ごろ
> ・鉛筆などで曲線を描く（ぐるぐる丸を描く）。
> ・人形やおもちゃの動物をおぶったり、抱いたりする。
> ・大人とままごとの真似をする。
> 　（「どうぞ」と言って渡し、「ごちそうさま」と言うと満足する）。

　1歳児は、周囲のいろいろなものに興味を示し、手で触り、ひっくり返したり、指を突っ込んだりして試みる。
　「書く・描く」ことについては、乳児期10か月ごろすでに、大人の書くかっこうをまねることは始まっていたが、1歳児になって、書く・描くこと自体に注意が向いてきている。しかし1歳1か月ごろはまだ「めちゃくちゃがき」で、そのときの腕使いは、紙の外にはみ出たり、空（くう）を切ったりすることもあり、それでも紙の上に残される描線（なぐり描き、スクリブル）に子どもははっとしながら、造形表現を試みているのであろう。これが、1歳

台後半になってくると、行動がややまとまりをもってくる。紙の上をなぞりながら丸をぐるぐると何重にも描くことができるようになってくる。手先ではなく、腕をいっぱいに動かしている。描かれた丸が何を意味するのかは、子ども自身にも説明はできない。

この時期に特徴的に表れる表現は、見立て遊びである。「なんでも自動車に見立てて、押して歩く」子ども（1歳7か月ごろ）

1〜2歳児「ガラスに描く」

は、空き箱とか、積み木などを、「ブーブー」などと言いながら、どこかで見た本物の自動車を想起し再現しているのだろう。このように、対象物を想起・想像しながら、ほかの対象物の上に再現する遊びを見立て遊びという（3歳ごろになると、ごっこ遊びに発展していく）。

1歳10か月ごろの、「人形やおもちゃの動物をおぶったり、抱いたりする」遊びには、自分が大人のように小さい弱いものをケアすることが表現され、大人に食をふるまう遊びにおいては、大人を相手に世話をする想像的な遊びが見られる。この年齢で、人をケアする表現的遊びが出現することは興味深い。

（2）2歳児

> 2歳
> ・両足でピョンピョン跳ぶ。
> ・童謡に節をつけて部分的に歌う。
> ・赤、青などの色の名前がわかり、その正しい色をさす。
> ・はさみを使って、紙、布を切る。

2歳児「ピョンピョン」

2歳児は身体能力がぐんと伸び、ピョンピョンと跳んだり、ものにぶら下がったり、すべり台に上ったり、全身を使いこなす力強さを感じる。その一方で、はさみを使ったり、ふたを開けたり閉めたりするなど手先の器用さも増す。

やっていることそのことを楽しみ、ものをいじったり、歩いたり、しゃべったりするときに、いじること、歩くこと、しゃべること自体を楽しんで、何をつくるか、何

を伝えたいのかは二の次に見えることが多い。しかし、疲れたり眠かったり、気に入らなかったりすると、赤ちゃん戻りのようになり、言い出したらきかず、「第一反抗期」などとも呼ばれる。心身が発達して、自分の成長に自信をもつようになると同時に、それがうまくいかないとまた赤ちゃんのようになる。共に過ごす大人も「手を焼く」印象を受け、子どもと意地を張り合うような状況も生まれやすいが、そんなときは子どもの気持ちを理解して、子どもなりに納得できる道を探していくことがよいだろう。

（3）1歳以上3歳未満児の「表現」で留意すべきこと

　保育所保育指針では、1歳以上3歳未満児の保育について、5つの領域に分けてねらいと内容が示されるようになった。
　3歳以上の「ねらい」は子どもが主体的に表現を「楽しむ」ことに主眼が置かれているのに対して、この時期は、その基礎となる身体の諸感覚を育て、イメージや感性が育つ環境を準備することが強調されている。
　「表現」の内容の取扱いとして、留意すべき事項は次の4点が示されている。

- 子どもの表現は、遊びや生活の様々な場面で表出されているものであることから、それらを積極的に受け止め、様々な表現の仕方や感性を豊かにする経験となるようにすること。
- 子どもが試行錯誤しながら様々な表現を楽しむことや、自分の力でやり遂げる充実感などに気付くよう、温かく見守るとともに、適切に援助を行うようにすること。
- 様々な感情の表現等を通じて、子どもが自分の感情や気持ちに気付くようになる時期であることに鑑み、受容的な関わりの中で自信をもって表現をすることや、諦めずに続けた後の達成感等を感じられるような経験が蓄積されるようにすること。
- 身近な自然や身の回りの事物に関わる中で、発見や心が動く経験が得られるよう、諸感覚を働かせることを楽しむ遊びや素材を用意するなど保育の環境を整えること。

3 3歳以上児の表現

　保育所保育指針において、この時期の発達特徴についておおよそ次のように示されている。
　「この時期は、運動機能の発達により、基本的な動作が一通りできるようになるとともに、基本的な生活習慣もほぼ自立できるようになる。理解する語彙数が急増し、知的興味や関心が高まる。また仲間と一緒に何かをすることを楽しみ、集団的な遊びや協同的な活動も見られるようになる。(第2章3（1）ア筆者要約)」

「泣いてるの？」

（1）3歳児

> 3歳
> ・積み木でトンネルやままごとに必要なもの（家など）、車庫や線路を作ったりする。
> ・のりをつけて、はりつける。
> ・砂を茶碗に入れて型を抜いたり、砂で山を作ったりして遊ぶ。
> ・きれいなものを見ると、きれいだと感心する。
> ・自分でかってな歌を考えて歌う。
> ・ままごとで役を演じたり、子どもだけでお店屋さんごっこをする。
> ・画用紙いっぱいに絵を描いて色を塗る。

3歳児 「おままごと」

　年少児クラスの子どもたちが、大型積み木で保育室を仕切って、道や線路などの場づくりをしているのをよく見かける。3歳児は、2人か3人が一緒に同じものを作っているように見えても、5歳児が相談したり手分けしたりしながら製作する様子とは違い、一人一人がそれぞれのイメージで遊んでいる。ままごとやお店屋さんごっこで、友達とやりとりをして遊ぶようになる。そんなとき、子どもは、たいていの場合、自分自身ではなくほかのだれかになっていることが多い。動物のこともある。ヒーローのポーズをとっていることもある。自分を何かに見立てて遊び、体中で、想像の世界のものになって表現を楽しみ、その役割を友達と相互に共有してストーリーをつくっている。

　砂場で型抜きをしたり、絵を描いたりするとき、少しでも満足のいく形を作り出せるように工夫する姿が見られる。「きれいなものを見て、きれいだと感心する」ように、美しいものを「いい」と感じる感性、それを追究する姿が、見て取れる。ひらひらするきれいな色の布をベールやスカートのように身にまとって、園内を友達と連れ立って歩く子どももいる。きれいなものを装い何かになることを楽しんでいるのである。

　工作などで、うまくいかないと「先生、やって」と頼んでくるが、保育者が必要に応じて手伝ったり、できそうなところは間接的に支えたりした後、完成してやり遂げると、うれしそうにその作品を一日中持ち歩く子どももいる。来訪者などに「見て」と見せて回ることもある。きれいなもの、すてきなものを、自分で作り、それを大事にする。

　歌については、童謡やテレビの歌も歌うが、機嫌がいいと自分で節をつけて歌ったりする。このように3歳児は、創造的な活動への基礎をなす遊びを繰り広げる。

（2）4歳児

> 4歳
> ・友達同士で、会話を交わしながら、何かを作る。
> ・自分の作ったものや、他人の作ったものを、互いに見せ合ったり、のぞき合ったりする。
> ・スキップができる。
> ・はさみで、簡単な形を切り抜く。
> ・砂場に池や川を作り、水を流すなどして遊ぶ
> ・はさみとのりを使って、紙で簡単なものを作る。

　4歳児は、友達と遊ぶことが楽しい時期である。まだ協力関係は十分には築けないが、会話を交わしながら一緒に何かを作ったり、人の作ったものに興味をもったり、見せ合ったりする。

　ひとり言を言いながら、何かを作っていることもある。

　遊びのなかに、目的意識や意図がよりはっきりしてくる。何かを作ろうとして作る。まだ技能的には不十分でも、いろいろと工夫して、自分なりの表現に満足する。

　想像遊びの規模がぐんと大きくなり、数人、あるいはひとりで、砂場に池や川を作ったり、線路や道を作ったりする。

4歳児　「砂場で池作り」

（3）5歳児

> 5歳
> ・ひこうきを自分で折る。
> ・想像して、いろいろのものを描いて楽しむ。経験したことを絵にする。
> ・砂場でふたり以上で協力して、ひとつの山を作る。
> ・よく飛ぶように飛行機の折り方や飛ばし方を工夫する。

　5歳児は、今まで不安定だったいろいろの能力に一通りまとまりができてくる。それだけに、個人差も大きく見えやすくなる。遊びの盛んな時期で、数人で集まって次から次へと遊びを考え出して動き回る。話し言葉も熟達してきて、文字への関心も出てくる。

　想像したもの、体験したことなどを、形や絵にしたりすることが、かなりできるようになってくる。また目的意識をもって、自分の思い描いたイメージに近づ

5歳児　「製作」

ける工夫をする。

　一方で、型にはまったものを「上手」に作ろうとする子どももいる。5歳の段階でどのようなことが期待され、どれだけ十分に自発的な表現をするための時間と場が与えられているかにもよるだろう。保育者が、子どもが表現するプロセスをいかに大切にするかが重要なのである。

（4）6歳児

> 6歳
> ・のこぎりで木を切る。
> ・絵の具で絵を描く。
> ・音楽プレーヤーを自分で操作して聴いたり、合わせて踊ったりする。
> ・簡単な模型を自分で作る。
> （7歳）
> ・数え歌を歌いながら、まりをつく。
> ・ピアノで、好きなように弾く。簡単な楽譜を見て、ピアノを弾く。
> ・泣くのを人に見られないようにする。

　年長クラスの子どもたちのなかには、4月にすぐ6歳になる子どももいれば、3月の卒業まで5歳の子どももいる。幼・保・小の接続を考える意味でも、ここでは、6歳から7歳の入り口までの子どもの様子を見ておこう。
　6歳は児童期へと足を踏み入れた時期であり、5歳で一度安定した諸能力が新しい段階に向かって、バランスが

6歳児　「ししまい」

崩れ始める。体力が増進し、自分でできることが多くなる一方で、生活空間が拡大し、知的関心や知識欲が旺盛になるため、新しく何かをやりたいという欲求が大きくなり、大人と衝突することも多い。
　6歳児は、何かを作るときに、地球儀を見たり図鑑と見比べたりする。また、手先が器用になってきたこともあって、紙に穴をあけてひもを通したり、小さく切ってのりづけしたりする。7歳になると、さらに、折り紙で細かい操作をしたり、のこぎりなどの道具を使って木工をしたり、木を切って釘を打ちつけたりすることもある。
　絵なども、想像したものを細かく描いて、自分の気に入った絵を見ていたり、人の絵を批判したり、自分も批判されると修正したりする。
　幼児期は一般的に喜怒哀楽をすぐに表情に出すが、7歳になると、泣くと恥ずかしく思ったり、人に見られないよう隠そうとすることが多い。

(5) 3歳以上児の「表現」で留意すべきこと

　幼稚園教育要領、保育所保育指針等では、3歳以上児の領域「表現」の内容について留意すべきことが共通して次のように示されている。

・豊かな感性は、身近な環境と十分に関わる中で美しいもの、優れたもの、<u>心を動かす出来事</u>などに出会い、そこから得た感動を他の子どもや保育者と共有し、様々に表現することなどを通して養われるようにすること。その際、風の音や雨の音、身近にある草や花の形や色など自然のなかにある音、形、色などに気づくようにすること。
・子どもの自己表現は素朴な形で行われることが多いので、保育者はそのような表現を受容し、<u>子ども自身の表現しようとする意欲を受け止めて</u>、<u>子どもが生活の中で子どもらしい様々な表現を楽しむことができるようにすること</u>。
・生活経験や発達に応じ、自ら様々な表現を楽しみ、表現する意欲を十分に発揮させることができるように、遊具や用具などを整えたり、<u>様々な素材や表現の仕方に親しんだり</u>、他の子どもの表現に触れられるよう配慮したりし、<u>表現する過程を大切にして自己表現を楽しめるように工夫すること</u>。

　これらは、「幼児期の終わりまでに育ってほしい姿」の（10）「豊かな感性と表現」の項目における、「心を動かす出来事などに触れ感性を働かせる中で、様々な素材の特徴や表現の仕方などに気づき、感じたことや考えたことを自分で表現したり、友達同士で表現する過程を楽しんだりし、表現する喜びを味わい、意欲をもつようにする」という資質・能力を育むために保育者が留意すべき点である（ポイントに傍線を施した）。

　幼児期の「気づき」は感性と知性の融合したものである。たとえば、保育中、にわか雨がザーッと降ってきたとする。子どもたちは、その急な異音に「気づき」、思わず外に飛び出し「雨だ」と知る。周辺がにわかに薄暗くなり、いつもと違う音や匂いに包まれ、少し怖いような気配に変わったことに「気づき」、思わず立ち尽くしてしまう。これは驚きが伴う感性的な経験である。一方で、にわか雨のなかで打たれる水たまりの波紋の繰り返しをじっと観察するまなざしは知性的でもある。また、保育者たちの「さあ、お部屋に入りましょう」という声かけを聞いたり、今日は傘をさして帰れるぞ……などと考えたりするなかで、日常的な世界における生活と自然とのつながりを知って（気づいて）いくという側面もある。乳幼児期において、感性的な経験としての「気づき」をとくに大切にしたい。「気づき」が幼児期にちゃんと経験されることが、将来養っていくべき、生活に必要な認知力、客観的な判断力などの「気づき」を十分豊かなものにしていくために不可欠だからである。

§3 乳幼児の表現が育つ基盤

1 乳幼児の主体的な活動を生活の中心に

　乳幼児期を通じて、子どもが主体として育ち、主体的に活動することが教育・保育の基盤となっている。「主体」とはどういう意味なのだろう。

　保育所保育指針において、「保育における養護とは、子どもの生命の保持及び情緒の安定を図るために」保育者が行う援助や関わりであると示されているが、「情緒の安定」を図るねらいとして、次の4点が示されている。

- 一人一人の子どもが、安定感をもって過ごせるようにする。
- 一人一人の子どもが、自分の気持ちを安心して表すことができるようにする。
- 一人一人の子どもが、周囲から主体として受け止められ、主体として育ち、自分を肯定する気持ちが育まれていくようにする。
- 一人一人の子どもがくつろいで共に過ごし、心身の疲れが癒されるようにする。

　「主体」とは、その子自身として存在が尊重され認められ（ほかの子どもと比べるのではなく）、受け止められることによって、一人一人の人間の中に生成される自己感である。そこに存在していることを肯定され、自分のあり方、やりたいことを追求する精神的な強さの基盤でもある。主体性は、子どもがもって生まれてくる自発運動的な力をバネにしながら、周囲の大人に出会い、受け止められ、仲間との関係性を経験しながら新たに育ってゆくものである。保育者は、そのために、一人一人の子どもの気持ちを受容し、共感しながら、子どもとの継続的な信頼関係を築き、子どもが「主体的」に活動し、自発性や探索意欲などを高めるとともに、自分への自信をもつことができるよう成長の過程を見守り、適切に働きかける必要がある（「情緒の安定」の内容）。

　養護によって主体性を育てるプロセスで、子どもは「自分の気持ちを安心して表すことができるようになる」。乳児期の表現は、快や不快を伝える段階から、やがてコミュニケーションを楽しむようになっていく。養育者の養護的な関わりを基盤に、身近な人と気持ちが通じ合い、身近なものと関わり感性が育つなかで、感じたことや考えたことを表現する意欲が積極的に受け止められ、さまざまな主体的な活動を楽しみ、子どもの表現は豊かになる。

　子どもは特定の養育者との関係から、徐々にさまざまな人やものとの関わりをもつようになり、多様な体験のなかから、仲間との関わりのなかに自己感をつねに新しくしていく。その過程には、友達との意見の違いや、自分の能力の不足や、園のルールなどの理由で思い通

りにいかないという葛藤を経験する。その過程も、主体性を新しい次元に育てていくために不可欠である。うまくいかない経験を、どう乗り越えるのかは、主体性がいかに育つかの分水嶺だといってもいいだろう。保育者に直接助けてもらうのと、見守られながら主体的に克服するかは、経験的に大きく異なる。保育者は、その子どもの発達に即した主体的・対話的で深い学びが実現するように援助し、心動かされる体験を通して、次の活動を生み出すことを考慮することが重要である。そのプロセスが、園生活を充実させるからである。

2 子どもの表現を育てる園環境

　「表現」に関わる保育内容をどのように具体化していくかを考える際に留意すべき事柄として、保育所保育指針には、「玩具などは、音質、形、色、大きさなど子どもの発達状態に応じて適切なものを選び、その時々の園児の興味や関心を踏まえるなど、遊びを通して感覚の発達が促されるものとなるよう工夫すること。なお、安全な環境の下で、子どもが探索意欲を満たして自由に遊べるよう、身のまわりのものについては、常に十分な点検を行うこと」と書いてある（乳児保育部分）。また、3歳児以上の「表現」では、「遊具や用具などを整えたり、様々な素材や表現の仕方に親しんだり、他の幼児の表現に触れられるよう配慮したり」と、記述されている。

　子どもの表現を育てる環境を「園児の発達状態に応じて」整えることは、一人一人の発達状態に応じることが基本ではあっても、遊具や用具の整備、さまざまな素材や表現の仕方に関する環境づくり、また安全さの確保といった、園全体で取り組むことがどうしても不可欠である。つまり、園長や主任や保育者など各職員が協働して、園の保育・教育の質をつねによりよいものにしていくという発想をもち、教育課程・活動や保育の全体的な計画を一緒に話し合ったり、検討したりできる組織（場）をつくり、運営の枠組みを工夫していくことが求められる（カリキュラム・マネジメント）。

　また、各園で、独自の保育・教育方針を掲げている場合もあるだろう。それによって、園全体の環境構成や保育者・地域との連携方法などが変化するのである。たとえば、持続可能な社会づくりをめざし、その一環としてエコロジーや自然素材の利用を推進しようとする園の場合、表現活動のために準備する素材の入手方法や分類・保管、廃材の処分方法などを、園全体で共通理解し、学年（クラス）を超えて、子どもも巻き込んで取り組まなくては意味がないだろう。またグローバル教育という視点や地域の特性などを反映して、多様性を受容する教育を推進しようとする園では、保育者と

表現を育てる園環境

保護者が連携して、異文化交流行事などを企画し、そこにさまざまな表現活動を取り入れる場合もあるだろう。保育者たち同士で、園全体の方針や計画に対して主体的、共同的に取り組み、子ども一人一人の発達や育ちに合わせた保育実践をしていけるように、相互に意見を出し合ったり課題を検討したりすることが大切だ。一人一人の子どもの育ちを園全体で支える気概をもち、日々の保育や活動を振り返り共有するためのシステムを構築することによって、保育者一人一人の主体的な実践が可能となるし、また、保護者との連携を図るための基礎ともなる。このいわゆるカリキュラム・マネジメントが園全体で機能するようになると、日々の保育者の努力や苦労や悩みなどが、よりよい園生活の環境づくりに活かされ、実践のやりがいへとつながる良い循環を築いていくことに通じる。

　表現活動は、行事などの際に、保護者の前で発表される機会がある。園として行事を実施する意義、目的、実施方法などについて、保育者間で共有され、保護者に理解されるよう工夫する必要がある。そうでないと、子どもの主体性よりも大人の価値観が優先し、保護者を安心させることが目的であるかのような行事になってしまうこともありうる。極端な例だが、元気に見えるように、子どもの気分とは関係なく大きな声で歌わせたり、個性が目立たないように大体同じような造形作品を作らせて展示したりすることさえ見受けられる。

　子どもの主体的な活動を通して感性と創造性を育むために、発表会や作品展などの行事がどういう意味をもつのか、自信をもって保護者に説明し理解を得ることができるようにすることが大切である。家庭と園との共通理解がないと、子どもの表現意欲が十分育たず、弊害にもなる。

　これは、小学校や特別支援学校などとの連携においてもいえることである。「幼児期の終わりまでに育ってほしい姿」として「豊かな感性と表現」を掲げていることについて、その内実が、小学校以上の学校にも十分理解されて初めて、幼児教育は小学校以降の生活や学習とつながるからである。

　教員同士の交流はもちろん重要であるが、同時に幼児と小学校児童、障害のある幼児や児童などとの交流を積極的に行うことで、相互理解を図ることが大切だ。そのような機会に、表現的活動を取り入れ、協同して楽しむ場になると、学校種や学年を超えて、感性に響く対話的な深い学びを促すことになろう。そうした子どもたちの実際の交流が親交へとつながり、教員同士の相互理解の機会ともなるならば、円滑な連携づくりのためのひとつのきっかけになるだろう。

─────── この章で学んだこと ───────

● 子どもの生活において感性と創造性を育むことの意味を考え、子どもの表現を大人の価値観から評価すべきでないこと、しかし一般的にそうしてしまいがちであることに気づく。

● 幼児期の表現は保育者に支えられながら、あくまでも子どもの主体性のもとに発揮され、子どもの内面性が外に表れたものとして理解されるものであること。

● 乳児、1歳〜3歳未満、3歳〜6歳の表現の発達をそれぞれ具体的に学び、その発達を支える環境がいかなるものであるべきか。

● 保育者一人一人の努力だけでなく、園全体で各職員同士、あるいは保護者や地域社会と連携しながら子どもの育つ環境を改善するカリキュラム・マネジメントについて、領域「表現」の視点から考える。

第 3 章

生活のなかにあるものを あじわい、感性を養う

――― この章で学ぶこと ―――

子どもの生活はさまざまな「表現」に満ちている。
本章では、子どもたちが園生活のなかでさまざまな事柄を表現としてあじわう様子を
詳しく見ていきたい。「表現すること」と「表現をあじわう」ことは密接に結びついている。
身のまわりにあるものを豊かにあじわい感性を養うことを通して、子どもの表現の幅は広がっていく。
それは、園生活を支える保育者や共に過ごすほかの子どもたちの存在により豊かなものになる。

§1 色

子どもを取り巻く環境は色に満ちている。

明るい色、暗い色、暖かい色、寒い色、にぎやかな色、落ち着いた色、かっこいい色、かわいい色。子どもは園生活のなかで、色を感じ、色を楽しみ、色にこだわる。それはたとえば、以下のような遊びのなかにあらわれている。

1 色をあじわう

 事例 3-1 「いい色になってきたね」

● 3歳児クラス　6月

砂場の近くに小さなテーブルを出して、S子たち3歳児数人の女児、男児とM保育者は、緑色の葉っぱを細かくちぎって水の入ったボウルに入れると、水がだんだん緑茶のような緑色になってくる。

男児が寄ってきて「何作ってんの？」と言うと、女児たちは「お茶」と言う。M保育者は「いい色になってきたね」と言って、ボウルの中の葉っぱをぎゅーっとしぼる。男児はボウルの中の葉っぱを見て「わかめ」と言う。M保育者は「なるほどね」と答える。

そのうちに「お茶屋さんごっこ」に加わる子どもたちが増え、S子は「お茶作ってまーす」「よかったらお味どうぞー」と売り子さんのように通りかかる子どもや保育者に声をかける。途中からM保育者は、お茶屋さんごっこのところに透明のカップを持ってきて、その容器にお茶を入れる。

（事例／写真：お茶大）

事例
3-2 おはなジュース

3歳児クラス 7月

　砂場の近くの小さなテーブルでは、7月になっても子どもたちの色水による「ジュース屋さん」ごっこが続いている。M保育者とK子やM子たち数名の女児と男児がボウルに水とおしろい花を入れて、ピンク色のきれいな水を作っている。「ジュース屋さん」のそばにY保育者とT太たちがやってくる。Y保育者は「このジュース、ごちそうしてもらえますか」「おいしそうですねー」とジュースを作っている子どもたちに声をかける。Y保育者が「これは何ジュースですか？」と聞くと、M子は「おはなジュース」と答える。

(事例/写真：お茶大)

　この色水によるジュース屋さん（お茶屋さん）ごっこは、1学期の間を通して続いた遊びである。M保育者の話では、このジュース屋さんは、さくらんぼ、葉っぱ、おしろい花と、色をつける素材は変化しつつも続いていったという。前ページの事例3-1、3-2と異なる日には水に砂を入れて茶色の水を「コーヒー」に見立てている姿も見られた。同じ場で同じ環境構成の遊びではあるが、取り入れられる自然物が変化することによって、さまざまな色の変化を楽しむ姿がそこには見られる。事例にあるように、このジュース屋さんごっこでは、ジュース屋さんとして、通りかかった保育者や子どもたちに飲み物をふるまうことや、水を入れる加減で色が変化することを楽しむ姿が見られる。混ぜることで思いがけず変化する色を楽しみ、それをお茶やジュースとしてほかの人に飲んでもらう（飲む振りをする）ことで、遊びの楽しさとともに色の美しさが共有されているといえる。

　また、保育者は「いい色になってきたね」と子どもの作った色水を認めたり、「これは何ジュースですか」とたずねてイメージを引き出したりすることで、ジュース屋さんごっこに対する子どもの意欲や思いを高めている。さらに色水を入れるカップを色のついた

ものから透明なものに変えることで、色の美しさを子どもたちがより感じられるようにするなど物的環境を整える援助を行っている。

このジュース屋さんごっこの事例でも用いられていたように、園舎や園庭にある植物、草花や木も、色の変化を子どもたちが感じるうえで、とても重要な役割を果たしている。とりわけ、自然の草花や木は、桜の開花や紅葉などのようにゆるやかな時間の経過のなかで少しずつ色づいていく。同じ木の葉っぱであっても少しずつ微妙に色が違うなど、そのバリエーションの幅は人工物にはないものがあり、園環境における自然物を、子どもにどのような色の体験をもたらしているかという視点から見てみることも重要である。さらにいえば、そうした自然物も含

めて、園環境全体としての色への配慮（温かみのある色、落ち着きのある色など）も重要であるといえる。平成29年3月告示の幼稚園教育要領（保育所保育指針、幼保連携型認定こども園教育・保育要領では3歳以上児の領域「表現」）の改訂では、領域「表現」の内容の取扱い(1)において「風の音や雨の音、身近にある草や花の形や色など自然の中にある音、形、色などに気付くようにすること」という文言が新たに加わっており、領域「表現」における自然物との出会いや関わりの充実が求められているといえる。

さらに、このほかにも、絵の具を使ってのうちわ作りや自分で木製のコマに色を塗ることなど、さまざまな素材と活動を通して子どもは色とその変化を楽しむ。

2 色にこだわる

> **事例 3-3** 「黄色は弱いんだよ」　　　3歳児クラス 10月
>
> 　T也とA太がブロックを組み立てて遊んでいる。A太は緑色と白色の2色で、T也は青色と緑色の2色で作っている。T也とA太はお互いに組み立てたブロックを戦いごっこのようにぶつけ合って遊ぶ。A太は「先生の分も作ってあげる」と観察者に言ってブロックを組み立て始める。A太「黄色は弱いんだよ」、T也「青が強いんだよな」、A太「赤も強いの。先生（観察者）のは、赤と青で作ってあげる」などと言ってブロックの色を選びながら、ブロックを組み立てる。
>
> （事例：弘前市　みどり保育園）

これは、ある保育所の3歳児クラスでの
ブロック遊びの事例であるが、色によって
「強い／弱い」というイメージがあり、そ
れが組み立てる際に使うブロックを選ぶ基
準となっていることがわかる（武子、
2006）[1]。ブロックは赤色、青色、黄色、
緑色など鮮やかな複数の色をもつ遊具であ
ることから、そこから色を選ぶ楽しみや色
へのこだわりも出てくるのだと思われる。

とくにこの事例3-3のように、色と強さが結びついている点は、子どもが好むテレビ番
組のひとつである「戦隊ヒーローもの（〇〇戦隊△△レンジャー）」のなかで（第4章、p.101
参照）、ヒーローたちのコスチュームの色が異なっていることや、色によってヒーローの性
格づけが異なることも影響していると考えられる。そして、それが複数の子どもに共有され、
子どもたちの間で了解された「仲間文化」にもなっているのである。

事例 3-4　「今日ね、ピンクのスカートある？」　　3歳児クラス　9月

　T子は「今日ね、ピンクのスカートある？」「今日ね使うんだよ。ピンクのスカート。み
んなでクルクルンって回るんだよ」と言ってスカートの置いてあるままごとコーナーへ行
き、ピンクのスカートを3枚持ってテラスへ行く。T子は1枚のスカートを自分ではき、
残りの2枚をN子に渡して、「見て、スカート。私がアリエル」と言う。N子は「Nちゃ
んね、ベル」と言ってスカートをはく。

（事例：千葉大学教育学部附属幼稚園）

事例 3-5　「あー、同じ！」　　3歳児クラス　6月

　ままごとコーナーでT子は「お料理しよう、U子ちゃん」とU子に声をかける。U子が
「うん。先にお買い物してこよう」と言って緑色のかごを持つと、T子は「ピンクのかごが
いい」とピンクのかごを持つ。すると、U子は緑色のかごからピンク色のかごに持ち変え
る。T子は「あー、同じ！」とピンク色のかごを振る。U子も同じようにかごを振って、
「ブロックいっぱい買うんだ」と言う。

（事例：千葉大学教育学部附属幼稚園）

この3歳児クラスには、ピンク色のスカート以外にも、黄色やオレンジ色、緑色のスカートがあったが、ことのほかピンク色のスカートに人気があり、とくに事例に登場する女児たちはピンク色のスカートに強いこだわりを見せていた（森下、2006）[2]。この事例3-4と3-5からは、友達の分まで同じピンク色のスカートを取って友達に渡したり、友達と同じ色のかごに持ち変えたりというように、色にこだわりをもって遊びに使うものを選び、同じ色のものを持つことが友達とのつながりを確かめる重要な媒介となっていることがわかる。

　このことから、色へのこだわりは遊びのイメージだけでなく、仲間関係を支えるものとしても非常に重要であることがわかる。おそらく、遊具や衣装の色は自分にとっても他人にとっても視覚的に明確にわかるものであることから、子どもにとって「私たち（ぼくたち）が仲間である」ことを自他にアピールするものとして重要な意味があると考えられる。

　以上の事例から、色にこだわることは、子どもにとって子どもがものや人との関わりを子どもなりのこだわりをもって深めていくことに重なるものであることがわかる。このことは、色をあじわうことから一歩進んで、子どもが自分なりに色というものを通して自分の周囲の世界に積極的に関わり、意味づけを始めたことのあらわれでもあるといえる。

男の子色？　女の子色？

　事例3-4、3-5では、女の子たちの間でピンク色のスカートに人気がある。また、子どもの衣服やおもちゃなどでは「男の子＝青」「女の子＝ピンク」というように色の使い分けがよく見られる。女の子はピンク色などの暖色系、男の子は青色などの寒色系の色を好んだり、身につけたりするということは一般的によく見られることである。そうした男女による色の違いは、「女の子らしさ」「男の子らしさ」とも結びついてくる。しかし、保育の実践のなかで重要なことは、保育所保育指針の「保育の実施に関して留意すべき事項」として「子どもの性差や個人差にも留意しつつ、性別などによる固定的な意識を植え付けることがないようにすること」とあるように、慣習的な「男の子らしさ」「女の子らしさ」にしばられることなく、それに合致していようといまいと、子どもが自分自身で好きな色を選び、色にこだわることを周囲が認め、受け止めてあげることである。

§2 形 ―ブロック・積み木―

　幼稚園や保育所等にある遊具には、さまざまな形がある。なかでもブロックや積み木は、それらを組み合わせて子どもがさまざまな形を構成するものである。乳児期から、積み木は子どもにとって身近な遊具であり、手指の運動機能の発達とともに積んだり、並べたり、崩したりなどして楽しむ姿が見られる。何がしかのイメージをもって形を構成することもあれば、組み立てていくなかで
イメージが湧いてくることもあり、またひとりで作ることもあればほかの子どもに影響されながら作っていくこともある。ブロックや積み木を用いた遊びのなかで、子どもたちは自分なりのイメージとともに、ときに意識的に、ときに無意識的に形を構成していく。

1 ブロック

　ブロックは、積み木と並んで、ほとんどすべての幼稚園や保育所等に置かれている一般的な遊具のひとつである。積み木とは異なり、パーツとパーツを結合させて形を作ることができ、子どもたちは自分なりのイメージをもちブロックを組み立てて、ロボットや武器や食べ物などを作って遊ぶ。

事例 3-6　お気に入りのブロック　　　　　　　　　　　　● 3歳児クラス 6、10月

　3歳児クラスのT男は、少し大きめのブロックを組み合わせて作った武器がお気に入りで、園庭へ出ていくときにもブロックの武器を持っている。園庭のさらに上にある「お山」と呼ばれる広場にも組み立てたブロックを持っていく。途中、持っているブロックの一部が外れてしまいやすいと、Y保育者に相談する。Y保育者は「重い～？」「しっかり持ってるといいんじゃない？」とT男自身にどうしたらよいか考えてもらうように応じる。T男はブロックをしっかりと抱えてお山を降りていく。この日以降も、T男がブロックを持って園庭へ出て行く様子が何度も見られた。

(事例：お茶大)

事例3-6からは、T男が自分で組み立てたブロックに強い愛着を抱いていることがわかる。外に持っていくにはパーツが外れたりずっと抱えているには重かったりして不便であっても、T男にとってブロックは、かたときも手放したくない「お守り」のような存在でもあるといえる。子どもにとって自分自身が組み立てたブロックは、「自分のもの」としての愛着がわき、子どもにとってはそれを

「持つこと」自体に意味があったり、持つことが子どもの安心につながったりするのであろう。

　また、子どもにとってブロックは、自分ひとりで持つだけでなく、ほかの子どもと同じような形を作り、それを持つことが、ほかの子どもとの関わりのきっかけとなったり、関わりを深めたりもする。

事例 3-7 「じゃーん」

●3歳児クラス　10月

　T太とY太が集まってブロックを組み立てているそばを、H哉はT太たちのほうをちらっと見ながらウロウロと歩く。保育者がブロックの入ったかごを部屋の真ん中に移動させると、H哉はT太の作っているブロック（犬のぬいぐるみの上にブロックを重ねた形）をちらちらと見ながらブロックを組み立てる。H哉はブロックを2〜3個組み立ててから、「じゃーん」と言ってT太に自分のブロックを見せる。その後、T太、H哉、Y太は自分の組み立てたブロックを持って一緒に廊下に出て遊ぶ。保育後、Y保育者の話では、H哉は最近意思表示がはっきりしてきていて、「今日はT太くんと遊ぶ」と言っていたという。

（事例/写真：お茶大）

| 事例 3-8 | 「ぼくの負けちゃうよー、きっと」 | 3歳児クラス 5月 |

　U男、K男、M男はブロックでそれぞれにロボットを作って遊んでいる。U男とK男は立方体の胴体から手足が伸びている同じような形のロボットを作っていたが、M男は足の長いロボットを作っていた。K男はM男の作っているロボットを見て、「Mのおっきいー。ぼくの負けちゃうよ、きっとー」と言う。U男もM男のロボットを見て、驚いた様子で「足ながーい」と声を出す。M男の足の長いロボットが完成すると、そのロボットは足が長くてバランスがとりにくそうではあるが、ちゃんと床に立っていた。その後、U男とK男のロボットも完成すると、3人はロボットを手に持って空中を飛びまわらせたり、基地に見立てた棚に入れたりして遊んでいた。その後、ときどきロボットに羽をつけたり銃を持たせたりと改良をしていた。

（事例：弘前市　みどり保育園）

　事例3-7で、H哉は一緒に遊びたいT太がブロックを作っている様子を見ながら、自分もブロックを作り、T太と遊ぶきっかけを自らつくり出している。このように、ブロックなど同じものを持つことは、子ども同士が関わりを持つきっかけになり、その後の遊びがかならずしもブロックを使う遊びではなくなっても、ブロックを持っていること自体がつながりを深めていくといえる。

　また、事例3-8では、3人の男児が当初は並行遊びのようにして、個々にブロックでロボットを作っている。そのなかで、ほかの子どもの作っているロボットを見て自分の作っているロボットとの違いに気づいたり、そのよさを認めたりする姿が見られる。このように、個々にブロックを組み立てていても、ほかの子どもの作っているブロックの形を見てそれをまねたり、それに刺激されたりしながら自分のブロックを組み立てていく姿から、保育のなかでの子どもとものとの関わりは、人との関わりとも密接に関連するものであるといえる。

2 積み木

　積み木には、手のひらに収まる小型の積み木から2〜3個積めば子どもの背の高さぐらいになる大型のものまでさまざまな大きさがある。子どもたちがすぐに遊びに使えるように、保育室には大型積み木のなかでも少し小ぶりな積み木（素材は木製のものもあれば、ウレタン素材のものもある）が置かれていることが多い。大型積み木では、子どもたちが自分たちの遊びの拠点となる場所（家や基地、船など）を作る姿がよく見られる。

事例 3-9　「ここが運転席」　　　　　　　　　　　　　　　● 3歳児クラス　10月

　保育室のテラスの出入り口のそばで、A実、C介、M香、R夫たちがイスを数個並べた横でさまざまな形の積み木が数個おおまかに並べられている。長い直方体の積み木をシーソーのように動かして、A実は「ジャンプの場所にしよう」とほかの子どもたちに声をかける。しばらくすると、電車ごっこのイメージになったらしく、A実は「ここが運転席」「ここ〇〇さん、のるところ」と言う。さらにしばらくすると、積み木の場所にはC介とA実だけがいて、C介は立方体の積み木の上に直方体の積み木を橋のように渡して、そのうえにM保育者に紙に書いてもらった「すーぱーごう」という貼り紙をする。

（事例：お茶大）

　この事例3-9に見られるように、子どもと積み木との関わりは、最初から明確なイメージをもって積み木を並べたり、積んだりするだけでなく、漠然としたイメージをもちながら積んだり並べたりしているなかで、偶然にできた形や傾斜などに喚起されて遊びのイメージが生じる場合も多い。偶然に喚起されたイメージを「ジャンプの場所にしよう」とほかの子どもに伝えることや具体的な動きを通して遊びが形成されていく。また、事例3-9の後半に見られるように、積み木で作った場が何であるのかを示す看板や貼り紙をすることで、積み木の場での遊びのイメージがいっそう具体的になり、自分の「居場所」としての感覚をもてるといえる。担任の保育者もこうした看板や貼り紙は子どもたちにとって「自分が何をしているか（ほかの子が何をしているか）わかっていく小道具」であると語っており、このように積み木で作った場所が子どもにとって意味のある場となるような保育者の援助が重要であるといえる。

> **事例 3-10　「一緒にやろうよー」**
>
> ● 3歳児クラス　9月
>
> 　ブロックで作った武器でＴ太やＹ男たちが「バキュンバキュン」と撃ち合う振りをしている。Ｙ保育者は「やっつけられないように、お家つくろう」と言って、ウレタン製の大型積み木をＬ字型に並べて囲いを作る。しばらくして、Ｙ男も積み木を使おうとして、Ｔ太ととっくみ合うような形になる。Ｔ太は「だって、だって〜」と泣き出すが、Ｙ男は気にせずに積み木をたくさん積み上げて家のようなものを作る。Ｔ太は「ぼくたちの家（の積み木）をとったんだ」とＹ男を責めるように言う。Ｙ保育者はＹ男とＴ太たちに話を聞く。Ｔ太は「半分こしよう」と言うが、Ｙ男は「やだ」と言ってゆずらない。Ｙ保育者が「どうしたらいいかなー」「（積み木）足りないねー」と声をかけるが、Ｙ男は「（敵を）たおす」と言って譲らない。Ｙ保育者がイスを並べてＴ太の家を作り始めると、Ｔ太たちは気持ちがほぐれてきた様子になる。Ｔ太がＹ男に「一緒にやろうよー」と声をかけると、Ｙ男は「じゃあ、上にのせてー」「そこにー」とＴ太と一緒に積み木の家を作り始める。Ｙ男は自分の積み上げた積み木を、Ｔ太たちのほうへ並べるようにして置いて囲いを作る。
>
> 　　　　　　　　　　　　　　　　　　　　　　　　　　　　　　（事例：お茶大）

　事例3−9と同様に事例3−10でも、子どもたちは積み木を使って家（基地）を作ろうとしているが、Ｙ男がＴ太たちの使っていた積み木をとったことで、Ｙ男とＴ太たちの間でいざこざが生じている。このときＹ男はひたすら高く積み木を積み上げていて、何か明確なイメージをもって積み木を積んでいたというよりも、積み木をたくさん持つこと、積み木をたくさん積むことにこだわっているような印象を与えた。Ｔ太たちといざこざになったこともあって、余計にそうしたこだわりが強くなったのかもしれない。そしてＹ保育者が「どうしたらいいかなー」と子どもたちに言葉をかけつつ、積み木ではなくイスを並べてＴ太たちと家を作り始めるという援助によって、Ｔ太たちは新しい家を作り始める。その後、気持ちがほぐれてきたＴ太が「一緒にやろうよー」とＹ男に声をかけたことで、2人は仲直りし、Ｙ男は自分が積み上げていた積み木を使ってＴ太たちと一緒に家を作り始める。このときには、Ｙ男はただ積み上げるのではなく「じゃあ、上にのせてー」などと言いながら囲いを作っており、Ｙ男のなかには何らかのイメージが出てきていたのだろう。

　このように子どもたちがブロックや積み木などの形を構成する遊具で遊ぶとき、単に無機質で抽象的な形として構成するのではなく、何らかのイメージ（武器、家、基地など）をもって構成するといえる。そして、そのイメージはほかの子どもに伝えたり、ほかの子どもの作品を見て刺激されたりと、ときにいざこざも含めた人との関わりを通して展開するものであるといえる。

§3 歌 —音・リズム—

　園生活のさまざまな場面のなかで子どもは知らず知らずのうちに音とリズムを感じ、楽しんでいる。とくに遊びのなかで自然と生まれてくる歌は、遊びのなかの具体的な活動とそれにともなう子どもの気持ちのありようと密接に結びついているといえる。

事例 3-11 「ちゃっちゃっおちゃっ」

● 3歳児クラス　6月

　砂場のそばで葉っぱをちぎって水を入れたお茶屋さんごっこで、数名の子どもたちが遊んでいる。そのなかで、S子は「もっと葉っぱとってきまーす」と言って園庭の茂みへ葉っぱを取りに行く。途中からY太がやってきて「一緒にやっていい？」とS子に声をかける。S子はY太と一緒にお茶に入れる葉っぱを取りに行くことを繰り返すなかで「♪ちゃっちゃっおちゃ」と歌い出す。

（事例／写真：お茶大）

　この事例も、前述の事例3-1、3-2（p.70、71）で紹介したジュース屋さんごっこでの事例である。この事例から、子どもが好きな遊びに入り込み、開放的な気持ちになると、歌が自然と生まれてくることがわかる。また、この事例3-11で特徴的なことは、葉っぱを取りに行ってジュース屋さんの場所に戻ってくる、水道で水を汲んできてボウルに注ぐという、同じ場所を「行く―戻る」あるいは「汲む（摘む）―注ぐ（入れる）」という活動の繰り返しが歌と一体となっている点である。「行く―戻る」という活動のリズムに歌のリズムが重なるようにして歌と活動が繰り返され、そのうちに歌を繰り返すこと自体が楽しさを帯びてくる。そして、事例3-11にあるようにそれがほかの子どもにも共有されるとき、その楽しさはいっそうふくらむといえる。歌われる歌は、事例3-11のように子ども独自の歌であったり、たとえばテレビ番組で見聞きした歌であったりするが、活動の内容やそこで使われるちょっとした言葉が、子どもに歌を喚起しているといえる。つまり「子どもの"歌"は遊びや

活動状況と深く結びついて、生活のなかに織り込まれているもの」（古賀・無藤・伊集院，1998）[3]だといえる。

　また、帰りの会などのクラスの子どもたち全員が集まる場面で、保育者のピアノに合わせて歌を歌ったり、手遊びをしたりする場面でも子どもたちは音やリズムを楽しむ。みんなと声を合わせることで、より大きな楽しさや一体感をあじわうことができる。さらに、運動会などの行事の前後には、運動会で踊る（おどった）ダンスなどをふだんの遊びのなかで保育者やほかの子どもたちと一緒に楽しむ姿も見られる。ほかの子どもたちが踊っている様子を見て、その楽しさを感じ、自分から踊りの輪に加わろうとする子どもたちの様子は、音やリズムが本質的に人と人とをつなぐ機能をもっていることを示している。

　平井（1985）[4]は、子どもは走る、跳ぶ、寝転ぶ、うろうろ歩くといった動作をよく行い、子どもが特有のコミュニケーションリズムをもっていることを指摘している。また、津守（1997）[5]も、リズムの感覚が外部の刺激からのみ生まれるのではなく、身体をもった人間に内在するものであり、身体感覚の世界に生きている子どもにとっては、身体のリズム感覚がとくに重要な意味をもつことを指摘している。おそらく、子どもが遊びのなかで自分の体を使って動くなかに、すでに子どもなりのリズムがあり、子どもの体の動きや気持ちの高まりが、子どもがリズムを感じ自分なりに表す基盤であるといえる。したがって、園生活のなかの歌（音、リズム）は、具体的な活動やそこでの人やものとの関わりとそれにともなう感情経験の豊かさとも結びついているといえる。

§4 動き

　子どもの体は、とくに意識したり意図したりしていなくても、つねに何かしらの表情をともなっているものである。「表現しよう」と思っていなくてもいつの間にか「表現してしまっている」ものが体ではないだろうか。楽しそうに跳びはねる、少し落ち着かない様子で動き回る、ゆったりと座っている……など、子どものちょっとした様子のなかにも、子どもの動きと心のありようが一体となっている。とくに、言葉を獲得する途上にある乳児は、泣き声や発声、表情とともに、体の動きを通して欲求や感情など、さまざまなものを伝えている。したがって、子どもの動きを「表現」として捉える際には、その動きと一体となった子どもの気持ちも含めて考えることがとても重要になる。

事例 3-12　「そんなスピード出せませんよ」

3歳児クラス　12月

　登園から間もなくして、一緒にいることの多いS男、K介は笑いながら野球のスライディングのように床にすべり込んだり寝そべったりする。しばらくして、H哉がやってきて、S男のすぐ後ろにくっつくように立つ。K介もH哉の後ろに立って、3人が縦一列に並ぶ。

　その後、S男、K介、H哉は保育室の入り口と部屋の窓際の絵本スタンドの間を走って行ったり来たりして、スライディングするように床にすべり込んだり寝そべったりする。3人とも笑いながら楽しそうな様子で何度も何度も繰り返す。走りながらH哉は「H哉、そんなスピード出せませんよ」と言いながら走り、S男たちについて行く。S男は走りながら「できるよ」とH哉に応える。

（事例：お茶大）

> 事例
> ▼
> **3-13** 「飛んでる、飛んでる」
>
> ● 3歳児クラス　6月
>
> 　B美がビニールで作った大きな羽根をY保育者に背中につけてもらう。それを見ていたU美、D代たちもY保育者のそばにやってきて背中に羽根をつけてもらう。ビニールの羽根や布がなく、T太やY男たちは布や広告紙を背中につけてもらう。そばでその様子を見ていた子どもたちは「アンパンマンみたい」「ピーターパンみたい」と言う。羽根をつけたU美とR代は飛んでいるようにジャンプをすると、ふたりの様子を見たY保育者は「飛んでる、飛んでる」と声をかける。Y保育者は「ここから、飛んだら?」と長四角の積み木を床に置く。長四角の積み木の上から、背中に羽根をつけたU美、R代、Y男、T太たちは次々とピョンとジャンプする。背中に羽根をつけたD代とY実は廊下をそーっとしのび足で歩くなど、ふたりで同じ動きをして、遊戯室と保育室を何度も往復する。しばらくして、Y保育者とD代、Y実、U美たちは園庭に出て、低い段差のある砂場の縁からピョンと砂場のなかに飛ぶ。その後も、D代、Y実、T太たちは背中に羽根をつけて、両手を広げて飛ぶように園庭を走りまわる。
>
>
>
> （事例/写真：お茶大）

　事例3-12にあるように、子どもたちは好きな友達と一緒にいて、一緒に行動する。子どもにとって友達と一緒に遊ぶということは、友達と同じ動きをするということでもある（砂上・無藤、1999）[6]。この事例で、S男たちは床にすべり込む、寝そべるという動きを繰り返し楽しんでいる。単純な動きを繰り返しているだけに見える遊びでも、動きにともなう身体感覚や情動を共有し合うことは、人間関係の土台となるものである。同年代の仲間と出会い、人間関係の原体験を培う幼児期においては、単純な同じ動きを友達と何度も何度も繰り返すという素朴な経験を通して、子どもたちは「人と共にいること」を学んでいるといえる。そこには、通じ合う楽しさもあれば、H哉の「そんなスピード出せませんよ」という言葉に見られるようなズレもある。そうしたズレを感じたり、それを埋めようと互いに合わせようとしたりすることも重要な経験であるといえる。

　また、幼児期は遊びを通して子どもの動きは多様になり広がっていく時期でもある。そう

した動きの広がりを支えるのは、ごっこ遊びなどに見られる具体的なイメージの世界である。事例3-13は、B美が以前に作ってあったビニールの羽根を保育者に出してもらい背中につけたところ、B美の様子を見て、大勢の子どもたちが集まってきて、保育者にビニールや布や広告紙の羽根を背中につけてもらった事例である。背中に羽根をつけた子どもたちは鳥や蝶々や妖精のように背中の羽根をヒラヒラさせて廊下や園庭で走ったり、飛んだりしていた。この事例に見られるように、子どもたちはイメージをもって遊ぶことで、とりわけ自分ではないだれかになることを通して、ふだんとは異なる体の動きを知らず知らずのうちに行う。同じ「走る」であっても、羽根をつけて廊下を走るときは、鳥や蝶々や妖精になったつもりで両手を広げて軽やかにふわふわと走るなど、廊下をただ走り抜けるときとは異なる体の動きが見られる。したがって、イメージをもつことは子どもの体の動きの幅を広げ、その表現を豊かにするといえる。

そして、この事例にもあるように、何か目に見えるものを身につけることは子どものイメージを支える役割を果たす。サテン地の長いスカートをはくだけでお姫さまのようにしとやかにふるまったり、テレビのヒーローのお面を頭につけるだけでキビキビとポーズをとったり、毛糸でできたしっぽをつけるだけでリスのようにちょこまかと動いたりと、ものにイメージが支えられることによって体の動きが、振りをする子ども自身にとっても、それを周囲で見ている子どもにとってもより明確になっていくのである。無藤（1997）[7]は、子どもと対象との関わりにおける動きの発達、すなわち「身体知」の獲得として保育を捉え、保育が幼児の多様な動きを可能にするものであることを指摘している。事例3-12、3-13の事例からは、子どもたちが遊びのなかで、人やものやイメージに触発され、かつそれらに支えられて子どもが体の動きの多様性を獲得していく様子がうかがえる。

§5 手触り

保育所、幼稚園の遊びのなかで子どもたちはさまざまなものに関わる。ものはさまざまな感触をもっている。したがって、子どもたちは遊びのなかで、さまざまな手触り、すなわち感触をあじわうのである。乳児期に盛んに見られる、さわったりなめたりなどしてものに直接触れることを楽しむ「感覚遊び」が子どもの遊びの出発点であることからも、感触をあじわうことは乳幼児期の遊び及び表現の重要な一側面であるといえる。

> 事例
> **3-14** 「ケーキとホットケーキなのね」
>
> ● 3歳児クラス 6月
>
>
>
> 　砂場でＫ香とＮ花はそれぞれバケツに砂と水を入れて遊び出す。Ｋ香は砂の入ったバケツに少しだけ水を入れて、両手でぎゅーっとバケツのなかの砂を押す。Ｋ香は「あたし、ぎょうざ作るからね」とＮ花に言う。Ｎ花は水をたくさん入れてバケツの中身をどろどろにして、「あたし～、作るね」とＫ香に言う。Ｋ香は「ケーキとホットケーキなのね」と言う。Ｋ香は砂場のそばの水の入ったタライからスコップで少しだけ水をすくって、バケツに入れる。Ｋ香とＮ花の「お料理」はその後も40分近く続く。
>
> （事例／写真：お茶大）

> **事例 3-15 「お塩も入っててねー、からしも入っててね」**　　3歳児クラス　12月
>
> 　砂場でS男とH哉はそれぞれバケツとスコップを持って遊び始める。S男とH哉はそれぞれバケツにふるいをのせて、そこに砂を入れる。S男はカレーライスをイメージしているようで、「お塩も入っててねー、からしも入っててね」「水が〜」とお料理をするような振りをしながらH哉に説明する。そのうちにS男とH哉はわざと急いでバケツにスコップで砂を入れるのを楽しむ。しばらくして、T男、R男も砂場にやってきて、S男、H哉たちと一緒に砂で遊び始める。S男は「なんかおいしそうだね」「アイスみたい」と言いながら砂をいじる。
>
> （事例：お茶大）

　砂場で子どもたちが「ホットケーキ」や「カレーライス」などの料理を作ることは、よく見られる遊びである。その際に子どもたちは乾いた砂（白砂）のさらさらとした感触や、水を混ぜて湿った砂（黒砂）の重みのあるじっとりした感触、水をたくさん混ぜた砂（泥）のどろどろの感触をあじわっている。「ホットケーキ」や「カレーライス」というイメージに合わせて砂と水の調合をすることもあれば、水を混ぜているうちに偶然にできた砂の感触に喚起されて料理のイメージが生まれてくることもある。感触の変化や心地よさを感じながら子どもたちは長い間そうした遊びに集中する。その姿は、ときに真剣でさながら実験に熱中する学者の姿のようでもある。

> **事例 3-16 「わあ、ぬれちゃった」**　　3歳児クラス　6月
>
> 　よく晴れた気温の高い日に、砂場のそばのタライのなかにR夫やK哉たちが入っている。R夫はすぐにズボンがぬれてしまう。K哉はふざけて、わざと自分の頭にペットボトルで水をかける。R夫は「わぁ、ぬれちゃった」とうれしそうに言う。
> 　そばで様子を見ていたY保育者とM保育者は「これは、ぬれたじゃなくて（自分で）ぬらしてる（笑）」と顔を見合わせて笑う。R夫とK哉は水でハンカチをぬらして、きゃあきゃあとはしゃぐような声を出しながら、ずっとニコニコと笑っている。そのうちにR夫もK哉もぬれた服をぬいでパンツ姿になって砂場で水遊びをする。ほかの子どもたちもふたりの様子を見てニコニコしている。
>
> （事例/写真：お茶大）

　夏の暑い日に砂場で遊んでいるうちに、水をかぶり出したK哉とR夫の様子からは水に触れることの気持ちよさ、楽しさが伝わってくる。事例3-16のなかで、K哉やR夫がずっ

とニコニコと笑っていることがそのことを何より示している。砂場での水遊びや泥遊びなどを通して、さわることの快感を経験することは、子どもの体も心も開放的にさせるものであり、そうした開放感は周囲にいるほかの子どもたちにも伝わっていき、身体感覚の共有とともに気持ちの共有を生み出すといえる。

事例 3-17 「雪すごいよ」　●3歳児クラス　1月

　週末に雪が降ったあとの月曜日の朝。園庭は白いじゅうたんをしきつめたような一面の銀世界となっている。S子は登園してくるとすぐに「雪すごいよ、雪だるまつくろう」とD香に声をかける。さっそく園庭に出たS子、D香、M代、Y太たちは楽しそうに園庭を走りまわる。Y太は雪に覆われた砂場を見て「砂場が＜雪場＞だー」と言う。S子とM代は楽しそうに雪の上に寝転がる。
　その後も登園してきた子どもたちが続々と園庭に出てきて、Y保育者、M保育者と共に雪合戦のように雪をかけ合ったり、走って逃げたりする。

（事例／写真：お茶大）

雪もまた、子どもたちにとって水や泥と同様に、その感触を楽しむことができる。また、冬にしか降らないものでもあるため、とくに雪の少ない地方の子どもにとって雪との関わりは、心踊る貴重な経験でもある。事例3-17に見られるように、園庭が雪で覆われることの少ないこの幼稚園では、子どもたちが登園するとすぐに園庭に出てきて、雪の上を歩き、寝転がり、雪を投げ合って楽しんでいる。砂や泥や水と同様に、雪もまたその感触を楽しみながら形を作ったり、感触自体が子どもの心を開放したりするものである。それと同時に、雪は砂や泥や水とは異なり、そのうえに寝転がることができ、かけられても汚れないという性質をもつ。子どもたちはそうした雪の性質をだれに教えられるでもなく、遊びを通して経験的に十分理解し、楽しんでいる。

　以上の事例以外にも、ふわふわ、ごつごつ、がさがさ、ぬるぬる……など、子どもはさまざまな感触、手触りを遊びのなかで経験している。とりわけ、昆虫や動物、葉や花や木など自然の動植物を手にしたときの感触は、人工物にはない微妙な風合いや温かさ（冷たさ）をもつものである。子どもたちはそれらの違いを知識として理解する以前に、具体的な活動のなかで経験し、文字どおり体で理解していく。山口（2004）[8]は、しなやかで豊かな心と知的活動を支えるものとして身体感覚の重要性、とくに肌への接触の重要性を指摘している。

　また、山田（1993）[9]は「幼い子どもに体験させたい基本感覚」を挙げ、自然物と直接ふれあう直接体験が教育の基礎となる原体験として重要であることを指摘している。いずれの知見も、もっとも基本的な身体感覚である触覚（肌触り、手触り）が子どもの心身の育ちを支えるものであることを述べており、園生活のなかで多様な感触をあじわうことの意義をあらためて考えさせるものである。

§6 共にあじわい表現する

　以上、園生活のなかで子どもたちが周囲のさまざまなものを表現としてあじわい、自らも表現している姿を見てきた。これまでの事例で見てきた子どもの姿に関連して、保育のなかで子どもが周囲にあるものを表現としてあじわううえで重要と思われる事柄を最後にいくつか述べたい。これは、幼稚園教育要領の領域「表現」の内容の取扱い(1)にある「豊かな感性は、身近な環境と十分に関わる中で美しいもの、優れたもの、心を動かす出来事などに出会い、そこから得た感動を他の幼児や教師と共有し、様々に表現することなどを通して養われるようにすること」(保育所保育指針、幼保連携型認定こども園教育・保育要領の3歳以上児の領域「表現」では「他の子どもや保育士等と共有し」)という文言に重なるものである。

1 保育者と共にあじわい、保育者に支えられて表現する

　子どもが周囲のさまざまなものに関わり、そこから表現として何かをあじわうとき、その背後にある保育者の役割を忘れてはいけないだろう。子どもが五感を通してあじわっているものに共感したり、子どもの驚きや気づきを受け止めたりすることによって、保育者は子どもの「あじわう経験」とそこから「表現する経験」を支え、深める役割を担っているのである。

事例 3-18 「また新しい味ができたのかな？」　　3歳児クラス 6月

　砂場のそばでT介がひとりでジュース屋さんごっこをしている。もくもくとペットボトルの水をカップに入れたり出したりしている。M保育者はお客さんになってジュースを飲む振りをして「ここのオレンジ味もいいですか？」と聞く。T介は「いらっしゃいませー、オレンジジュースとブドウジュース」と周囲に声をかける。Y保育者やほかの子どもたちがお客さんになってT介のジュース屋さんに行く。しばらくして、T介のジュース屋さんのジュースは砂を混ぜたのでジュースが茶色になる。通りかかったM保育者は「また、新しい味ができたのかな？」と声をかける。

(事例/写真：お茶大)

事例
3-19 「うわぁー」

3歳児クラス　7月

　保育室の中でA実たちはパネルブロックを床に長くつなげている。それは、保育室の入り口から園庭に出るテラスの入り口まで届きそうな長さになっている。その長いブロックを見たY保育者が、「うわぁー」と驚いた様子でブロックを見ると、一緒にいたH美、Y太、N花たちも「うわぁー」と声を出してブロックを見る。その後、H美、Y太、N花とA実たちは、長く並べたブロックを使ってドンジャンケンをする。

（事例：お茶大）

事例3-18 「ジュース屋さんごっこ」

　事例3-18、3-19にあるように、保育者が子どもの遊びのなかのささやかな表現に目を留め、それを共にあじわう。そのなかで、子どもが表現しているものについて言葉をかけることで、子どもは自分があじわっているものが共有された嬉しさを感じ、さらに自分が表現しているものを振り返り、そこに込められているイメージやできあがった形をあらためて意識することになる。これは子どもにとっては、無意識的に表現してしまっているものを意識的に表現することに転換していくということでもある。また、保育者の関わりを介して、まわりの子どもたちもほかの子どもの表現のおもしろさや良さに気づくことができる。そのような保育者の関わりに支えられて、子どもは自分自身を「表現する主体」へと形づくっていくといえる。
　同時に保育者は、子どもたちが日々出会う環境をそれぞれの時期の保育のねらいをもって構成しており、直接的な関わりだけでなく間接的に子どもと周囲のものとの出会いをつくり出しているといえる。

2 友達と共にあじわい、共に表現する

　これまでこの章で取り上げてきた多くの事例で見られたように、子どもが周囲にあるものを表現としてあじわい、ささやかながらも自分なりに表現しようとするとき、その傍らには多くの場合、ほかの子どもたちの存在がある。

事例 3-20　「あったかいね、ここ」　　● 3歳児クラス　3月

　登園間もないころ、窓から暖かな日差しが保育室に差し込んでいる。窓の近くにある机の幅の4分の3くらいのところまで日差しが差し込んでいる。B美、D代、M代は並んで、机の前に座り、机を覆う日差しに向かって両手を机の上で伸ばす。B美「あったかいね、ここ」とD代、M代に言う。B美は顔を机の上に傾けて、日差しの暖かさを感じる。

（事例／写真：お茶大）

　この事例3-20では、子どもたちは偶然に差し込んだ日差しの暖かさを共に感じている。このようにほかの子どもと同じものをあじわい、そこから得られるおもしろさや心地よさを共有し合えることは、子どもたちが集団で生活を送る幼稚園や保育所ならではの重要な経験である。大人と共にあじわうこととは異なる子ども同士の「通じ合い」がそこにはあるといえる。

　さらに、ほかの子どもと共にあじわうことで、子どもたちは自分以外の子どもたちが発するさまざまな情動や体の動きに触れることにもなる。同じものを見てもそれに対する反応の仕方や気持ちの表し方は子どもによってさまざまである。したがって、子どもはほかの子どもと共にあじわいながら、あじわうことの多様性にも触れることになる。それは、自分では生み出し得ないようなパターンやスタイルとの出会いでもある。そのことを通して、子どもは少しずつ自分の表現の幅を広げていくことができるのではないだろうか。

―――― この章で学んだこと ――――

- 園生活のなかで子どもたちは、身体の諸感覚を通して、色、形、歌（音とリズム）、動き、手触りなどのさまざまなものをあじわう。

- 周囲のものをあじわう経験と、あじわう感性の豊かさが子どもの表現の基盤となる。

- 保育者は、子どもが周囲のものをあじわい、子どもが表現するものを受け止める存在として重要な役割を果たす。

- 保育者やほかの子どもたちと共に、周囲のものをあじわい、表現することを楽しむことは、子どものあじわい方や表現の幅を広げる。

第 4 章

自然やものの美しさに触れる
ー感性を身につけるー

——— この章で学ぶこと ———

子どもたちは日々の生活のなかでさまざまな「美しさ」に心を動かす経験をする。
その過程で、「美しさ」をより求めるようになり、さらにまた「美しさ」を求めるからこそ、
より「美しさ」を感じ、受け止められる。そしてまた「美しさ」を表現できる。
この章では、これらのプロセスに触れながら、そのなかで、子ども自身が見せる姿とともに、
その子どもの存在を丸ごと受け止めてくれる大人、保育者の存在、すなわち、
気持ちのよさや、心地よさを一緒に感じてくれる存在も捉えていきたい。

§1 自然の美しさに触れる

1 美しさが生まれるプロセス

　美しさにはさまざまな側面がある。

　さまざまな側面とは、いいかえると、さまざまな姿、年齢によって変化していく捉え方である。「きれい」と感じる、「きれい」に自分を変身させる、「飾る」、あこがれに近づこうと背伸びする姿、限りなく近づくために究（きわ）める姿、追い求める姿も美しい。それは、乳児、幼児から小学生以降へとつながっている。こだわりをもってひとつのことに息を止めて集中する姿、そこにはいたらず美しさを見つめる姿、背伸びしている姿。いずれもが美しい。

　美しさとは何か。大きな問いである。領域「表現」における、「美しさ」とは何か。表現には広い意味で、目の前の存在、その存在そのものが伝えるもの、意味するもの、表すものも含まれる[1]。ならば、子どもたちが日々の保育のなかで、生活のあらゆる部分から心を動かし、さまざまなものを感じ取り、それを追い求めていくその存在そのものを見つめていくなかに、そのプロセスのなかに、たくさんの「美しさ」があるのではないか。ここでは美しさに触れ、感じ、受け止め、求めていく子どもたちの心を動かすプロセスを、日々のエピソードを取り上げながら論じていく。

事例 4-1　きらきら光る小石に夢中

1歳児　8月

　きらきら光る水面にしっかりと腰をおろしてＹ也は動かない。何かを見つめている。大人が低い姿勢になってよ〜くのぞき込んでみると、石の上に小さな石をのせている。いろいろな色の「きれいな」小石。夢中でのせていく。ブツブツ、ごにょごにょ言いながら。よく聞き取れない。きらきら光る川の水に大人は目を奪われるが、しゃがみこんでＹ也が見ていたのは、きらきら「宝石のような」小石。うれしくてうれしくて、おもしろくておもしろくて、夢中でのせていく。Ｙ也の作品である。

（事例／写真：筆者）

2 五感で緑を体験する

5月の緑は目にまぶしい。緑色がさらに深まり、園庭に咲く黄色やピンク、赤などさまざまな花の色がかき消されてしまうほど、緑にあふれている。あふれる緑のなかで活動する子どもたちの表情が、緑にはえ、生き生きとしている。

事例 4-2 緑が濃くなるお薬（重曹）

● 5歳児クラス　5月

園に到着すると、5歳児クラスの子どもたちが口々に「ヨモギだって」「ヨモギを摘みに行くんだよ」と言ってかごを持ちながらそわそわしている。5歳児クラスの保育者と子どもたちが「行ってきまーす」と言いながら列をなし出かけた。ヨモギを摘みに……。ほかの子どもたちが遊んでいると、しばらくして、「ただいま～」という大きな声とともにかごいっぱいにヨモギを摘んだ5歳児クラスの子どもたちが帰ってくる。ヨモギのたくさん入ったかごを手に持って子どもたちは表情を輝かせ、満足そうである。摘んだヨモギは園庭に敷いた新聞紙に広げられると、ヨモギ独特の匂いをまわりにただよわせる。5歳児クラスの子どもたち数人が大人と一緒にヨモギをより分ける。ヨモギとヨモギ以外の草をより分けている。そして、となりのテーブルの上では煮立った湯のなかに「緑が濃くなるお薬」を入れ、そのなかにより分けられたヨモギを少しずつ、入れていく。明日は、湯がいたヨモギをおだんごに入れるという。

（事例／写真：お茶大）

摘みたてのヨモギの美しさ、強い匂い、鮮やかな緑、張りのあるみずみずしい葉。さまざまな感覚を受け取りながら、ヨモギをたっぷり感じて手に取る。

　緑にあふれた環境のなかで、目で「眺める」緑、「見つける」緑、手で「摘む」緑、「触れる」緑、「匂う」緑、「あじわう」緑、「変化する」緑を体験する子どもたち。すべての感覚を使ってヨモギをあじわっている。

　緑あふれる季節に、緑の多い環境のなかで、子どもたちは緑と存分に出会っている。しかし、「きれい」な緑は、「きれい」と眺めるだけのものではない。「きれい」な緑を「探す」とき、「きれい」はわくわくさせる「宝物」になる。「きれい」な緑を「摘む」とき、「きれい」は手に「触れる」緑になる。こんなふうに子どもたちが、「きれい」な緑を、「匂い」を感じ、「触れ」、「あじわう」なかで、「きれい」な緑を子ども自身の心のなかに取り込んでいるのではないだろうか。眺めるだけではない、さまざまな感覚、五感を通して「美しさ」を体験することで、「きれい」が子どもたちのなかでさらに発展して、子どもたちの心に広がっていくのではないだろうか。

3 本物の動物に出会う

事例 4-3　「フワフワ」して「ドキドキ」して「あったかい」　　2歳児　5月

　そお〜っとさわったら、「フワフワしていた」飛び出してこないように、ウサギが気づかないように、そお〜っとそお〜っと上から手をのばす。ふわふわ、ふわふわ。ウサギの毛なみ。

　動物の毛なみ、さわってみるとふわふわする。さわってみて初めてわかる。ふわふわ。茶色くてきれいな毛がはえている。ふわふわふわ。

（事例／写真：筆者）

　「触れて」「感じる」感覚は触れてみないとわからない。手を通して伝わるフワフワした毛の手ざわり、ドキドキ伝わる脈、温かさ、ビクッとする動き。室内でいつも手にするぬいぐるみとは違う。触れる手を通してしか感じることのできない感覚である。

4 手に届くものと届かないもの

> 事例
> **4-4** こいのぼり
>
> 4歳児クラス 5月
>
> 　深緑のなかになびくこいのぼり。大きく立派なこいのぼりが風にそよいでいる。大きなこいのぼりだから、高い位置に取りつけることになる。風が吹くと、こいのぼりがゆっくり、一瞬こちらがひるむほどにからだを動かす（写真左）。少し離れた木に取りつけられた、色とりどりのこいのぼり。こちらは子どもたちの手作りである（写真右）。子どもたちのさまざまな彩りがひとつのこいのぼりになって、そよぐ。こちらのこいのぼりは子どもたちの手が届く高さにひもで結んである。手に届く高さで、子どもたちの思いを感じ取れる。「私たちが作ったの」とひとりの女児が言う。誇らしげな顔だ。
>
>
>
> （事例/写真：お茶大）

　自分たちの手に届くこいのぼりと、手が届かないほど大きくて立派なこいのぼり。どちらもが園庭のなかで、並んで、深緑のなかで輝いて見える。それぞれのこいのぼりが、それぞれの美しさとメッセージを表現しながら子どもたちの目に映って見えるに違いない。

　また自分たちで作った手が届くこいのぼりと、大きくて威厳がある園の大事な手が届かないこいのぼり、このふたつの異なるこいのぼりを通して子どもたちが緑を「あじわう」ことを存分に体験できたとき、また異なる「美しさ」が子どもたちの心を捉えたはずである。

5 季節の産物をあじわう

事例 4-5　秋の産物——イモ判　　●3歳児クラス 11月

　気持ちのよい園庭に、テーブルを出す。保育者のまわりに3歳児クラスの子どもたちが集まってくる。保育者の手にサツマイモ、ピーマン、ニンジン、レンコン。
　子どもたちの前で保育者が包丁で野菜を切って見せる。赤、青、黄色、緑4色のスタンプ台に野菜をのせて、スタンプにして紙に押す。一心に見入っていた子どもたちが一言、「きれ～い」。そしてしばらくの間のあと、「ぼくもやる」「私もやりたい」と手を出していく。
　A男はサツマイモを手に1枚の紙に何度もサツマイモで押して、サツマイモの型が紙いっぱいになる。A男が「わあ～。風いっぱいだね～」と一言。サツマイモのイモ判をダイナミックに画用紙に表現しながら、A男の心には気持ちのよい秋の風が吹き抜けたようだ。今度はニンジンの型を押していく。ニンジンの型のスタンプでいっぱいになった絵を見ながら表情はもっとうれしそうになった。
　となりではレンコンを押しているB男とC子。ふたりともレンコンなのに、B男はレンコンの輪切りを横向きに紙に押しつけるので、縦に白い線が入っている。C子は輪切りの型が押されている。C子が「どうしてこうなるの～？」と不思議そうにB男とC子自身の異なる形を見てつぶやく。B男は「こうするんだよ」とC子に輪切りを横に向けて押す姿を見せている。「ふう～ん。わたしもやってみる！」。レンコンの輪切りを横向きにして押す子どもがC子のほかにも出てくる。

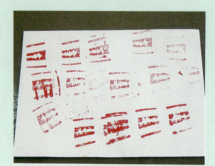

（事例/写真：お茶大）

子どもたちは数日前にサツマイモ掘りに出かけている。サツマイモをたくさん自分の手で掘り、とてもうれしい体験をしている。サツマイモに手を触れ、目で見、なかには家庭での食事のメニューに登場した子どももいるはずである。そんな季節の産物、サツマイモを、保育のなかで取り入れている。サツマイモ掘りに出かけるずっと前からその日を心待ちにしている子どもたち。自分の手で掘り、イモを抱え、さまざまなサツマイモの姿を見て感じている。

　Ａ男が、「風いっぱいだね〜」と表現するほど、サツマイモに心を動かす時期に、イモ判として取り入れられるからこそ、大きな意味をもつ。子どもたちの心がサツマイモに大きく動かされているその時期にだからこそ、美しい素材ではないか。

　またＢ男が表現する横向き押しでできた形に驚き、試してみるＣ子とのやりとり。ひとりの子どもが表現した不思議な形に周囲の子どもが気づき、その仕組みを知り、自ら主体的にやってみようとする、それがまわりの子どもたちに波及していった。まさに子どもたち自身が遊びのなかで互いに学ぶ、対話を通して学び育つ姿であろう。

§2 飾る・変身する

1 イメージをもって遊び始める

> **事例 4-6　イメージがふくらむ**　　●2歳児　2月
>
> 　大きなおなべを片手に、残りの手には大きなお玉を持つ。扱いきれず、両手に持っているだけにも見えるが、本人は使っているつもり、作っているつもり。大人は思わず、おいしそうだね〜。カレーおいしいね。と声をかけてしまう。真剣そのもの、イメージを広げてカレーを作っているはず。うれしいはずだけれど、顔は真剣。真剣そのもの。
> 　イメージをもって遊び始めた時期。
>
> （事例／写真：筆者）

　目の前にあるお玉となべでカレーを作る子ども。素材を生かして工夫して存分に楽しんでいる。素材を自分の手に取り、一生懸命作り始める。その瞬間、いつも大好きなカレーの匂い。ちゃんとおいしいカレーを作れるんだと言わんばかりの真剣な表情。素材に親しみ工夫する姿である。

2 一連の遊びを高める子どもの工夫・能力

　子どもたちは自分を飾る変身する道具を使うのが好きだ。園には商品化された変身する道具はない。子どもたちは園庭で木の枝を見つけて、あるいはペットボトルを使って、あるいは段ボールを切った紙片、新聞紙、そのほかさまざまな紙を使って自分を強くしたり、すてきに変身したりする道具を作る。その作るプロセスには子どもたちの変身することへのさまざまな思いが表現される。

　まずはとにかく、変身する道具を「持つこと」にこだわる。道具を持つことで自分をあこがれの姿に変身できる。また、「もっと強い」「もっとすてきな」変身をめざして、「たくさん」持つことにこだわる。「たくさん」道具を持つことで、1本という少ない場合より、「よ

り強く」「よりすてきに」変身できる。複数ずつ両手に、背中に、ズボンのウエストに、とにかく可能なかぎり武器を身につけて、その量だけ近づいた自分に満足し、うれしく自信に満ちあふれ、誇らしげな子どもに出会うことがある。

事例 4-7 たくさんつける

3歳児クラス 9月

　C太はクラスのなかでもどちらかといえば一歩友達のあとを歩く、何か友達から言われるとすぐには言い返すのが苦手な、おっとりした静かな男の子。テレビの「○○レンジャー」が好きなのだが、ある日、○○レンジャーのもつ「○○の剣」を作りたいと言い出した。ひとつ作り、うれしそうに持ちあげ、真剣な表情で振ってみたりして、満足した表情になる。そのあともしばらく剣作りが続いていた。さらに数日後、C太が10本もの○○レンジャーの剣をつけて走ってきた。おそらくC太のからだに可能なかぎりたくさん剣をつけたに違いない。その姿には「ぼくはだれよりも強い○○レンジャーだ」というC太の思いが、また、自分に剣をできるだけたくさんつけることで、変身して（弱くない）強い自分になるんだという願いが垣間見られた。

(事例：筆者)

3 質を高める

　子どもたちの強さへの探究は、さらに発展していく。剣や武器をどんどん改良し始める。量から質への転換だろうか。剣や武器の形状の工夫、より細く、より大きく、よりとがらせ、より長いものへと改良していく。また武器と武器をドッキングさせ性能アップさせるなど限りがない。次々に、改良される姿に、大人は驚きと畏敬の念さえ抱いてしまう。

　剣を持つことで強くなる自分に変身することを求める。さらにより強い剣や武器を持てば、もっともっと強く「変身」できる。細く、細く、限りなく細くして、精巧なデザインにして、剣や武器がさらに立派になっていく。それは変身に磨きがかかるプロセスである。

　剣や武器の量を求めるC太、武器の精巧さを求めるD也（事例4-8）、その行為を通して自分を変身させていく子どもたち。

　環境がそろい意欲的に取り組む子どもたち。自分たちで改良を繰り返し、追求していく手作りの剣の美しさと精巧さが確かに存在する。

第4章 ▶ 自然やものの美しさに触れる―感性を身につける―

事例 4-8 とがらせる

4歳児クラス　6月

　D也が今朝は登園すると、まずは紙を取り出してくる。紙を丸め出す。縦方向に、横方向に、あれこれ丸めようと試みるのだが、思うようにいかないらしい。しかし、やめることなく何度も何度もやり直す。大人から見るときちんと丸めて棒状にしてあるように見えても、納得がいかないようだ。何度も丸めることを繰り返すうちにD也の表情が少し、いらだった表情に変わる。棒状にできているが、作りたいイメージに到達できず、思いが空回りしているようだ。できるだけ細く、細くしようと苦労している。その間何も言わず、集中して紙を丸めているD也。やはり、なかなか細くは丸められない。ついに「○○先生、やって、とがらせたいんだけど」と大人に助けを求めてくる。保育者が「はじめだけ少し折ってみる？」と言うと、「折るんじゃなくてとがらせるの」と言う。イメージが違うらしい。保育者も「とがらせたいのね」と言う。D也のイメージがあるようで、保育者にかまわず続けていくD也。何度も繰り返し、ついに、「先生、セロハンテープ！」と一言。紙を細く丸め続け、ついにできあがる。保育者にセロハンテープをもらい、とめる。できばえに満足し、自信に満ちた表情で、剣を持って眺める。D也はその剣をにぎりしめ、園庭に走って出ていった。

（事例/写真：お茶大）

4 機能を増やす

剣もとがらせるばかりではない。子どもたちの思いがさまざまな形にあらわれる。「パーツを合体させる」「頑丈にする」「しかけをつくる」「機能を増やす」などなど、より変身するためのツールへの試行錯誤はさらに日々繰り返されていく。

年長5歳児の強くなりたい子どもたちに出会った。

事例 4-9 機能を増やす

● 5歳児クラス 11月

保育室のテーブルで3人が新聞を丸めている。F夫は早々に丸め終わり、できあがった新聞紙の棒の両端に箱をつける。「クラフトテープで貼れば、じょうぶになるんだよ」と言って、緑色のクラフトテープを棒状の新聞紙の中央に貼る。「できた！」とさけぶ。「ここに目があるんだ」と箱を指し示す。「ここからいろいろなものが見える」。G哉も一足、遅れながら、「できた！」とさけぶ。「ぼくのは、ここから玉が出る」と箱をさす。H也はふたりのあとからゆっくりテープを巻きつけている。F夫とG哉が顔を近づけて、「教えてあげるよ。ここにクラフトテープを貼るといいんだ。ビニールテープよりいいよ。これこれ、これがいい。それにきれいだよ、緑色」とアドバイスをする。

G哉が、F夫に「ちょっと、この剣、さわらせて？」と言う。とてもていねいな口調の頼み方だ。「いいよ」とF夫。「ここをこうやってしまうんだ」と箱を折って、形を変えてみせる。G哉はF夫の剣をゆっくり大切に持ち上げながら眺めたあと、箱を折って、しまう形に変形させてみたりする。

(事例/写真：お茶大)

剣作りにかける子どもたちの思いは目を見張る。細く鋭くする、という形で剣を「強くする」努力をしていたと思ったら、今度はさまざまな工夫を重ね、多くの機能を備えた剣にしていく。だれもが、もっと「強く」「かっこよく」変身したいという思いで改良を重ねる。だからこそ、子どもたちも作った剣を互いにとても大切に扱っている。「さわってもいい？」と、友達が自分の思いや願いをかけて作った剣を大切に、尊敬の念をもって眺める。遊びにかける真剣さ、「強く」「かっこよく」変身したいという願いのなかで、子どもたちが共に情熱を傾けていく姿、そのプロセスは表現する美しさに触れることができる場面といえるのではないだろうか。

§3 あこがれる

1 「あこがれ」の存在

　毎年4月、新しい3歳児が不安な思いを抱えながら入園してくる。小さな子どもたちが、家族から離れ、自分の身を落ち着かせる場を園のなかに形成していくプロセスは多様で、時間がかかる。園のなかに保育者を中心とした安心できる存在を見いだし、人間関係を形成していくまでにさまざまな経験が必要なことはいうまでもない。

　園のなかで出会う友達の存在、とりわけ異年齢、年上の4歳児や5歳児の存在は、小さな3歳児にとって特別な存在である。

　上の写真を見てみよう。じ〜と両脇から見つめる年少児のふたり。中央のおねえちゃんの団子をこねる手つきにうっとり。あこがれ、である。「ぼくも早くやりたい」と思っているのだろう。

　年上の存在は何もかも「大人」のように見えて「すてき」、そして「かっこいい」「頼もしい」、きらきらして見える。3歳児にとっては、手に届かない「あこがれ」の存在である。「いつかあんなふうになりたいな」と思う存在である。

　ここでは、3歳児が、5歳児を「あこがれる」存在、モデルとして見いだしながら成長していく姿を見ていきたい。

　はじめの事例4-10は不安でいっぱいの3歳児が、5歳児の存在によって園の遊びに楽しさを見いだしていく事例、次の事例4-11は、3歳児が見せる何気ない遊びのなかに5歳児へのあこがれが見えるという事例である。いずれも子どもたちが「あこがれる」存在を園のなかに見いだしながら、精一杯、自分を園のなかに位置づけようとしていくプロセスである。園のなかで3歳児なりに一生懸命自己発揮していく姿は、まさしく「美しさ」を表現する一側面といえるのではないか。

2 「あこがれ」を眺め、「あこがれ」をあじわう

事例
4-10 床屋さん

● 3歳児クラス 5月

　F香は入園後、なかなか園になじめない日が続いてきた。多くの3歳児が入園当初に見せる自然な姿だが、F香の遊ぶ気持ちを開いてくれるような、安定した人間関係が結べず、保育室の片隅でだれかが何かを言ってくれるのを待つかのような心細い姿を見せたりする。担任保育者は、安心して園での生活が送れるよう、できるかぎり、F香の気持ちの支えになりながら、声をかけたりしていた。

　そのころ隣のクラスの5歳児が、部屋の前の廊下で、床屋さんごっこをし始めた。イスに座ったお客さんの髪の毛をセットしてくれる姿はかなり本格的。髪を結んだり、リボンをつけたりうれしそうだ。実は、床屋さんのおもしろさは、お客さんよりも、髪を切る人のほう。5歳児クラスの子どもたちはお互いに次々入れ替わり、順番に髪を切る人、床屋さんになる。見ている側もとても楽しい。床屋さんごっこは毎日続いていた。3歳児クラスは5歳児クラスのとなり、同じ廊下に面している。

　3歳児クラスのF香は、前の廊下で楽しそうに床屋さんごっこをする5歳児の様子を、開いた窓からじっと見つめていた。ある日、5歳児がやっていた床屋さんで、お客さん役をやる人がいなくなってしまった。もともとどの子どももお客さんではなく床屋さんをやりたいのだ。相談しながらも決まらない。

すると、5歳児のG子がさっと3歳児クラスに入っていき、F香を連れてきた。「お客さんね」と言われて、半ば強引にイスに座らされたF香だが、表情に拒否の色はない。むしろ素直にうれしそうに座ったところで、「どんなふうに切りますか？」と言われながら髪を結んでもらうF香。F香は大切なお客様だ。大切なお客様がきてG子ら5歳児もうれしい。G子らの床屋さんに大切なお客様として仲間入りして、楽しい時間を過ごせたのは間違いない。数日間、F香は床屋さんごっこにお客様として、うれしそうに参加することが続いた。

（事例／写真：お茶大）

　「F香の姿が自分のクラスになじみ出したのは、その日からのような気がする」と、担任保育者はいう。園での遊びが充実するとき、子どもにとって、園はとても楽しい場所になる。園が楽しい場所になったとき、クラスは安心できる場所になる。

　クラスが安心できる場所になったとき、園は楽しい場所になるということは、よく指摘される。しかし、そのようなプロセスばかりではないだろう。F香のように遊びのなかで「あ

こがれ」に出会い、「あこがれ」の遊びを眺めることからお客さんに誘われ、「あこがれ」に参加する機会を得ることもある。クラスを越えて「あこがれ」を存分にあじわったとき、F香にとっては園が「あこがれ」の場所、居たい場所になった。それは、3歳児クラスの自分を楽しむことにもつながっていったと考えられる。

　この場合、F香にとって、一緒に「床屋さん」に心を動かし、「心地よさ」を共にしてくれた5歳児の存在はとても大きい。そんなふうにF香と共に心を動かしてくれる存在があって、「あこがれ」は気持ちよくF香の心に入ってきたのではないだろうか。

3 「あこがれ」に近づく

事例 4-11 「えいしゃ、こらしゃ」

3歳児クラス　12月

　長い廊下を3歳児クラスの子どもが「えいしゃ、こらしゃ」と言いながら進む。ひとりが段ボールの車に乗り（箱ではなく折りたたんであるもの）、ふたりがそれについている太いひもを力いっぱい引っ張っている。長い廊下を5歳児クラスの保育室の前を通り、5歳児クラスの保育室の端まできて止まる。また折り返して、ゆっくり前を通って、3歳児の保育室の前まで戻ってくる。「えいしゃ、こらしゃ」というかけ声とともに何度も繰り返している。車に乗る子どもがどんどん増える。引っ張る子どもも同じように増えていく。

　ゆっくりと5歳児の保育室の前を通るとき、かけ声はどんどん大きくなって「えいしゃ、こらしゃ！」と続いていく。何度も往復するうち、子どもたちは前を向いて座る乗り方以外に、さまざまな姿勢を取り始める。5歳児の保育室の前までくると、横をちらっと見ながら、5歳児の保育室の前を通っていく。何度も往復する。5歳児の保育室との間を往復するたびに、子どもたちみんなの顔が自信に満ちてくる。力の高まり、力のまとまりを感じられる。あこがれのクラスと自分たちのクラスの間を、子どもたち一人一人が力を込めて行き来するたび、その隔たりを近づけているような思いがあふれているのではないだろうか。「えいしゃ、こらしゃ」のかけ声をかけながら、3歳児の子どもたちが群れになっ

ていく。クラスの力を感じながら。3歳児クラスの12月のことである。

その日の帰りの時間、保育者は「力もちになった」子どもたちに、力を合わせるお魚の歌、「いわしのこうしん」を紹介した。「いわし〜のこうしんだ〜」と声を合わせて歌う声が保育室いっぱいに広がる。冬休み目前。3歳児クラスの子どもたちも、5歳児クラスへのあこがれを追い求めながら、そして自分たちの力を着実に意識しつつ、成長している姿が垣間見られた。

（事例／写真：お茶大）

「あこがれ」は幼児期の子どもたちの成長の原動力になる。

園生活のなかで、3歳児の子どもたちと5歳児の子どもたちとでは、その間の年齢差がとてつもなく大きいように感じるときがある。5歳児が見せる姿には驚くほどの大人びた成長を感じる。だから、3歳児の子どもたちにとって、5歳児は遠い存在に感じるほど、「すてき」で「あこがれる」存在。5歳児の保育室には見えないベールを感じているはずだ。3歳児クラスの子どもたちが「あこがれ」を抱きながら、5歳児の保育室の前を群れになって往復する姿が回を重ねるたびにしだいに力を束ね、力強くなっていく様子は圧巻だ。

「力もちの子どもたち」に力を合わせる歌を紹介する保育者のタイミングも見事である。

「いわしのこうしん」を大きな声で歌いながら、力を合わせるなかで、一人一人の子どもたち自身が「あこがれ」の存在に近づいていく自分を感じているはずである。子どもたちの表情は誇らしげだ。

第4章 ▶ 自然やものの美しさに触れる─感性を身につける─

§4 夢中になる

1 達成をめざす姿

　日々の子どもたちの遊びのなかで、ひとつのことに夢中になり、それによって「達成できた」ことは、子どもたちに自信と誇りを与え、子どもたちを成長させる。日々の生活のなかで、「できる」ことに喜ぶ姿やそれに向けて子どもたちが夢中になっていく姿に多く出会う。引っ張る、入れる、のせる、通す、はずす、開ける、押す、傾ける…等々。目の前のものに正面から向かい、試行錯誤を繰り返す。小さなからだ全身で感じ取り、成長する。

　右上の写真は、自分で衣類の着脱をしようとする1歳児Y人の姿である。「自分でやる」ことにこだわるY人。ズボンだって自分ではこうとする。自分でやりたい！　まさに静かに自分の力と格闘？　している。なんでも自分の力でやりたいと、自分の力と真正面から向き合う、子どもたち。小さな子どもの自立心が見えるようだ。

2 自分の力と真正面から向き合う

> **事例 4-12　逆上がり「できた」**　　　　　　　　　　● 4歳児クラス　4月
>
> 　4歳児クラスに進級直後の4月。K太は鉄棒の前から離れない。朝から時間があれば、鉄棒に向かって逆上がりを試みている。友達のなかにも逆上がりができる子どもが増えてきているが、K太はできない。登園してからひたすら、足で地面をけって逆上がりにチャレンジしている。が、思うようにからだは上がらず、鉄棒から離れてしまう。
>
> 　K太の真剣さを保育者はそっと見ていた。逆上がりができるR美は「K太くんきっとからだが重いからできないんだよ。ダイエットすればいいかも〜」と鉄棒を横切りながら話す。K太はその日、保育者に「ダイエットする！」と宣言する。K太の宣言に保育者は驚いたが、「ダイエットしなくても、鉄棒はきっとできるようになるよ。ダイエットして腕に力がかけられなくなったら、回れないよ」とK太の真剣さを何とか受け止め励ました。
>
> 　次の日も朝から、逆上がりを試みている。前日より、からだが上がるようになってきた。保育者もそばで願いながら見守る。その日の降園直前、K太は「できた〜」と大声をあげた。その瞬間、その日初めてのK太の声を聞いたと保育者は思ったと言う。
>
> 　　　　　　　　　　　　　　　　　　　　　　　　　　　　　　　　　　（事例：筆者）

子どもが逆上がりを「できるようになりたい」と夢中なって練習している姿である。その期間、幼稚園でのあいた時間のほとんどを逆上がりに費やし、夢中になっていたK太。自分の力と真正面から向き合う姿でもある。願いに向かってひとりでひたすら努力をし、「できる」ようになっていく喜びは大きい。
　一方で、子どもたちが「できる」ことからさらに、「究める」こと、もっと気持ちを傾けて集中していくことは、ひとり夢中になるというよりも、仲間と共に心を揺さぶりながら、一体感を感じながら、そのプロセスのなかで可能になるのではないだろうか。
　次の事例は、クラス全体でひとつのことに夢中になって心を動かす子どもたちと保育者の姿である。

3 他者との一体感を感じる

> **事例 4-13　泥だんごづくり**　●4歳児クラス　年間
>
> 　クラス替えをして、新たな集団として進級した4歳児。6月中旬のジャガイモ掘りをきっかけに、G男、H男が園のお山の土で、だんごづくりに取り組み出した。5歳児もすでにだんごづくりを楽しんでいて、見よう見まねで泥だんごづくりをし、その取り組みは時間いっぱい、何週間も続いていた。彼らがつくる泥だんごにひかれ、クラスのなかで参加する仲間も増えていく。保育者自身は気になりながらも、だんごづくりのお山に行けずにいた。
> 　7月になって、保育者はようやくお山で泥だんごづくりに熱中している子どもたちのなかに入って、教えてもらいながらだんごづくりに参加したところ、「やり始めたらやめられなく」なった。子どもたちが帰ったあとも砂で磨くなど、「光るだんご」をめざして取り組んだ。
> 　子どもたちのほうもさらに「泥だんご」への情熱はエスカレートし、試行錯誤を繰り返し、互いに秘訣を伝授しあっていった。その活動は長い夏休みを越えて2学期、寒い時期も過ぎ、3月まで続くことになる。休みの間は家でもつくっているという。
> 　このようななかで、きれいに光らせる泥だんごづくりの「秘訣」が伝授されていった。そして、互いに切磋琢磨しあい、だんごづくり名人が何人も誕生した。
>
> （事例／写真：筆者）

　この泥だんごづくりの取り組みを振り返り、保育者は、泥だんごづくりという、一見すると「光らせる」技能への追求が強い印象をもたれがちな遊びであるが、取り組みのプロセスで子どもたちと共にあじわった気持ちの躍動感、一体感のその重要性に触れている[2]。
　泥だんごづくりに保育者が参加したときには、すでに子どもたちが試行錯誤してだんごづくりの「秘訣」を身につけたあとだったという。保育者は子どもたちから、それを伝授して

もらう形となり、子どもたちにていねいに教えてもらいながら子どもと一緒に同じ感触、感覚を同じペースで感じることができた。さらに同じように保育者も仲間として心を動かしながら、だんごづくりに取り組むなかであじわった一体感、とくに「土」という感覚を通して、全身で、仲間と共に、感覚を開放させながら取り

組んだ活動であったことを指摘している。

ここで、「夢中になる」ことの美しさは個人で情熱を傾けていく作業ということにとどまらず、他者も共に一体感をもちながら、その情熱を感じながら心を動かしていくプロセスのなかに、その心地よさを共に感じることのなかにあるといえる事例ではないだろうか。

光る泥だんご

　加用文男は、『光る泥だんご』（ひとなる書房）のなかで、泥だんご遊びの魅力について紹介している[3]。光る泥だんごは、水を含んだ泥だんごを何度も土をかけながら、丸くし、休ませることを繰り返しながら、乾燥させる。乾燥させ、磨かれた泥だんごは宝石のように見事な輝きを見せる。本のなかでは光るレベルも紹介しながら、泥だんご遊びのおもしろさも伝えている。泥だんごはこれまでも、保育の場や、遊びの場で、年上の子どもたちから年下の子どもたちへと技が伝えられてきた人気のある遊びのひとつである。

§5 こだわる―究める―

1 こだわりから生まれるもの

事例 4-14　「いつも一緒に」赤いボール　●1歳児　5月

赤いボールを両手で抱えてはにっこりするY也。
赤いボールはY也のもの。よちよち歩き出したばかりのY也だが、赤いボールがお気に入り。外で遊ぶときには、かならず赤いこのボールと一緒。抱え込まれて、Yちゃんのお伴をするボール。そう。この赤いボールでないと、ダメ。

（事例／写真：筆者）

　保育の場面に限ったことではないが、日々の園内には子どもたちのうれしい笑顔、自信に満ちた笑顔があふれている。その一つ一つの笑顔に出会うとき、笑顔の裏にある子どもたちのこだわりに大人は驚いたり、はらはらしたりしながらも、そのこだわりが生み出す作品にうっとりさせられる。

　「こだわり」という表現はさまざまなイメージをもたれる表現である。「こだわりが強いから大変だ」とか、「勝ちにこだわって、負けそうになるとやめてしまう」などとマイナスイメージがもたれることのほうが多い。ここでの「こだわる」とは「些細な点まで気を配る。思い入れする。（広辞苑より）」ということである。さまざまな目の前の条件のなかで、ひとつのことのみに集中するということになる。「究める」ことも出てくるのである。子どもの遊びのなかには「こだわり」から生まれてくるものがたくさんある。

第4章 ▶ 自然やものの美しさに触れる―感性を身につける―

2 繰り返しのなかで

> **事例 4-15 繰り返す**　　　　　　　　　　　　　　　3歳児クラス 11月
>
> 　3歳児がプリンカップを片手に砂場のなかでじっとしている。プリンカップを下に向け、自分の手元を見つめ真剣な表情をしているD花。見ているこちらも、息を止めて見守る。心のなかで「1・2・3」と数え、プリンカップから砂が形になって出てくるのを待つ。出てこない。もう一度数える。出てこない。「あれ？」と言いながらD花はプリンカップを逆さまにしてなかをのぞいているが、砂は出てこない。となりにいた4歳のE子に、「ねぇ～、どうやったら出てくるの？」とたずねている。「水の入れ過ぎなんだよ」と言われ、ほかの砂に変えるために、コップから手で砂を掘り出す。D花の手から水をたっぷり含んだ砂が「ぼとっ」と落ちた。新しい砂を入れている。「今度はきっとできる」と思いながら、D花を見つめる。プリンカップにゆっくり砂をつめ、しっかり砂を固めて、下を向けて、砂場を囲む木の枠にのせる。一瞬の間のあと、そっと持ち上げる。ちょっとくずれたが、山ができた。D花は何も言わない。しかし、「できた」と表情がさけんでいた。
>
> （事例／写真：お茶大）

　砂場で「そおっと」プリンカップを持ち上げ、砂をきれいに型抜きできたときの感動を記憶している人は多いだろう。一度できれいにできる子どもはいない。繰り返し、繰り返し持ち上げるなかで、ようやく、きれいなプリンができあがる。手が少しでも揺れたりすると、プリンのカップが砂の周囲に当たり、くずれてしまう。

　大人から見れば、ひとつのカップに砂を入れて作った単純な型抜きであるが、それに意識を集中させていく3歳児のこだわりは見事というほかない。自分の手から離れたカップが作り出す砂の山に気持ちを集中させていく子どもたち。

　プリンカップで作る山だけでなく、砂場での子どもたちのこだわりがさまざまな形を生む。「こうやりたい」「ここをこうしたい」目の前の事態へのこだわり。谷を作り、山を作り、川を作り、水を流す。どの砂場にも繰り広げられる子どもたちの遊びだが、その表現への思いはみな異なる。こだわりは、みな一つ一つそのたびに新たな形となって表される。こだわりが生む美しさといえよう。

3 思いを集中させていく

> 事例
> **4-16** 思いを集中させる
>
> 5歳児クラス 10月

　息を止めて集中して、プリンカップで作る山を並べている5歳児G男とH男。このところ、砂場の四方の木枠にプリンカップで作った砂の山を並べていくことにこだわっている。ただ並べるのではない。小さなプリンカップで作る山を枠にきれいに並べ続けることは思いのほか難しい。何よりも同じペースで続けることが必要になるが、その気持ちを続けていくことがとても難しい。

　しかし、そのとき、5歳児の子どもたちの様子は違った。なにやらおもしろそうだとその作品を見ようと集まってくる子どもたちがたくさんいる。手に触れたくなって思わず手を近づけたり、近くをまたいだりする子どもがいる。「今、だめ！」。G男の口調は強いが、だれもが、その真剣さに納得してしまうだけの張り詰めた空気が流れている。「やるぞ」というG男とH男の思いが伝わってくるからだ。見ているまわりも「がんばれ」と思わず口にしたくなる、そんな時間が流れた。

　最後の4つめの枠に近づくと、見ている子どもたちはその真剣さに圧倒されて、砂山に手を触れることはまったくしない。音があるのに音がないとさえ思えるほど、その場面だけが張り詰めた空気。5歳児のG男とH男が、からだを小さくして、からだが動かないように少しずつ移動しながらひとつずつ並べていく。同じ間隔で並べるのと同時に直線のように並べることにもこだわる。

　そして、ついに砂場の四方の枠に並べきった。そのとき、G男とH男だけでなくまわりの子どもたちも含めて「わあっ」と大きな充実感が園庭いっぱいに伝わった。

（事例／写真：お茶大）

　5歳児のもつこだわりが作り出したたくさんのプリンカップの砂山。その並べ方に対する思い入れは見事だ。等間隔で、まっすぐに木枠の中心に並べていく。続けていると、前に作った砂山が次の砂山を作るときに手にぶつかってしまう。ぶつからないように意識を集中して、息も止めるほどに「そおっと」ひとつずつ、作っていく。砂を十分に入れ固めておかないと、砂山はくずれてしまう。カップに入れる砂の硬さ

も重要になる。連続させて同じことを集中していくさまは、そのものへの思い入れ、どのようにつくるかへの確かなイメージと強い思い、そして、続けることへの集中力と情熱の傾け方に5歳児ならではの美しさが感じられるだろう。

　思いを集中させていくことがつくり出す、テクノロジーといえるほどの作品だった。

こだわり

　「こだわり」という表現はさまざまなイメージをもって使われる。本章では、ひとつのことを究めて、成し遂げていくプロセスのなかで紹介した。一方で、「電車へのこだわりがあって、遊びが広がらない」など、ひとつのことに固執する特徴を強調させて表現することもある。たとえば、子どもの特徴のひとつとして、「こだわりがある」という表現として使われる。決まった順序へのこだわり、同じ遊びへのこだわりなど、この場合は、マイナスイメージをもって使われている。しかし、周囲がこだわりに対する理解を広げることによって、こだわりを生かしながら、生活をしやすくする工夫も可能である。「こだわり」とは、ひとつのことに全身で気持ちを傾け集中していくという点で、よりよく前向きに生きようとする懸命な姿として捉えることも重要であろう。

―――― この章で学んだこと ――――

● 子どもが見つめる素材の美しさを保育者も見つめ、発見することが大切なこと。

● 子どもが感じる美しさを保育者も感じとれることが大事であること。

● 子どもが美しいと感じたことを表現できるような機会をつくり、その表現を受け取れる保育者の存在が大事であること。

● 美しいもの、美しいものを見つめる子ども、美しさを見いだそうとする姿。美しさに向き合う子どもを保育者が捉えることで、美しさはより美しくなる。

第 5 章

コミュニケーションとしての表現

―― この章で学ぶこと ――

保育者は共感をもって子どもなりの表現を受け止めたり、共に表現したり、
また、仲立ちとなってまわりの子どもに伝えたりすることで、
子どもが表現し、他者と伝え合う楽しさを経験できるようにしたい。
ここでは、人と人とのコミュニケーションにおける「まねる」「見せる」「友達を
受け止める」「話し合う」という表現の意味やそれを豊かにする保育者の援助について学ぶ。

§1 まねる

子どもは園での遊びや生活のなかで他者の動きをよく見ている。興味や関心を引くことやおもしろそうなことなどを探索し、それを見つけると自分もすぐに同じことをやってみようとする。見てまねることは人間の基本的な行動のひとつである。人の行為や作品などをまねることは、自ら生み出した独自な創造的表現と対比され、低く評価されることがあるが、実は人間の新たな学び、成長にとって欠くことのできない重要な知的、情緒的及び身体的行為である。他者を見てまねることができるということは、見たものや見たことをその子なりに理解し、イメージや知識として自分のなかに蓄え、自分の考え方や感じ方というフィルターを通してその子どもなりに再現するということである。一見、同じように見える表現のなかに子どもの個性が見てとれるのである。互いに刺激を受けながら表現を豊かにしていく過程を大切にして、子どもが自己表現を楽しめるような工夫が保育者に求められている。

1 乳児期における模倣(まね)の始まり

乳幼児期の学びに欠かせないのが「まね(模倣)」である。この「まね」は生後1か月頃の赤ちゃんでも見られることがわかっている。よく目覚めている赤ちゃんと目を合わせながら、口をゆっくりと開けたり、閉めたりすると、赤ちゃんも同じように口のまわりを動かしたりする。これは、意識し、意図することなく、同じ動きが出てくるもので、新生児模倣あるいは共鳴動作といわれる。生後2〜3か月になると、この動作はしだいに消えて、自分の目で、物を追う「追視」ができるようになる。母親が笑いかけると、その表情を読み取り、笑い返すようになる。このように、最初は、外側からの働きかけにより、同じ動作が

引き出されるが、しだいに、自分の意思や意図をもって笑い返したり、同じ動作をまねするようになる。たとえば、母親が、離乳食を赤ちゃんに食べさせるときに、スプーンを赤ちゃんの口に近づけ、「あーん」と口を大きく開けると、赤ちゃんも口を大きく開ける。この繰り返しによって、スプーンで何かを口に入れて食べるときには、大きく口を開けることを学ぶ。また、何かを食べたいときに、自ら口を大きく開いて「早く口に入れてよ」と母親に要求することもある。「学ぶ」の語源は「まねぶ」（まねる）にあるといわれるように、赤ちゃんは、親の動作や視線の先を見たり、まねしたりすることによって、親とコミュニケーションを開始し、多くを学んでいるのである。

2 まねることから、より豊かな表現へ

子どもは日々、人やもの、状況と関わり、いろいろな見方や考え方を身につけながら学び、成長していく。人の学びの方法は多様であるが、他者の行動を観察しながら、その行動の仕方や意味を学んでいくことはモデリングといわれ、人間の重要な学びの方法として位置づけられてきた。ひとりでも、物を見たり、操作したりしながら、学ぶこともあるが、集団で暮らす家族や保育施設においては、人の行動を見てまねることにより学ぶことの方がはるかに多い。人は興味や関心をもった対象に注意を向け、観察し、同じことをやってみようとする。他者から刺激を受けて、まねしたり、自分なりに表現を変えたりしながら、自らの表現をより豊かにしていく。そのために、保育者は、遊具や用具を整えたり、ほかの子どもの表現に触れられるように配慮することが必要である。

3 響き合う表現と人との関わりの深まり

表現する楽しさは、他児の表現から刺激を受けて同じような行為や言葉を共有し、交わし合うなかで、互いの気持ちが高まっていくことから生まれる。表現の響き合いが人との関わりを深め、さらに表現が豊かになっていく。保育者は、子どもたちがまねし合い、より豊かに表現し合う過程を大切にして、子どもが自己表現を楽しめるように工夫したい。

第5章 ▶ コミュニケーションとしての表現

事例 5-1 やってもいいんだよ！― まねることで表現を支え促す　3歳児クラス　5月

　3歳児クラスに入園して1か月ほど経ったころ、子どもたちは幼稚園生活のおおまかな流れを理解し、登園すると自分で靴を履き替えたり、ロッカーに行って身支度をしようとしたりする姿が見られる。支度が終わると何かおもしろそうなことはないかと保育室や園庭などを見て、興味・関心のもてるものに近寄り、遊び出す子どもが多い。保育室のプラレールのコーナーでは、3～4人の子どもがレールをはめたり、車を動かしたりして遊んでいる。E男は、プラレール遊びのすぐそばでその様子をじっと見てはいるが、自分からその遊びに入っていこうとはしない。自分のお気に入りのミニカーを右手に持ち、黙ってプラレールで遊ぶ友達の姿をじいっと見ている。保育者は「E男くんもやる？」とレールを渡そうとするが、首を横に振って受け取ろうとはしない。「やろうよ！　おもしろそうだよ」と再度、誘うがやはり、首を振って入ろうとはしない。保育者はそのときはそれ以上、誘わず、見守ることにした。E男は翌日もその次の日も、プラレール遊びのそばに来て、じっと見ている。保育者は、E男らしい表現を認めながら、一方で自分のしたいことを言葉で他者に伝えたり、同じ行為をしたりすることにより、楽しい遊びを共有してほしいという願いをもった。

　ある日、保育者は、E男の横に電車を持ち、同じように座ってプラレールの遊びを見ることにした。E男の行動を認め、その動きをまねることで心を通わせることはできないかと思ったのである。保育者はE男と同じ目線で同じものを見つめ、E男を理解しようとした。保育者が自分の持っていた電車をE男の前にそっと置くと、E男は電車と保育者とを交互に見ながら、静かにその電車を取った。「E男くん、その電車、このなが―いレールの上を走らせてみない？」と保育者は言った。E男はためらいがちに線路の端に電車を乗せ、少し走らせたので、保育者も同じように別の電車を少し走らせ、その動きをまねてみた。E男はしだいに表情がやわらぎ、プラレール遊びに夢中になっていった。

（事例：筆者／写真：学大小金井）

事例		
5-2	子ども同士が同じ動きを共有して楽しむ	4歳児クラス　5月

　園の裏庭に鉄棒にひもを垂らしたブランコがある。Ａ美はブランコが好きで、ここ数日は登園すると友達のＢ香、Ｃ代を誘ってひもブランコへ行き、遊んでいる。「ひもブランコ、行こう」とＡ美が言うと、Ｂ香とＣ代は「うん、行こう、行こう」と言う。ひもブランコのある裏庭へ３人でスキップをしながら行く。まず、Ａ美が、ひもに座り、足を伸ばしたり、曲げたりしてひもブランコを揺らし始めた。ほかのふたりはＡ美の動きを見て「あたしも乗ろうっと」とそれぞれブランコに乗る。ふたりは、Ａ美の動きをまねしながら、３人で同じようにひもブランコを揺らし、同じような動きと揺れ感覚を楽しんでいるようだった。Ｃ代がいろいろな方向へブランコを動かすと、Ａ美も同様の動かし方をする。Ｃ代が、足が地面に着かないように曲げ、「地面に着いちゃダメです」と言うと、ほかのふたりも同様に足を曲げて、「あー、着いちゃダメです」と繰り返し言いながら、Ｃ代の動きを自分の動きのなかに取り入れるのであった。

　互いの動きをまねし合いながら、ブランコの活動を楽しんでいるようだ。保育者がそばを通るとＡ美はブランコに乗ったまま、大きな声で「せんせー、ひもブランコだよー、あー、下は海です。サメがいるので足を着けてはいけません！」と言った。保育者が「サメがいるんですね、危険です、足を着けないでください」と言うと、３人は顔を見合わせてうれしそうに笑った。

　しばらくひもブランコをしたあと、Ａ美がＣ代とＢ香に「そうだ、足を着けないで何回揺れるか競争しない？」と言った。「こうやって、１回、２回、３回、あー、着いちゃった！」とやって見せた。３人は、ひもに腰をつけたまま、できるだけ後ろに下がり、反動をつけたかと思うと「せえーのーっ」と声かけをし、同時にひもブランコをこぎ始めた。すると、３人のひもブランコはいっせいに揺れ始めた。「キャー、足を着けちゃダメー」などの歓声とともに、３つのブランコは揺れ続けるのであった。

（事例：筆者／写真：学大小金井）

§2 見せる

　園で子どもが保育者に「見て」「見てて」と、まなざしを積極的に求めてくることがある。この他者に見せるという行為は人との関わりのなかでどのような意味をもつのであろうか。また、その意味は子どもの発達に応じて、変わってくるのだろうか。
　赤ちゃんは誕生直後から他者からのまなざしを求めていく。他者のまなざしの方向や対象を理解し、それらを共有したり、そこから生まれる楽しさやうれしさを共有していく。他者に自分の表現を見せることにより、積極的に共有経験を生み出していく。

1 他者のまなざしの理解とその共有

> **事例 5-3　同じものを見て**　● 7か月児
>
> 　7か月のK児を母親が抱いて道を歩いていると、向こうから犬を連れた人が歩いてきた。K児は、犬を指さして、「ウーウー」と言った。K児は、犬と母親の顔を交互に見ながら、あたかも、「ほら、ワンワンがいたよ、見て、見て」と言わんばかりだった。母親は、にっこりと笑いながら、「あっ、ワンワンいたね、かわいいワンワンだね」と言って、犬を見てから、K児の顔を見て微笑んだ。K児もにっこりして、母親と共に再び、犬に目をやった。K児と母親は、犬に対する視線を共有し、また、同じ対象に対する興味や関心、うれしさを共有していた。
>
> （事例：筆者）

　赤ちゃんは他者と結びつき、他者と関わる傾向をもって生まれてくる。自分を取り巻く多くの「もの」のなかで、とりわけ人に対する志向性が高いことがわかっている。赤ちゃんは他者へまなざしを向け、他者からのまなざしを感じながら人と人とのコミュニケーションを開始する。赤ちゃんと養育者との二者関係のなかへ、やがていろいろなものや人が入ってきて、赤ちゃんと養育者は同じものを見ることでまなざし

の方向を共有するようになる。赤ちゃんと母親がおもちゃを見て、次に互いに見合ってほほえみを共有することがしばしば見られる。これは、同じ対象を見て、その意味や性質を互いに確認する行為であり、気持ちを共有する行為である。このように、他者の視線を感じ、それを共有していこうとする傾向はかなり早い時期から見られるのである。

赤ちゃんが未知の「もの」に出会ったときに、母親を見て表情や仕草からその「もの」の性質を判断する手がかりなどを得ようとすることがある。このように信頼できる人からのまなざしによって安心感を得たり、自分の行為の意味や自分を取り巻く「もの」の性質を理解するようになる。

2 見せることによる自己の意味づけと自己形成

まなざしの共有経験を繰り返していくうちに、子どもはやがて意図をもって、行為やものを相手に見せ、共有を自ら生み出そうとするようになる。そして、「見てくれる」「ほほえんでくれる」「認めてくれる」「ほめてくれる」などの相手の行為を通して、自分の存在を確認したり、自分の行為の意味を知ったり、評価できるようになっていく。信頼できる相手から肯定的なまなざしを得られることによって、子どもは自尊心を高めていくことができる。

他者のまなざしは自己を映し出す鏡であり、「見せる」という行為は、経験を共有したり、他者の自分に対する態度や評価を積極的に求める行為である。「見せる」という行為に対する他者からの肯定的な反応によって自尊心を高めたり、逆に予想外の反応によってがっかりしたりしながら、しだいに他者の視点が取り込まれていき自己を評価していく。

事例 5-4 「先生、見て！」

● 3歳児クラス　5月

3歳で入園してきた子どもたちも入園後1か月を過ぎると、園での生活や遊び、環境を理解し始め、保育者に促されたり、見守られたりしながら活動する姿が見られるようになった。砂場にあるシャベルを見つけ、保育者に「これ、やっていいの？」「Eちゃんもやりたい」と数人の子どもが集まってきた。保育者は、あたかもだれかが遊んでいたかのようにシャベルを砂の上に置いたり、土を小さな山のように盛ったりして、子どもが遊びたくなるような環境を構成していた。「S美やる！」と言い、S美とE子はシャベルで穴を掘り始めた。大きな穴を掘りながら、E子は「先生、見て」「ほら、穴、

第5章 ▶ コミュニケーションとしての表現

こんなに大きい」と言った。保育者は「すごいね、大きいねえ」とほほえみながら言葉を返した。その後、S美も「先生、見てて」「穴、掘るから見てて」と言い、保育者のまなざしを積極的に求めた。

また、うんていでは、S太が足を鉄棒にかけ、ぶら下がりながら、「せんせーい、ほら」「すごいでしょ」「見て」と保育者を呼んだ。保育者は「わーっ、すごいね」「サーカスみたい」とほめると、S太は得意になって「ほら、すごいでしょ」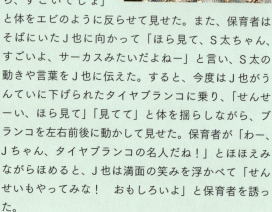と体をエビのように反らせて見せた。また、保育者はそばにいたJ也に向かって「ほら見て、S太ちゃん、すごいよ、サーカスみたいだよねー」と言い、S太の動きや言葉をJ也に伝えた。すると、今度はJ也がうんていに下げられたタイヤブランコに乗り、「せんせーい、ほら見て」「見てて」と体を揺らしながら、ブランコを左右前後に動かして見せた。保育者が「わー、Jちゃん、タイヤブランコの名人だね！」とほほえみながらほめると、J也は満面の笑みを浮かべて「せんせいもやってみな！　おもしろいよ」と保育者を誘った。

（事例：筆者／写真：学大小金井）

子どもは入園後に、温かいまなざしを向け、自分を援助してくれるやさしい保育者の存在に気づく。そして、保育者を好きになると、それぞれの子どもが保育者に見せたい、見てほしいと思い「見て」「見てて」と口々に言うことがある。保育者の存在を確認しつつ、保育者のまなざしや言葉や態度を通して安心感を得たり、自分のできることを確認したりしていく。ま

た、楽しさを保育者と共有しながら、安心や信頼感を高めていく。保育者は一人一人の思いをできるかぎり受容し、認め、肯定的な言葉や表情で応答していく。事例においては、「ほら見て、S太ちゃん、すごいよ」とJ也に言うことで、保育者は、J也が他児に対して興味や関心を向けられるようにしながら、子どもと子どもの関わりをつないでいる。

　子どもは自分をできるかぎり受け入れようとしてくれる保育者を好きになり、保育者にまなざしを向け、また、頻繁（ひんぱん）に保育者からのまなざしを求めてくる。保育者ができるかぎり応じ、同時に子ども同士のまなざしをつないでいくことで保育者との信頼関係という縦のつながりと友達同士という横のつながりがからみ合い、クラスという集団が形成されていく。

> 事例
> **5-5**　「ぼくの作品見て！」

4歳児クラス　10月

　運動会が終わった翌週、C保育者が保育室に行くと、何人かの子どもが保育室で運動会の話をしていた。「リレーでさ、F美ちゃんに追いついたよ」「すごく早く走ったよ」などリレーの話をしていた。そして、「リレーごっこ、やらない？」というB也の言葉に「うん、やろう、やろう」と友達数人と園庭に出かけていった。園庭にはバトンや、コーナーコーンが用意されており、すぐに子どもたちはグループに分かれ、リレーをし始めた。運動会での楽しい経験を再現するかのように「○○ちゃん、がんばれ」と応援し始めた。保育者は、子どもたちが運動会へ向けて、日一日と期待を高めていく過程とともに、運動会が終わってから、その楽しい経験を振り返る、再現して遊ぶ経験が大切だと考えていた。行事が園生活のサイクルのなかにしっかりと位置づけられ、その前後のときも豊かになればいいと考えていた。

　保育室では運動会での楽しい経験を再現するかのように、数人の子どもが運動会の話をしている。玉入れでたくさん入れたこと、お母さんとネズミのしっぽとりをして楽しかったこと、おばあちゃんやおじいちゃんが見に来てくれたことなど、それぞれ印象深かったことを話している。C保育者は、運動会のイメージが子どもたちのなかに生き生きと残っている今週中に、絵やお話など多様な表現で運動会の楽しさが表現できたらいいと思った。C保育者はまず、みんなと運動会の楽しい出来事について話し合った。楽しい経験と先生からの言葉がけが豊かな話し合いを導き、豊かな話し合いのなかで互いに刺激されることによって自らの経験がより生き生きと再構成される。C保育者はまず「運動会、楽しかった？　どんなことが楽しかったかな？」。子どもたちは口々に自分の楽しかったことを言おうとしたので、C保育者は「それじゃ、聞こえないから順番に言おうね」「まず、Hくん」とH介を指さした。H介は「あのね、ぼくね、運動会のリレーでがんばって走ったらね、Y花ちゃんに追いついたんだよ」と目を丸くして興奮気味に言った。ふだんはおっとりして運動の苦手意識をもつH介はよほどがんばって走り、また、ずいぶん先を走っていた相手に近づけたことで達成感を得たようだ。C保育者もH介の気持ちに共感しながら「そうだよねー、Hくん、最後のほうでがんばったよね」とほほえみながら言った。ほかの数人の子どももそれぞれ楽しかったことを発表した。

　それぞれが描いた絵を隣の子どもに説明したり、C保育者のところにもってきて見せる。C保育者はその絵の話を聞きながら、絵の裏に日付と話の内容をメモしていた。また、それぞれの絵を見て子どもたちが経験を共有できるように、帰りの時間に絵のいくつかを見せ、保育室に貼るから見てねと言った。

(事例：筆者)

　次頁の写真には、「先生、できた、見て」と自分の描いた恐竜の卵を保育者に見せる女児（上）と、「ぼくのも写真に撮って」と作品をカメラにおさめていた観察者のところにやってきたふたりの男児（右下）が写っている。

　子どもは自分の行為や作品を身近な人に見せたがる。「見て」「見てて」と言って、他者からの肯定的な評価のまなざしを求め、そのまなざしを受けて、子どもの自分自身への信頼や

第5章 ▶ コミュニケーションとしての表現　123

自尊心に反映させていく。

　また、保育者と子どもふたりの写真（左下）は、保育者が「Kちゃんのも〇〇くんの箱と同じだね。どういうの作ろうかな」とK美の箱をR也に見せながら、表現のアイディアを確認したり、広げたりしているところである。保育者が媒介することによって他者の表現に出会い、友達同士で自分のイメージを伝え合うことによって表現する過程を楽しんだり、表現を楽しんだりしている。それにより子どもはより意欲的になり、いっそう豊かなイメージや表現が生まれてくる。

「先生、できた、見て」

「Kちゃんのも〇〇くんの箱と同じだね。どういうの作ろうかな」　「ぼくのも写真に撮って」

| 事例 5-6 | みんなが主役 | 5歳児クラス 11月 |

今日は待ちに待った子ども会。5歳児うみ組の子どもたちは親が見に来てくれているうれしさとミュージカルを演じる緊張感を同時に感じているようだった。N保育者は、子どもたちの日々の遊びのなかから、それぞれのグループの好きな活動を拾い出し、子どもたちと共にそれらをミュージカルに構成してきたのである。みんなで、舞台でのセリフや動きを考え、小道具を作り、今日まで練習してきた。

「オレんち、おかあさんとおばあちゃんが来てるんだ」「あたしんちはおかあさん」など子どもたちが興奮気味に話している。5歳児として、すてきなミュージカルを4歳児や3歳児に見せたい、お母さんやお父さんにも見せたいと思っているようだ。あるグループは自分たちの演技のなかの動きについて、「どういうのがかっこよく見えるか」という観点から話し合っている。相手から見ると自分たちの行為はどのように見えるのかを推論し、観客の目から見てかっこういい行動はどのようなものかについて、それぞれのメンバーが考え、アイディアを出し合っては演じている。

「ここんとこは、こういうのがいいんじゃない？」とM介が言うと、K夫は「このほうがかっこういいよ」「エーッと、エッと……」と言いながらやってみせる。「あー、それいいね」とM介が言いながらまねすると、ふたりの動きがしだいにほかのメンバーにも広がっていく。

(事例：筆者／写真：学大小金井)

　見ること、見せることは人と人との関わりでつねに生じている。人は出生直後から、愛着の対象である母親あるいはそれに変わる人からの働きかけにより、まねが引き出され、親密なコミュニケーションが始まる。そして、2～3か月もすると、自らの意思で相手を見て、まねをしたり、相手のまねを引き出していく。また、親と子が共に同じ対象に視線を向けて、共有し、共通の経験を積み重ねていく。幼稚園等施設に入園して、友達との生活をし始める

と、子どもたちは先生をよく見て、まねをしたり、子どもたち同士で互いにまなざしを向け合い、学び合っていく。楽しそうに遊んでいる子どもを見て、同じものを作りたい、同じ動きをしたい、あれよりもっといいものを作りたい、いいのが作れたから見せたいなど、意識し、意図的にみる、見せることを通して、自分なりの発想や、豊かな感性と表現が生み出されてくる。幼稚園等施設の暮らしのなかで、心を動かす出来事などに触れ、感性を働かせるなかで、様々な素材の特徴や表現の仕方などに気づき、感じたことや考えたことを自分なりに表現したり、友達同士で表現する過程を楽しんだりし、表現する喜びをあじわい、意欲をもつようになるのである。みんなで目的を共有しながら、互いにみる、見せることを通して、よいところはまねし、変えた方がよいところは、相談して、アイディアを出し合い、工夫しながら、よりよい表現を創り出すなど、幼児期の終わりまでに育ってほしい協同性なども育まれてくる。自分たちの力で創りあげた劇をみんなでやり遂げることで、子どもたちはグループで演じる楽しさや一緒に何かをやり遂げる責任感や達成感を経験し、また、相手の演技のよさを認めたり、共感したりするようになる。また、自分の表現を友達や身近な保護者に見せることにより、自尊心や自己肯定感も育まれるのではないだろうか。

「見て」「見てて」発話の意味

　園生活のなかでの子どもの「見て」「見てて」発話の意味を調べた研究（福崎、2000,2001,2002）[1][2][3]では、自分の行為やもの、状態などを見せることによって保育者の承認や賞賛・共感を求めるだけでなく、保育者に対する援助の要求や、保育者を独占しようとする意図性、他児に対する遊びの勧誘や仲間入りなど、他者に対するさまざまな子どもの思いや期待が込められていることが示されている。多様な人間関係や状況において、見せる行為の背後にある子どもの内面を読み取ることが保育者には求められている。

§3 友達を受け止める

　表現は、受け止めてもらえる人がいることで促され、表現する喜びを生み、もっと表現したいという意欲につながる。たとえば赤ちゃんが泣くことは人間の示す原初的な表現だが、泣くと「だれかが」来てくれる、泣くと「あの保育者（保護者）が」来てくれる、泣くと求めていることに応えてもらえる、という体験を積み重ねていくことが、人に向かって表現したいという意欲を育てる基本的な経験となる。

　受け止めてもらいながら表現する経験は、人の表現を受け止めることの素地でもある。子どもは保育者（保護者）に受け止めてもらう経験を基盤にして、徐々に自分と対等に表現を主張する子どもの存在に関心を抱き、自分とは異なる存在である子どもの表現を受け止めることにも向かうようになる。

1 気持ちを受け入れて関わる

　子どもを観察していると「やさしい」行動に驚くことはないだろうか。こんなに幼いときから、相手の気持ちになり、相手の気持ちに沿うことができるのか……と感心してしまうことがよくある。しかし考えてみれば、「やさしい」ことは大人の特許ではない。子どもから大人になるにつれて「やさしさ」というものがだんだんと増大し発達していくわけではない。子どものうちは「やさしい」かどうか、などという尺度とは関係なく、相手の気持ちになり、それがそのまま行動になって表現されているように見える。

　次の事例は、入園間もない、互いにまだ園という環境に十分慣れていない不安定さを共有している子ども同士が、さりげない遊びを通して支え合っている様子である。

事例 5-7 泣いている子に木の実をあげる

●3歳児クラス　4月

　入園当初A代は、母親と別れるのに抵抗を示したので、母親にも何日か一緒にいてもらった。少しそばにいてもらえば、安心して、絵を描いたり、自分でやりたいことを見つけたりして遊び出した。ある日、母親にしてみれば、つきそう日がいつまでも続くのか、早く切り上げたいという思いもあっただろうし、その日はよんどころない用事があったようで、「お母さんは幼稚園では遊べないの」と玄関まで追いすがるA代をおいて、母親は玄関の外に出てしまった。保育者はほかの子どもの受け入れに追われていて、A代が玄関まで追っていったことに気がついていなかった。火がついたような泣き声が玄関から聞こえてきて、保育者は事の展開を察し、A代を抱き上げなだめようとした。A代は保育者の腕のなかではげしく抵抗して泣きさけび、体をのけぞらして暴れた。「お母さんを探す、探す」と言って、玄関の外を指さす。子どもの気持ちに沿う関わりを心がけているとはいえ、玄関の外に出ていくわけにはいかない。ごまかして「お母さんを探しに行こう」と保育室に戻ろうとすると、「あっち、あっち」と玄関を指さし、さらに大声で泣く。保育室にいるほかの子どものことも気になり、泣きさけび暴れるA代を抱きかかえながら保育室に戻る。保育者と一緒でなくては園庭に出られないB介が待っていたこともあり、外に連れ出せばA代も気分が変わって落ち着くかもしれないと考え、「お母さんを探そう」と言って、庭に出ようとする。しかし、そんなごまかしはA代には通用せず、あくまでも母親が出て行った玄関を指さして「あっち、あっち」と泣きさけぶ。ここまで泣かせて連れ出すのはどうかと少しためらわれたが、どんなに泣きさけぼうが、A代をしっかり抱いて、一瞬たりともA代と離れずに過ごそうと心に決めた。

　待っていたB介とともに山（園庭の築山）に向かって移動しだしても、A代はあいかわらずはげしく泣いている。B介が山に登る道に落ちている小さな緑の実をふと見つける。保育者がポケットから袋を出してB介に渡すと、「あった、あった」といくつも見つけて自分の袋に入れる。A代は保育者の腕の中で、あいかわらず泣いていた。保育者が姿勢を低くして、階段状に山へと続く土留めの木のひとつに座り込むと、近距離でB介の様子が見えるようになり、小さい緑の実を拾うB介の様子を見入るうちに、いつの間にかA代は泣きやんでいた。A代にもビニール袋を渡して、保育者がひとつ拾って入れてみた。そして「Aちゃんも拾ってみたら」と誘って、下に降ろそうとしても、降りようとしない。すると、B介が、A代の袋の中に自分が拾ったものをすっと入れる。P子も山から下りてきて、「何をしているの？」と寄ってくる。P子はどこで手に入れたのか、4歳児の外用ままごとのフライパンやスプーンなどをもって、園庭の山の草や葉を「シチュー、つくっているの」と、せっせと混ぜたりしている。保育者がいくつか実を拾ってP子のフライパンに入れる。A代は保育者に抱かれたまま「あった、あった」と緑の実を指さすので、保育者は拾って、A代の袋に入れたり、B介の袋に入れたり、P子のフライパンに入れたりしていた。するとB介、P子も見つけられると自分のものにしたり、それだけではなく、A代の袋の中にも入れてくれた。A代の袋の中にはいくつも緑の実が集まり、もうそろそろ降ろしても大丈夫かと考え、さりげなく何も言わずに降ろすと、A代は保育者の腕を離れ、すっと自分の足で立ち、B介たちと実を拾い出した。

（事例／写真：お茶大*）

　3歳児入園間もないころ、園という環境になれない子どもたちを受け止めていくのは、本当に大変だ。泣きさけぶA代を抱きかかえて、園庭に向かって「お母さんを探そう」と誘うときの保育者の気持ちは、たしかに「ごまかし」の部分はあるが、「ここまで泣かせて連れ出すのはどうかと少しためらわれたが、どんなに泣きさけぼうが、A代をしっかり抱いて、一瞬たりともA代と離れずに過ごそうと心に決めた」という決意が、その後のゆったりした時間の大切な基盤となっている。

　保育者のこのような「どんなことがあっても子どもを支える」という気持ちは言葉にしなくとも、知らず知らず表現となって子どもに伝わっている。言葉で「だいじょうぶ」と言っていても、気持ちが揺れていると、それは子どもにも伝わるからである。この事例で、後半、B介、P子、そしてA代の間でゆったりした時間が流れていくのには、このような保育者の表現が、不可欠の基盤になっていることに注意したい。保育者がB介やP子に対しても精一杯受け入れようという態度を示していることを、抱かれているA代はちゃんと感じ、その保育者への信頼感を育て、その場のなかのひとりになることに自然と向かっていく。

　保育者の膝からまだ降りられないA代の袋に、B介やP子が自分で拾った緑の実を入れるというのはB介やP子がA代を受け止めている表現であろうし、また落ちている実があるとB介やP子に教えようとするA代はそれに応えようとしているのだとも考えられる。

2 年下の子どもたちに配慮する

　包丁や千枚通しなど、鋭利な道具を子どもに使わせるとき（子どもが使いたいというとき）、保育者であっても対処に困ることがある。一概に「危ないからだめ」と禁止するのもよくないし、子どもが使いたいといっている状況やその子の技能などを配慮して、いろいろの対処をそのときどきにする必要があるからだ。

　それでは、次の事例を通して見てみよう。

| 事例 5-8 | 包丁の使い方 | 5歳児クラス 10月 |

　ある朝、チャボの餌にと5歳児クラスに大根の葉が届いていた。子どもたちときざもうと机や包丁を出して準備をしていると、4歳児クラスのD実とB花がやってきた。このふたりはここ数日チャボを抱きにきていた子たちである。「やりたい」とうれしそうに言う。保育者も「葉っぱを切りたいの？　そうなの」と答え、「ここに座ってね」とふたりを座らせた。そこへ5歳児クラスのJ子とN香が通りかかった。この様子を見ているので「やりたいんだって」と言うと、N香の表情が一瞬堅くなった。じっとふたりを見ながら何やら考えている。この反応は、保育者には意外だった。どうなるのだろうとどぎまぎしてしまった。するとN香は「じゃあ、私たちが包丁で切るから、切ったのをお皿に入れてくれる？」と言った。「それでいい？」と聞くと、D実とB花はにこにこして「うん」とうなずいた。

　N香はひざまずいて一生懸命に大根の葉をきざんでいる。D実とB花はリラックスしてイスに座っており、うれしそうにときどき、きざんだ葉っぱをお皿に入れていた。保育者がしばらくして様子を見に行くと、今度はD実とB花がきざんでいた。

(事例／写真：お茶大[5])

　この幼稚園では、5歳児クラスになると、折々に「ジャガイモ屋さん」や卵焼きづくりなどの調理が保育のなかに取り入れられ、4歳以下の子どもたちにふるまうという経験が増えてくるので、5歳児はそのような自信をもち始めているし、4歳児クラスの子どもにはそれがまぶしく映っている様子がある。

　ここでは、5歳のN香の言葉が注目される。「じゃあ、私たちが包丁で切るから、切ったのをお皿に入れてくれる？」「それでいい？」という、制止ではなく、相手の気持ちを汲み取っての提案をしている。これは、ちょうど、この幼稚園の保育者が、このような場面で話しかけるような言葉づかいでもある。4歳児のD実、B花はそれを自然に、うれしそうに受け入れているし、そればかりか、その後は自分たちでやってみているところが興味深い。

3 友達とメロディを奏でる

> **事例 5-9　ミュージックベル**
>
> 　5歳児クラスの1学期、女児たちはすでにミュージックベルで「蝶々」や「チューリップ」などの曲を友達と何人かで演奏していた。何とか曲らしくなってきており、お客さんの前で演奏し、聞いてもらったり見てもらったりして達成感をあじわっていた。そのようなミュージックベルとは違うシーンに出会った。
>
> 　ある日、保育室にはあまり人がおらず、静かであった。「ド・ド・ソ・ソ・ラ・ラ・ソ……」。ベルの音が聞こえる。部屋をのぞいてみると、3人の男児がピアノに向かって立ち、立てかけてある譜面をじっと見ながらキラキラ星をやっていた。譜面といっても、ドレミを書いてベルの音と同じ色で印をつけてあるもの。保育者には3人の後ろ姿しか見えない。この3人はあまり楽器を手にしたことはなかった子どもたち。意外だった。ちょっとたどたどしく音をつないで、一つ一つていねいにベルを鳴らしていく。やり方はよくわかっているようだ。集中していて緊張感が伝わった。保育者がいることは気づいていない。3人の気持ちがひとつになっていた。友達の音を聞きながら自分の音を鳴らしていく。曲が終わった。3人の背中がゆるんだ。保育者もホッと力が抜けた。思わず拍手をすると、3人は振り向いてニコッと照れくさそうに笑った。
>
> （事例／写真：お茶大）

　ミュージックベルは、1個で1音を鳴らす楽器で、何人かで1曲を弾くときは、音ごとに色の異なるベルを分担して鳴らすことになる。この幼稚園では、どちらかというと女児のほうが、ミュージックベルなどの楽器演奏には積極的で、子ども同士で練習して上手になると、みんなの前で演奏を披露するようなこともよくあった。

　しかし、この事例では、ふだんミュージックベルなどとはおよそ関係がないように見えた男児たちの音楽表現を見て取ることができる。むしろ、こういう音楽表現もあるのか、というような、ひそやかで、ぴんとはりつめた緊張感のある、充実した演奏である。偶然のきっかけで、だれも見ていないから始められた演奏なのだろう。心のどこかで鳴らしてみたいと思っていた楽器に触れ、しかも、友達と心を合わせてひとつの曲を奏でるという達成感につながる経験となっている。見守る保育者がいなければ埋もれてしまうような、ささやかな表現活動だ。

ミュージックベルの活動の様子

§4 話し合う

1 心を動かす出来事に出会う

　保育の毎日には偶然の出来事がつきものだし、ときには次の事例のような「一大事」も起こる。保育は、このような予想もできないことのなかで、真実味が発揮されるという面がある。計画どおりに運ぶ保育というのは、その場の生き生きした状況を活用していないことが多い。偶然を生かすということが保育者の非常に大切な仕事だと心得て、「一大事」を前向きに捉えて保育することが重要である。

事例 5-10　カメ吉がいなくなった　●4歳児クラス　6月

　クラスで飼っていたカメがいなくなった。
　N男とK夫がカメを砂場に連れ出し、砂まみれにして遊んでいたので、「カメ吉はね、お砂はきらいなのよ」と声をかけ、水を張ったタライを用意した。N男は、カメが休めるようにと、レンガをその中に入れ、K夫は砂まみれのカメを、そっとタライに逃がした。2人の様子を見、カメが気持ち良さそうにタライの中で歩き出すのを確認すると、保育者は安心して、それっきりそのことをすっかり忘れていた。

　降園時間が近づき、片づけがすんで、子どもたちが席につき始めたころ、ふと水槽に目をやるとカメがいない。慌てる保育者の様子に気づいて、子どもたちが「先生、どうしたの？」と口々に声をかけてくる。「ごめんね、カメ吉がいなくなっちゃったから、探してきます。みんなは、お帰りの支度をして待っててね」と言って、保育者は大急ぎで靴を履き替え園庭に出た。するとクラスの半数の子どもたちがぞろぞろとついてきた。残りの半数の子どもたちは、入り口のドアや窓から身を乗り出して、その様子を見ている。「一緒に探そうぜ！」「がんばってね〜」などと盛り上がってきたので、"このクラスはこんなにまとまっていたかしら"と保育者は自分の目と

耳を疑った。
　「カメ吉〜、どこにいるの〜？」と草をかき分け、プランターや大きな石を動かして探しまわった。必死な保育者の形相を見て、最初はうれしそうに跳びはねていた子どもたちも、本来の目的に気づき、一生懸命に探し始めた。「先生、いたよ」とＴ美が言うので「どこどこ」とみんなでかけ寄ると、「ほらね」と大きな石を指さしている。「カメ吉に似ているでしょう？」と言うＴ美の表情も、「ほんとう、そっくりだ」「カメ吉じゃない？」と言うまわりの子どもたちも真剣そのものだった。「う〜ん、似ているけど、それはやっぱり石だと思うよ」と保育者は答えた。結局その日は見つからなかった。
　翌日。おはようの挨拶もそこそこに、Ｓ也は水槽にかけ寄った。「やっぱり、帰ってこなかったか……」とつぶやいている。Ｈ太の母が「先生、カメ吉、やっぱり見つからなかったんですね」と話しかけてきた。Ｈ太は、４月に担任が替わったことをまだ受け入れてくれていない様子で登園しており、保育者には必要最低限のことしか話しかけないでいた。カメ吉の話題が食卓にのぼったのかと思うと、少しうれしかった。「先生、今日も探しに行こう」と数人の子どもに交じって、Ｈ太の姿も見えた。張り切って園庭に出た。

（事例／写真：お茶大⁷）

　クラスでカメがいなくなる、というハプニングから始まった事例である。この場面では降園時間が迫っている。保護者の迎えや、ほかのクラスの降園のタイミングとの調整が、どうしても気になるだろう。「慌てる保育者の様子に気づいて」とあるように、実際、この保育者は慌てたのだと思う。

　計画にのらないハプニングのなかで、このように、保育者も一緒に子どもと心を動かす体験をし、相互に表現を受け止め合う場面も貴重な保育の経験である。美しいもの、優れたものと出会うだけでなく、このような驚きや「困った、どうしよう」という状況は、ある意味、新鮮な経験へのチャンスとして前向きに受け止めていくことも求められる。

　「豊かな感性は……心を動かす出来事などに出会い、そこから得た感動を他の幼児や教師と共有し、様々に表現することなどを通して養われる」（幼稚園教育要領第２章「表現」内容の取扱い⑴）とは、このようなハプニングの事例にも当てはまるだろう。慌ててカメを探しに行く先生の様子（表現）を子どもたちの方が受け止めて、「一緒に探そうぜ！」と勇気をみせたり、「がんばってね」と互いに盛り上がってきたりする。保育者の計算を超えて、子どもたちが一大事を共有して、まとまっていく様子が手に取るようにわかる。

　カメを探して歩きながら、カメの形に似た大きな石を指さし「カメ吉に似ているでしょう」というＴ美の言葉に、ほ

かの子どももそんな気がしてきたり、「それはやっぱり石だと思うよ」と保育者も意見を言う。大人の世界では起こりえない「まじめな」会話を、保育者もまっすぐに受け止めている。このような「素朴な形の自己表現」を受容し、「幼児が生活の中で幼児らしい様々な表現を楽しむこと」をしているといえよう。(同、内容の取り扱い(2)参照)

　この探索は、この日では終わらないで続いていく。Ｈ太が幼稚園の生活やクラスになじむきっかけにもなりそうである。引き続きこの事例を見ていこう。

2 協同して取り組む

 事例 5-11　みんなでカメ吉を探そう　　　　　　　　　　　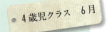 4歳児クラス　6月

　みんなで声を合わせて「カメ吉〜、出ておいで〜」と練り歩く。するとＫ夫が、「ちょっと待って」と、額にうっすら汗をにじませながら、みんなを呼び止めた。「カメ吉は、耳がないんじゃないか？」まわりの子どもたちが、ふと黙り込んだ。何やら考えている様子。するといつの間にか加わっていた隣のクラスのＨ香が「あるよ。あるけど、ちっちゃいんじゃない？」と言う。Ｈ太は「そうだよ。人間には見えないんだ」とはっきり言った。Ｋ夫は「だったら、ちっちゃい耳でも聞こえるように、呼ばないと」と提案した。「そうだそうだ」「みんなでいっしょによぼうよ」「せ〜のっ」「カ・メ・キ・チ〜」

　その日の帰りは、カメ吉の話題でもちきりだった。カメ吉が自分で帰ってきたくなったときのために、地図を描くことになった。クラスがわかるように、入り口に飾りをつけることも決定した。今日一日、保育室にこもって何やら作っていたＹ哉は、みんなに見てほしいといって、画用紙で作ったカメを自分の引き出しから出してきた。顔と手、しっぽを折り曲げると甲羅に隠れて見えなくなる様子を実演して見せた。「すごいね〜」と声があがる。明日も探そうということになる。

　子どもたちの降園後、保育者は画用紙でカメ吉バッジを作った。自分の不注意でカメを逃がしてしまったことへの、子どもたちとカメ吉へのおわびの気持ちである。

　翌々日から子どもたちは、園章の隣にカメ吉バッジをつけて、自主的にカメ吉探しをした。カメ吉失踪のうわさはたちまち幼稚園中に広がり、3歳児の保護者から、カメは赤が好きだという情報をもらった。さっそく赤い紙を園庭に置いてみた。子どもたちはいつの間にか自分たちを「カメ吉探検隊」と呼ぶようになった。隣のクラスでは、子どもが自分でカメを描いて作ったバッジが作られていた。カメの足跡を見つけたといって、地面のリヤカーのタイヤの跡を追う子どもたちもあった。タイヤの跡が消えたところを懸命にシャベルで掘っている。カメは土の中で冬眠するということを図鑑で調べてきたという。今は夏なので、土の中にいるはずはないが、子どもたちの真剣な様子を見ながら、保育者までも、まるでそこからカメ吉が出てくるのではないかと思った。結局、カメ吉は見つからなかった。その後もカメ吉バッジをずっと園章の隣につけて登園してくる子どもたちもあったが、カメ吉探しは、少しずつ下火になっていった。

(事例／写真：お茶大７)

カメ吉がいなくなった日（事例5-10）の翌日からの様子である。

カメ吉を探す、という共通の目的をもって、それぞれがどうすれば見つけられるかを考えていく。行方不明になった当日は、みんなただ捜し歩くのでやっとだったが、時間が経つにつれて、どうすれば見つかるかを考えるようになっていく。

「耳があるのか、ないのか」考えて、呼び声を調節したり、帰るときの手掛かりになるように地図を作った方がいいのではないかと工夫をしたりする姿。感じたり気づいたりしながら、さらに、考え、工夫し、表現するプロセスへの成長過程を見て取ることができる。幼児らしい素朴な思考ではあっても、保育者は上から答えを与えるようなことはしない。子ども自身が主体的に気づき、言葉で伝え合い、判断していくプロセスを大切にする。いわば、これが幼児教育段階で育みたい資質・能力そのものということができよう。

ここで保育者が子どもたちの姿を見守ることができたのは、子どもたちがカメ吉を大切に思う気持ちが保育者に了解されていたからである。「声を出して呼びかけても、耳がなかったら聞こえないんじゃないか」「帰ろうと思っても、幼稚園がどこかわからなかったら、困るだろう」などと話し合う姿を、子どもたち一人一人がそれぞれにカメ吉の立場に立ち、幼児なりに、当事者（カメ）の気持ちに寄り添おうとする心持ちの表現として理解し、保育者がそれを支えるという関係性がある。先生や友達が探しているから何となく一緒にやり始めた子どももいるかもしれないが、そのうち本気になってきて、カメ吉のことを大事に思う気持ちが後で芽生えてきた子どももいるかもしれない。主体性とは、かならずしも自分から率先して始めたことでなくても、まわりの友達と協同する楽しさをあじわうことで発揮されていくことが多い。

クラスに残って、カメ吉探しには直接参加せず、動くカメを思い出して造形表現する仕方で「参加」するY哉のような子もいる。その作品を「すごいね〜」と称賛する友達もいる。感じたことや考えたことを自由に描いたり、作ったりなどし、「友達同士で表現する過程を楽しんだりし、表現する喜びをあじわい、意欲をもつ」姿（幼児期の終わりまでに育ってほしい姿⑽）が見える。一人一人がその子らしい表現を受け止められると、友達の表現も素直に受容できる関係がある。

その場の思いにかられて、何らかの表現をせざるを得なくなるのは、保育者も同様だった。保育者が、カメ吉失踪の責任も感じつつ、カメ吉バッジを作る。そして、それがやがて子どもたちの連帯感のしるしにもなっていく。心に響く体験と表現が、多様に相互に折り重なっている。

―――― この章で学んだこと ――――

● 子どもの表現は、幼児が保育者やほかの子どもと様々なコミュニケーションを交わしながら生まれることが多く、一見、表現とは捉えにくい「まねる」や「見せる」などの行為も、人とつながる喜びを感じながら豊かな表現へとつながる大切な体験であること。

●「友達を受け止める」ことは、領域「人間関係」だけの世界のことではない。困っている友達に共感したり、年齢の下の子どものことを思いやったりすることを通して、自分の表現が相手に届くかどうか試し、通じ合った喜びをばねに新たに表現する意欲が育つこと。

●「話し合う」ということも領域「言葉」だけの問題ではない。友達や教師と共通の世界を生き、どうしようか考えて一緒に行動するときに、子どもたちは心と体を存分に生かして表現を交わし、協同する喜びやおもしろさを体験すること。

第 6 章

保育者が支える表現

―― この章で学ぶこと ――

子どもは自ら環境に関わり、能動的に行動する存在である。
表現とは、子どもの能動性の発揮によって生み出された産物である。
この章では、豊かな表現を支える保育者の役割や援助の実際、環境づくりのポイント、
保護者の理解を得るためのヒントについてまとめた。
日々の遊びや生活のなかにある表現にまなざしを向け、保育者の役割について考えていく。

§1 表現を支える保育者の基本的なあり方

1 子どもが始めたことを大切に受け止める

「子どもの世界をどう見るか：行為とその意味」（NHK ブックス 1987）の中で、津守真は、『子どもの行為の展開の中に、子どもの世界は表現される』『子どもは、その世界を遊びの行為に表現するが、それは子どもが無意識の中で行う創造的作品ともいえる』と述べている。「表現」と聞くと、絵を描いたり歌を歌ったりという表現を指すように思いがちだが、そうではなく、日々の何気ない遊びや生活のなかにある「表現」に目を向けることが大切である。

子どもたちは、身近にあるさまざまなものに関わり遊び出す。以下は2歳児の姿である。

事例 6-1 「ふわふわ だーれだ！」

> 2歳児クラス 10月

保育室の遊具コーナーに、ふわふわの布をたたんで置いておいた。ひとりの子がそれを取り出して頭にかぶった。保育者が「わぁーびっくりした！」と言って笑うと、それを見ておもしろいと思ったのか、同じようにかぶる子どもが出てきた。その様子をまわりの子もじっと見ている。

（事例／写真：お茶大こども園）

ふわふわの布で遊び出した子どもの動きを保育者が受け止め、驚いたりおもしろがったりすると、子どもは満足し、もっと遊ぼうとする。布に包まれた世界のおもしろさをあじわい存分に遊ぶ。引っ張ったりかぶったり、マントのようにしたりスカートのようにしたりして身につけたりし始める。ふわふわの布の感触をあじわい、特性を理解したうえで遊びのなかに取り込んでいく。とはいえ、みんなが布をかぶるわけではない。友達の様子をじっと見ている子どももいる。見ることで感じ取っている。

次に挙げる事例は、なりきり遊びの事例である。何かになりきって遊ぶ姿は、表現を楽しむ行為の始まりに位置すると考えられる。

事例 6-2 「おかあさんなの」

2歳児クラス 10月

ままごとコーナーには、エプロンや三角布がいつでも使えるように置いてある。R児は、「おかあさんになる」と言って三角布を自分でかぶり、エプロンも手に取る。自分でひもを結ぼうとしているので、「わぁ、おかあさんみたいね」と声をかけるとうれしそうに近づいてきた。保育者がエプロンのひもを結わくと、これでよし！という顔になり、ご飯をよそい始める。そばにいたA児たちに、「ごはんよ」と呼びかけ、おうちごっこが始まった。

（事例／写真：お茶大こども園）

お母さんは、子どもにとって最も身近な人であり、その人になるということは、喜びを伴う表現遊びとも考えられる。保育者は、R児の思いを受け止め、エプロンのひもを結わきながら、「おかあさん、がんばってね」と期待を伝えたり、「夕ご飯を作っているのね」と声をかけたりしている。その保育者の言葉によって、R児は、お母さんというイメージをより確かなものにしている。

子どもたちのなりたい気持ちが満足できるように、ままごとコーナーには、エプロンや三角布、おぶいひもが用意されている。子どもの気持ちを揺り動かす遊具や道具との出会いと、子どもが始めたことを大切に支える援助とが重なったとき、表現が生まれていく。子どもの興味や関心は、日々変化していく。何を、どのように用意していくかは、子どもをよく見ることで決まってくる。子どもが始めたことを大切に受け止め支え、広げていく援助である。

2 共に感じ、共に楽しむ人として関わる

　子どもたちは身のまわりにあるものやこと、人との出会いのなかで、さまざまなことを感じ取っている。子どものすぐそばにいる保育者は、子どもと共にさまざまなものやこと、人と出会い、子どもが感じるように感じ、ゆっくりその状況を楽しむ人でありたい。保育者のこのようなあり方が、子どもの「感じる」力を育てていく雨上がりの事例である。

事例 6-3 「何かいるみたい」　　　● 3歳児クラス　11月

　雨が上がったので散歩に出かけた。道中、大きな水たまりを見つけて、子どもたちの歩みが止まった。「大きいねえ」「海みたい」といろいろな声が上がる。だれかが「あれ、何かいるみたい」と言った。「え?」「どこ?」と次々に子どもたちが水たまりの中をのぞき込み始めた。保育者も一緒にしゃがみこんで見つめる。じっと見ている保育者の背中にもたれかかるようにしている子どももいる。

　水たまりのところでしばらく過ごすことにすると、見つけてきた落ち葉をそっと浮かべながら、「あめふりくまのこ」の歌を口ずさむ姿が見られた。長い棒を見つけてきて、水たまりの中に入れている子どもたちは「釣りしてるんだよ」と言っていた。

（事例／写真：お茶大こども園）

　自然との出会いは、子どもたちの心を揺さぶる。雨上がりにできた大きな水たまりは、子どもたちの心を引きつけてやまなかった。子どもたちが歩みを止めたときに、保育者もまた歩みを止め、静かな興味を示しながらその場にい続ければ、子どもたちが見ていることが見

えてくるだろう。共に感じ共に楽しむ人として、その場にいるようにしたい。

　大きな水たまりから子どもたちが感じ取ることは、どのようなことだろうか。レッジョ・エミリアの幼児教育の理論的リーダーであるローリス・マラグッツィは、水たまりと子どもとの出会いのなかに潜む可能性について次のように述べている。

　「雨が上がり、水たまりを残していったとき、幸いなことに地面のくぼみとわずかばかりの陽射しという素晴らしい宝もののおかげで、子どもたちは、大きな喜びに包まれる。もしも、大人が邪魔せずに、ゲームを楽しむなら、水たまりは、そのとき、子どもたちが観察する宇宙となる。」(『子どもたちの100の言葉ーレッジョ・エミリア市の幼児教育』世織書房、2001年、p①)

　レッジョでは、この考えに立ち「水たまりの知性」という魅力的な実践を展開している。

　子どもが出会うもの、子どもが興味をもつものには、豊かな意味がある。そのことを深く自覚し、子どもの探究を止めずに、子どもが見ている世界を同じような気持ちで感じ楽しむ保育者でありたいと思う。

3 さまざまな表現に興味や関心があり、表現の楽しさを知っている

　保育者が音楽や造形などの表現技術や指導技術を有していることは、子どもたちの体験を保障するうえで、極めて重要な要件である。子どもたちは、さまざまな経験を通して成長していく。総合的な経験を通して育つ幼児期には、多様な経験をすることが大切である。ところが指導技術に不安をもつ保育者は、その技術を要する活動を避けがちになることがある。たとえば、ピアノ伴奏に自信がない保育者のクラスからは、歌声があまり聴こえてこないというような残念な例がある。保育者には、基本的な表現技術やその指導技術が備わっていることが必要である。そのために、日々練習を行うことが必要であり、初心者は学生の時代に十分に学習しておくことが大切である。

　ただ、忘れてはならないことは、ここで求められているのは表現技術の高さだけではないということである。もちろん高い技術を有することはよいことであるが、それと同じくらいに大切なこととして、表現の楽しさを知っていること、表現に対して興味をもち何でもやってみようとする姿勢をもっていることだと考える。

　子どもたちの生活は、初めての体験に満ちている。さまざまな表現方法とも出会うのである。その出会いに際して、専門家の力を借りることもあるだろう。そのようなときに、子どもと同じように目を輝かせて専門家の技に見入る保育者、子どもと同じような気持ちでやってみようとする保育者、表現の喜びを素直に表す保育者の存在が、子どもたちの体験をいっそう豊かなものにしていくのである。

　「楽しい」という気持ちを根本に置きながら、子どもたちに活動を投げかけていく保育者の指導は、子どもの心を揺り動かす力をもっている。保育者自身が表現の楽しさを感じ取るようになるためのポイントを次頁にまとめてみよう。

表現の楽しさを感じるようになるために

●**何でもやってみようとする**

　新しいことに挑戦しようとする、おもしろそうだなと思ったらとにかくやってみる、このような姿勢をもち、生き生きと体験する姿勢がとても大切である。子どもたちが日々体験している感覚を知ることができ、さらに自分自身の感性を磨くことができる。

木を磨くワークショップに参加

●**得意技を出し合い、学び合う**

　人はみな個性があり、多様な得意技を身につけている。その得意技を惜しみなく発揮するようにしよう。また、相手の得意技に興味をもち学ぶ姿勢をもつと、自分の能力向上につながる。

出し物の名人

●**表現に対してのアンテナを高くする**

　美術館に行く、コンサートに行く、演劇を観る、落語を聞く、表現のワークショップに参加する、テレビの特集番組を見る、美味しいものを食べるなど、豊かな時間をもつようにしよう。プライベートな時間の過ごし方のなかにも、保育者としての資質向上につながることが多くある。保育者ならではの、資質向上の仕方である。

体験型アート展に参加

●**自分はなかなかいい！と思う**

　表現の根本にあるのは、自己肯定感である。表現する子どものそばにいる保育者が「自分は表現が好き！」「自分はなかなかいい！」と思っていることが、豊かな表現に影響を与えることとなる。

先生も生き生き表現

（事例／写真：お茶大こども園）

§2 豊かな表現を支える援助や環境について

1 子どもの姿を丹念に捉えることから始める

　夢中になって遊ぶ子どもたちと過ごしていると、行為の一つ一つにその子の「今」が込められていると感じる。保育者がまずすべきことは、「子どもがしていること」あるいは「子どもがしようとしていること」に目を留めることである。

　子どもが何かを夢中になって行っているとき、場にはエネルギーが満ち、笑い声がはじけている。そのような姿を見逃さず、共に楽しみ、さらに取り組めるように支えていくようにしたい。子どもの姿を丹念に捉えることで見えてきたことと、子どもの姿を支えている援助について、いくつかを紹介しよう

事例 6-4　0歳児の姿　　　● 0歳児クラス

▶ おもちゃのコーナーには、いろいろなものが置いてある。その場に近づき、何かを手に取る。大小のカップが重なっているのを見つけて、一つ一つ出していく。最後に残った大きなカップを転がしている。気がついたら、足にかぶせていた。

▶ 小さな車を指先で押している。段差のところを通るとき、車が「カタッ」と音を立てる。そのことに気づいて、段差の部分になるとゆっくり車を押して「カタッ」と鳴らし、保育者の顔を見る。

▶ 袋の中におもちゃを入れようとする。口をとがらせて、夢中になってそのことをしている。ずいぶん時間をかけて入れ終わると、それを持つ。うまく持てないと、肩に担ぐようにして持ち上げ歩き出す。

（事例/写真：お茶大こども園）

🟧 **0歳児の援助のポイント**

▶ 0歳児の3つの姿に共通しているのは、身のまわりのものに自分から関わっていることである。子どもたちは、自分のすぐそばにあるものに自分から手を伸ばし、繰り返し関わる。関わることで、そのものが思いがけず転がったり音を出したりすることに気づき、またやってみようとする。思わず手を伸ばしたくなる環境があることが大切である。

▶ 自分から関わりさまざまに感じ取っていることを受け止め、子どもたちの動きを止めずに、見守り支える保育者の援助が、子どもたちの支えとなっている。

事例 **6-5** 1歳児の姿　　　　　● 1歳児クラス

▶「もういいかい」「まあだだよ」とかくれんぼっこを楽しむようになった子どもたち。「かくれんぼね」と声をかけると、みんなしゃがんで、みんなで目をつぶった。「もういいかい」「まあだだよ」と言うことを楽しんでいる。

▶ ブロックを組み合わせていろいろなものを作って遊んでいる。長くつないだり四角にしたりしていたが、この日はたくさんつなげて大きな面ができた。そこに持ち手のようなものをつけたら、傘のようになった。同じようなものができたので、一緒に持ち上げて笑っている。

（事例/写真：お茶大こども園）

🟧 **1歳児の援助のポイント**

▶ 同じ言葉を唱えたり、同じものを持ったりすることで、子どもたちは「一緒」という気持ちをあじわっている。目をつぶることで「かくれている」気持ちになり、手にモノを持ち、上にあげることで「傘をさしている」という気持ちになっている。子どもたちがどこに楽しさを感じているのかがわかることが、援助の出発点である。

▶ 夢中になって遊んでいる子どもの姿をよく見て、子どもが楽しんでいることが何なのかを察知し、「それが楽しいのね」と受け止めて笑顔で見守ったり、共に楽しんだりする保育者の関わりが大切である。笑顔の保育者のまわりには、自然に子どもたちが集まってくる。子どもたちは、保育者の言葉以上に保育者の表情から多くのことを受け取っている。

| 事例 6-6 | 2歳児の姿 |

2歳児クラス

▶ 最近弟が生まれてお兄ちゃんになったばかりのA児がお母さんごっこを始めた。ぬいぐるみをひとつおぶいひもで背負い、さらに手にはふたつのぬいぐるみを持ち、保育者に、「ミルクある？」と聞いてきた。保育者が白い水の入ったペットボトルを渡すと、持っていたうちのひとつのぬいぐるみを絨毯の上に寝かせて「まっててね。いまあげるからね」とやさしく語りかける。もうひとつのぬいぐるみに手に持っているミルク（ペットボトルの白い水）を飲ませてあげる。寝かせていたぬいぐるみと順番に入れ替えて、どのぬいぐるみにもミルクをあげている。

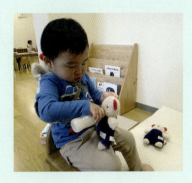

▶ 休日に家族と一緒に水族館に行ってきたT児。数日後、園庭で遊んでいた時に、地面にシャベルで跡をつけ始めた。保育者がそばにいくと「サメ」と言う。「そう、サメなの」と保育者が答えると、力強くシャベルを動かし、跡をつけていく。「これクジラ」「これはにこにこのサメ」と言いながら、次々に描いている。

（事例／写真：お茶大こども園）

2歳児の援助のポイント

▶ 2歳児になり、子どもたちは、よりリアルに自分の体験を再現するようになってきた。お兄ちゃんになったばかりのA児は、家で母親が赤ちゃんにミルクをあげたりおむつを替えたりしている様子を見ているのだろう。その動きを細かなところまで再現している。新生児である弟にミルクをあげることは現実としては不可能だろう。その願いを遊びのなかで実現できたことでA児が満足感を抱いたと思われる。

▶ A児の遊びを支えているのは、おぶいひもや人形、ミルクに見立てられる白い液体入りペットボトルである。イメージを喚起する遊具や道具があることで豊かな遊びが引き出されていく。

▶ T児は、水族館に行って見てきたことを砂に描くことで保育者に伝えている。T児がそのようなことをしたことは初めてだったという。それほどに水族館に行ったことがT児の心に深く残っていたことがうかがえる。T児が表現しようとしていることをしっかり受け止めている保育者の関わりが大切である。子どもがしていることや、しようとしていることをわかろうとする保育者のあり方が子どもの育ちのカギを握っている。

事例 6-7　3歳児の姿

● 3歳児クラス

▶ 秋になるとドングリを持って登園してくる子どもが多くなる。保育室の中に共通の「どんぐり箱」を置いておくようにすると、みんなの関心が集まり、いろいろなドングリが集まり出す。そうやっているうちにドングリが箱にいっぱいになった。子どもたちは、ドングリがたくさん入った箱の中に手を入れてザクザクした感触をあじわっている。「ドングリで遊べるね」という声が出てきた。

▶ 作ることが大好きなM児は毎日いろいろなものを作って遊んでいる。この日は折り紙を折ってリボンを作った。できあがったリボンを髪に飾りたいと思いつき、保育者に「つけたい」言ってきた。保育者が「どの位置がいいの？」とたずねると、「ここ！」と頭の横のところを指さす。保育者はM児を鏡のところに誘い、位置を確かめながらリボンをつける手伝いをする。その様子を友達が見ている。

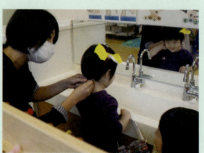

（事例／写真：お茶大こども園）

3歳児の援助のポイント

▶ 休日にドングリを集めて、それを園に持ってくるという行為は、子どもたちが積極的に環境に関わり、遊びをつくり出そうとしている姿である。秋になると木の実や落ち葉など、この季節ならではの自然物との出会いがある。出会いに対して敏感な気持ちを育むのは、同じように関心をもつ保育者の関わりである。

▶ 自然物に触れることで、色合いや感触、形のおもしろさなどを感じることができる。ドングリなどを保育室内に集めて置くコーナーがあると、子どもたちはさらに興味をもつようになる。小分けできるカップなどを用意しておくと、形や大きさに着目して分ける動きも出てくる。分類のおもしろさに広がっていく。

▶ 作りたいもののイメージをもち、それを実現させていく遊びのなかで、子どもは表現する喜びをあじわっていく。それは、場やものに積極的に関わり遊びを広げている姿である。一人一人の動きや思いにまなざしを向け、自分らしいアプローチを楽しめるよう支えていくことが大切である。

事例 6-8　4歳児の姿

● 4歳児クラス

▶ 固形石鹸をおろし金で削って粉にし、そこに水を加えて泡を作る遊びが大流行する。かき混ぜるリズムに合わせながら「あわあわあわ〜」と口ずさむ。白くてかたい泡を作ることを繰り返し楽しんだ子どもたちは、そこに色をつけることを楽しみ始めた。「わあ、きれい」「こんな色になったよ」と変化をあじわっている。

▶ ブロックを組み立てて遊んでいた子どもたち。この日はカプラが、その遊びのなかに加わった。ブロックで恐竜を作り、その恐竜がいる世界をカプラで作っていく。「ここに橋があるんだよね」「人が歩いているよ」「もっと長くしよう」と話しながら、どんどん長くしていく。

（事例／写真：お茶大こども園）

4歳児の援助のポイント

▶ 固形石鹸をおろし金で粉にして泡を作る遊びでは、水の分量や泡立て方により、子どもたちが泡の状態が変わっていくことにおもしろさをあじわっている。保育者は、材料や道具と、じっくり取り組むことができる場所を用意する。きっかけとして使い方などは伝えるが、その後の取り組みは子どもたちに任せていく。試行錯誤しながらの泡作りを支えているのは、そのような援助である。

▶ ブロックとカプラを合わせて場をつくるなど、子どもたちは複数のものを組み合わせて遊びをつくり出すようになってきている。繰り返し遊ぶなかで、そのものの特性や魅力を理解し、それを生かして遊んでいる。遊び込むことから豊かな遊びが生まれる。

▶ 泡作りもカプラの遊びも、友達と一緒に行っているからこそ遊びが深まっている。「こうすればいいよ」とコツを伝えたり、「きれいだね」「すごいね」と喜びや感動を共有したりしている。このような姿を大切に受け止めていきたい。

▶ ものへの関わりが深くなっていくこの時期には、大きな集団よりも3〜5人位の仲間でじっくり遊ぶことを大切にしたい。自分の思いを出し、相手の思いにも気づきながら自分たちの遊びを進める経験を積み重ねていきたい。

事例 6-9　5歳児の姿

● 5歳児クラス

▶ 仲間が集まり、自分たちで話をつくって人形劇をしよう、ということになる。「チョウのお話にいたい」「王様のチョウがいて、病気になるっていうのはどう？」と遊びながら話ができていく。S児は「王様が薬を飲むとよくなるんだよね」と言って、紙で小さな薬ビンを作り、それを羽につける。「はじめは持っていないんだよね」と友達から言われると、少し考えて「じゃあ、はじめは中に折り曲げておこう」と言って、セロハンテープで張り付ける。

▶ うちわ作りのために、マーブリングをする。場を整え、やり方を説明すると、自分たちで準備をして始められるようになった。ひとりずつ順番にやっていく。何色にするか、どの場所に色を落とすかは、本人に任されている。次の番を待っている友達が、息をのんで見守っている。「わ、きれい！」とつぶやきがもれる。友達がやってみる様子をゆっくり見ている。急がせる人はいない。

（事例／写真：お茶大こども園）

5歳児の援助のポイント

▶ 友達同士でイメージを出し合いながら、「自分たちの表現」を楽しめるようになってきた。子どもたちが自分のイメージを出している姿を見逃さず受け止めたり、友達のイメージに気づけるようにつないでいく援助を心がけると、次第に、子どもたちのなかで豊かな表現遊びが広がっていくようになる。

▶ ここでいう「自分たちの表現」とは、形にとらわれない自由なものを指す。その子どもたちにとって意味をもつものである。何を表現しようとしているのかを、評価する目ではなく理解する目で見ていく援助が、それぞれの「自分たちの表現」を引き出していく。

▶ マーブリングのような手法に出会うことは、子どもたちの心を引きつける。美しさや不思議さをあじわう瞬間である。場を整え、できるかぎり全過程を子どもたちの手で進められるようにすると、主体的な遊びになり、豊かな体験になっていく。

▶ 子どもたちが作ったものが生活のなかで活用されることは、子どもたちの喜びになる。自分のしたことが大切にされていることを実感し、表現への意欲につながる。そのために、美しさの実現につながる技法や材料に配慮していきたい。

2 豊かな感性を育む環境をつくり、共に感じ楽しむ

(1) 美への意識をもち、環境づくりに心を傾ける

　保育室の環境を整えるのは保育者である。保育者の感性（光・色・音・感触・高さ・バランス等への）が重要なものとなる。保育室に置く遊具や道具の色調をそろえること、材質に配慮し子どもが触れて心地よいと感じられるものを選ぶことなど、居心地のよい環境を設定するために配慮すべきことは多い。

　とくに0歳児～2歳児の子どもたちの環境では、子どもが喜ぶのではという考えから、大きな人形を配置したり、色鮮やかな絵を飾ったりしがちである。しかし、色の洪水のような状態になり、落ち着かない雰囲気のなかで小さな子どもたちが過ごすことになってしまっている。子どもたちが過ごすべきなのは、穏やかで温かみのある美しい環境なのである。

美的な環境をつくるためのポイント

▶ 遊具を入れるカゴや家具は、木製や白を基調としたものにすることで、室内環境の色調に落ち着きが生まれる。遊具等の色はアクセントとなるが、基本の色調を落ち着いたものにすることで色の洪水にならずにすむ。保育室の環境は、保育者のセンスが問われる。

▶ 子どもの作品が生きるような飾り方を工夫しよう。右の写真は、大きな和紙にスポンジやスポイトで採色した作品を天井に飾ったものである。光を通して、色の美しさが浮き出ている。まわりの壁はシンプルな状態にしておくことで、美しさが際立つ。

▶ 園内環境は、常に清潔さを保ち落ち着いた雰囲気を大切にしたい。保育者の美的感覚を磨くためには、デザイン雑誌やインテリア雑誌、子育て誌を見たり、ディスプレイや美術館の展示を見たりすることが効果的である。

▶ 季節感は、季節の花や玩具、民芸品を飾って醸し出す。本物を飾ることを心がけよう。

月	例	月	例
1月	門松など正月飾り、凧、羽子板、獅子頭	7月	七夕飾り、うちわ
2月	鬼の面、フクジュソウ、雪柳	8月	風鈴、朝顔、ホオズキ
3月	ひな人形、桃の花、サクラソウ	9月	ススキ、お月見のお供え、スズムシ
4月	菜の花、チューリップ、つくし	10月	さまざまな形のドングリ、サツマイモ
5月	こいのぼり、五月人形、菖蒲	11月	落ち葉、干し柿、木の実
6月	さまざまな種類のアジサイ	12月	手作りリース、クリスマス飾り

（2）「触ってごらん」「ここで遊んだら」と呼びかける環境をつくる

　子どもたちは、場からさまざまなことを感じ取り遊びを生み出していく。園舎、園庭のいたるところが子どもたちにとっての遊び場となる。子どもたちが好んで遊び場にする場所を見ていくと、入り組んだくぼみ、廊下の突き当たり、薄暗かったり木漏れ日が差し込んでいたりする場所、全体が見渡せる場所など特色のある空間であることに気づく。子どもたちは、場の特色を敏感に感じ取り、その場所ならではの遊びをつくり出している。次に紹介するのは、陽の光が差し込む場所で始まった遊びである。

事例 6-10　影に気づく　　　　　　　　　　　　　　4歳児クラス　10月

　光の差す窓辺で、子どもたちが影に気づいた。細長く仕切られたコーナーのような場所なので、気づいたことをゆっくり確かめることができる。手前の子どもたちは、影を机の上に映して遊んでいる。奥の子どもたちは、カーテンの中に入り込んだ子が影をつくり、外側にいる子がそれを見ている。同じ光を使った遊びだが、それぞれに違う展開になっている。

（事例／写真：お茶大こども園）

　光が差し込むという特色を生かして遊びを楽しんでいる。この場所ならではの遊びである。園舎の特色から予想された遊びであり、十分体験させたい遊びであった。p.153の事例6-13でも紹介しているように、この後、子どもたちはいろいろな試しをしていく。場の特色から引き起こされた遊びを大切につなぎ深めていくことが大切だと考える。

関わりたくなる環境をつくるためのポイント

▶ 押入れの下のような、もぐり込める小さな空間を子どもは好む。そのような場に入り込み身を寄せ合うなかで、やりたいことが生まれてくる。このような場所を拠点として豊かなイメージの遊びが繰り広げられる。大きな段ボール箱を活用したり、室内のくぼみを生かしたりなど園の環境に合わせてつくってみるようにしよう。

▶ 小さな衝立や柵、絨毯やゴザ等があると、自分たちで組み合わせて場をつくることができる。自分たちで場をつくる道具があることで、豊かな遊びが始まっていく。戸外遊びでも、可動式のベンチやテーブルなどがあると、それを使ってイメージ豊かに遊びが展開される。

▶ 明るい場所と薄暗い場所、広々とした場所と囲われた狭い場所、高い場所と低い場所など、対照的な場所があることが望ましい。その場の特色を捉えたうえで、活動に合わせた場所を選ぶようにする。戸外で絵の具遊びをするときなどは、少し囲われた落ち着ける場所を

選ぶ。フィンガー・ペインティングのような開放的な遊びをするときは、明るい広々とした場所で行うなど。保育者自身が、場の雰囲気に敏感になることが第一である。

(3) 自然のなかに入り込み触れ合える環境を大切にする

子どもたちの心が開放されたとき、のびやかな表現が生まれる。戸外で、風に吹かれたり石や木の葉、木の枝などを拾ったり、茂みに分け入ったりして遊ぶなかで、子どもたちはさまざまなことを感じ取り、遊びに取り込んでいく。それらの体験は、子どもたちの心の奥深くに残りため込まれていく。自然のなかで豊かな表現を楽しむためには、ある程度の時間をそこで過ごす必要がある。そのようにして過ごす生活を重ねていると、子どもたちは自然物を取り入れて、遊びをつくり出すようになっていく。

事例 6-11　「ぼくが、おイモになるね」　2歳児クラス　11月

散歩の途中、広場で遊んでいると落ち葉集めが始まった。「ほら、こんなに」「もっとあるよ」と、次々に落ち葉を集めてくる子どもたち。はじめは数枚の落ち葉だったのが、あっという間に小さな山のようになった。落ち葉の山ができると「おイモやきたいね」という声が出てきた。すると、その声をきいてK児が「じゃあ、ぼくがおイモになるよ」と言って、落ち葉の山の上に寝転がった。ほかの子どもたちは、びっくりした顔になったが、K児がうれしそうにおイモになっているのを見て「おイモだ、おイモだ」と言い、K児の上に落ち葉をかけ始めた。

（事例／写真：お茶大こども園）

事例6-11のなかで自分がおイモになると言ったK児は、このころ友達とうまく遊べない日が続いていた。自分の思いを強く出しすぎて友達とぶつかりやすかったのだ。それが、この日「イモになる」という役割を担ったことで、友達と楽しく遊ぶ時間がもてた。自分の体に落ち葉がかけられていく心地よさも感じながらK児の心がほぐれていくのを感じた。

自然のなかに入り込み触れ合える環境をつくるためのポイント

▶拾った枝を杖にする、大きな葉っぱでお面を作るなど、自然物を遊びに取り込むことで子どもたちがイメージの広がりを実感できる。このような姿が出てくるためには、子どもたちが自由に触れることができる環境があることと、子どもに任された時間が必要となる。

▶実や葉、枝など、集めた自然物は、種類別に分けてカゴなどに入れて保育室に飾るようにする。集めてみると、色合いや質感の違いに気づくことがある。また、時間の経過とともに変化する様子も見て感じ取ることを大切にしたい。

3 心が動き表現する喜びをあじわえる活動を創り上げる

（1）没頭と共鳴の両方を大切に

　表現は個のものである。自分自身を表していく表現において、表現は自己との対話だともいえる。と同時に、表現は集団のものであるということもいえるように思う。没頭して表現する子の姿がほかの子の刺激となり、共鳴し合うことで表現の楽しさが広がり、さらに豊かな表現が生まれていくことがある。豊かな表現が広がるときに喜びの多い保育が生まれるのは、このような楽しさの共鳴が起こっているからではないか、と思う。没頭と共鳴の両方を大切にする環境や援助を工夫していきたい。

事例 6-12　いろいろな取り組み　●3・4歳児クラス　12月

　年末が近づいたころに水墨画用の墨液を使って墨絵遊びを楽しめるコーナーを作った。濃淡2種類の液を用意し、薄めの液には太い筆、濃いめの液には細い筆を入れておいた。床にブルーシートを広く敷きつめ、のびのびと描けるようにした。和紙も短いものと長いものを用意し、子どもが選べるようにした。

（事例／写真：お茶大こども園）

　「知ってる！」「書初めっていうのでしょ」という声があがる。「ほら、こうやって、やっていいのよ」と墨のにじみを楽しむ動きを保育者がやってみせると、「やりたい！」という声があがった。

　1枚の紙にじっくり向かい合う姿もあれば、友達と一緒にやりながら「○○みたい」「こっちも！」「ぼわん、ぼわん」と感じたことを言って楽しむ姿も見られた。

　墨と出会い思い思いに筆を走らせていく活動は、子どもたちの心をすぐに捉えた。一人一人に濃淡の墨液を入れた容器があることで、一人一人の集中が高まっていった。個人用の短い和紙と、数人で一緒に書ける長い和紙の2種類を用意したことで、気持ちに応じて取り組めるようになった。ふたりで一緒に笑いながら取り組んでいる雰囲気が、楽しさとして場のなかに広がっていった。その姿に誘われるようにして取り組み出す子どももいた。心が動いて、活動が始まるために必要な要素だと思われた。

> 没頭と共鳴の両方を引き出す援助や環境設定のポイント

▶ 子どものやりたいという気持ちを引き起こすような導入と、取り組みを支えるための広さがある環境が必要である。ひとりにひとつずつ墨液入り容器があることで、自分の一番使いやすい位置に容器を置くことができ、描きやすさにつながっている。伸びやかな表現を引き出すためには、用具を十分用意することが必要である。

▶ ひとりで集中して取り組みたい子もいれば、楽しさを響き合わせ楽しみながら取り組む子どもたちもいる。表現の根本にあるのは、自由感であり、どのような取り組みも大切にしたい。それぞれの動きを受け止め、大切にしつつ、それぞれの動きが互いを邪魔しないように調整していくことで、安定した雰囲気になっていく。

（2）変化や美しさ、不思議さを感じ取ることができるように

　子どもたちは、遊びのなかで多様なものと出会い、存分に関わることを通して、そのものを自分のなかに取り込んでいく。園庭で見つけた葉を、細かくちぎったり、すりこ木で擦ったりしながら色水を作っている子どもたちがいた。子どもたちは、水が少しずつ緑になっていくことや、葉の匂いがほのかに香ったりすることに気づく。手を加えることで見えてくるかすかな世界に出会っている。このように、日々の生活のなかで自ら関わり感じ取る体験によって、表現のもととなる感じる心が育まれていくと考える。

事例 6-13　影に色がついたよ

● 4歳児クラス　2月

　窓からの陽光を受けて、きれいに影が映ることに気づいた子どもたちは、いろいろなものを置いて、影がどのようになるかを確かめている。ブロックで作ったキリンに陽が当たり、くっきりと影が映った。ブロックの首の長さと影の長さを比べてみて「わぁ、首がのびた！」と発見を伝えている。色のついたペットボトルや透明のおはじきを持ってきてどのように映るかやってみる。「こっちはどうかな」「わぁ、きれいだね」と発見を伝え合っている。

（事例／写真：お茶大こども園）

光が当たることで影ができる。そのことに気づいた子どもたちは、しばらく影に見入っている。光の当たり具合によって影の長さが変わることにも気づき、さらにものによって、影の状況が変わることにも気づいていく。身近にあるものを持ってきて、これはどのような影になるだろうか、と試す姿も出てくる。予想通りだったり予想を超える状況が生じたり、そのたびごとに、発見を言葉にしている。気づく、感じる、試す、伝える、という行動が、美しいもの、不思議なものとの出会いから引き出されている。

事例 6-14　「あ！　形が写ったよ！」　　5歳児クラス　6月

園で育てた藍の葉を積んで、たたき染めをした。4歳児のときにもやってみたがそのときは、初めてだったこともあり、あまりきれいには形が出せなかった。

5歳児になり、再度挑戦。藍の葉を布に挟み上から金づちでトントンとたたく。力の入れ加減がわかってきたのか、葉の形がきれいに写し出された。「この葉っぱでもやってみよう」とカタバミやシソなどでもやってみている。

（事例／写真：お茶大こども園）

たたき染めは、トントンとたたくことで葉の形が写し出されてくる。自分の手で行っていることの成果がすぐに確認でき、子どもたちの興味を引きつけた。しかし、たたき方にはコツがあり、4歳児のときには、「きれいに葉の形を写し出す」ところまではいかなかった。それが、5歳児になり、金づちでたたく力の加減がわかってきて、きれいに写し出せるようになった。そのときの喜びは大きく、もっと違う葉でもやってみよう、という動きが出てきた。美しさや不思議さとの出会いにおいては、そのものをもっとよくあじわうためには、技術を要するものもある。困難さも伴うことで、さらにやってみたいという気持ちが引き出されていくのである。

美しいものや不思議なものを見つけて喜ぶ子どもを支える援助のポイント

▶日常生活のなかで、子どもたちはよく立ち止まったりのぞき込んだりする。それは、美しいものや不思議なものを見つけたときが多い。そのようなとき、子どもたちは自分の見つけたことを保育者に伝えに来る。そのときの受け止め方が大切になる。子どもが見つけたものを子どもと同じ目線で見つめる。子どもが説明してくれる言葉をゆっくり聞く。そして、「きれいだね」「不思議だね」と感じたことを言葉にする。そのような関わりによって、子どもたちの美しいもの、不思議なものに対する興味や関心は支えられていく。

▶ 影のおもしろさに気づき、いろいろなもので試してみよう、という動きが出てきたときには、色のついたペットボトルやおはじき、ビー玉など、気づきが広がりそうなものを用意しておくことも必要である。ただ、子どもたちが発見していく過程が大切なので、保育者が「これはどうかな？」と提案してしまうのではなく、子どもの気づきを待つようにしたい。

▶ たたき染めでは、金づちがあることで、葉がくっきりと写し出された。道具を効果的に使うことで、さまざまな発見が生まれ、表現の喜びをあじわうことができる。その際に、子どもが扱うのに適した道具を適当な数用意するようにしたい。また、道具を使い始めるときには、使い方について説明しておくことも必要である。道具置き場を用意し、使い終わったらそこにしまうということを徹底するようにしていく必要がある。

（3）本物との出会いを大切にして

生活のなかに文化があり豊かな表現がある。地域に開かれた教育を行うことで、豊かな地域の人材と出会い、本物の表現や文化をあじわうことにつながる。幼児期は、さまざまな体験を通して心を豊かに耕していく時期である。本物との出会いを大切にしていきたい。

本物との出会いを楽しめるためには、集中して出会える環境が必要になる。また、事前に子どもたちの関心が高まるような導入を工夫したい。当日の構成については、保育者も意見を出し、子どもたちが興味をもちやすく集中が保てる内容に配慮したい。

表現の専門家の方に保育に加わっていただき、子どもたちが体験している様子を見ることは、保育を学ぶ機会になる。

事例 6-15　「すてきな音楽会」　3〜5歳児クラス　2月

大学で音楽を学んでいる学生たちが、子どもたちに演奏を聴かせに来園してくれた。1〜2歳児のクラスでは、マラカスなどを使い子どもたちもリズムに合わせて体を動かしながら楽しめる構成だった。3〜5歳児のクラスでは、演奏会のような形に会場を作り、本格的な演奏を楽しんだ。保護者にもお知らせし自由に参観できるようにした。

バイオリンやマリンバなどの音色に、聴き入っている子どもたちの姿が印象的だった。

（事例／写真：お茶大こども園）

次の事例は、舞踊の専門家に保育に加わってもらったときのことである。

> ### 事例 6-16 「ヘビが木にのぼってくる！」
>
> ● 2歳児クラス　5月
>
> 　大学で舞踏の研究や実践をしているTさんが、子どもたちと表現遊びをしている。時々、園を訪れて、子どもたちとの楽しい時間をもっているので、子どもたちはTさんを見つけると、うれしそうに集まってくる。表現遊びのために編集された音楽をかけながら、動物になる表現を楽しみ始めた。
> 　弾むような音楽が流れると、ピョンピョンとジャンプする動きが出る。Tさんはその動きを見て「ウサギかな」と声をかけて、動きを共に楽しむ。這うような感じがする音楽では、すぐにヘビの動きが出てみんなの動きになる。這う動きを楽しんでいると、Tさんは「ヘビさんが木に登る」と言って、体をくねらせながら上に身を起こし、「ヘビさんが木から落ちた」と言って、床にパタッと落ちる動きを繰り返す。
>
>
> （事例/写真：お茶大こども園）

　ヘビになって床を這う動きをしている子どもたちに、「ヘビが木に登っていく！」と投げかけながら体をくねらせるという展開は、予想外だった。驚きながら見ていると、子どもたちの体がさらに伸びやかに動き出していった。Tさんは、自分自身の体の動きの豊かさと、イメージを広げる音楽と、子どもの動きを受け止めつつ、時に動きの幅を広げる言葉かけにより、豊かな表現の体験を提供していた。表現遊びの可能性を学ぶ貴重な機会だった。

> ### 事例 6-17 しめ縄作り
>
> ● 親子活動　12月
>
> 　しめ縄作りができる知人を講師として招き、保護者の自由参加の活動として、しめ縄作りを計画した。子どもたちには、藁を足で踏み、柔らかくすることを投げかけた。藁を見ることも初めてという子どもも多かったが、楽しみながら踏んでいる。
> 　藁の束を足の指の間にはさみ、縄をなうという作業はなかなか難しい。しめ縄を作る様子をじっと見ているう
>
>

（事例/写真：お茶大こども園）

ちに、自分でもやりたい、という気持ちになる。少しずつやってみて、形ができていくのを喜ぶ。保護者も初めての体験なので、やり方を教えられながら夢中になって取り組んでいる。

縄をない、輪の形になったら、そこに松ぼっくりや小さな花、折り紙で作ったツルなどを飾っていく。飾りつけのところは、それぞれに工夫しながら取り組めて、楽しさが広がる。できあがったものは、お土産として家にもって帰ることにする。「今年は手作りの飾りができてうれしい」という声が保護者からあがる。

（事例／写真：お茶大こども園）

しめ縄を作るという体験は、子どもたちや保護者にとっても、また保育者にとっても新しい体験だった。お正月飾りを自分の手で作るということのおもしろさにみんなが引き込まれていった。縄をなうことは、手と足を使い作っていくおもしろい体験だった。日本に昔から伝わる文化でもある。日常生活のなかにある表現を大切にしていきたい。

 本物との出会いを豊かな経験につなげる援助のポイント

▶ 出会いの機会を設定するうえでは、日々の遊びや生活とのつながりを意識していくようにしたい。豊かな体験でも、行事だらけになってしまうような日程を組むと、感動が薄れてしまうこともある。子どもたちにとって、経験が過剰なものとならないように注意することが重要である。

▶ 専門家の協力を得る際には、学ぶ姿勢をもつことが重要である。場の設定や活動の流れについても、よく打ち合わせをし、イメージを共有していく。保育者も子どもと同じ気持ちになり、驚きや喜びの気持ちをもって体験するようにしたい。

▶ 出会いのなかで芽生えた興味や関心をつないでいかれるように、あらかじめプランを考えておく。たとえばコンサートを聴いた後には、楽器コーナーにギターを置き自由に触れることができるようにするなど。ただし、子どもがどこに興味や関心をもつかは、体験してみないとわからないところがあるので、決めつけてしまいすぎないように注意したい。

▶ 保育者自身が日頃から豊かな経験をしていることが、本物との出会いの機会をつくるきっかけにつながることがある。「ぜひ子どもたちに体験させたい」と思うようなこととの出会いのチャンスを見つける姿勢をもつようにしたい。

4 多様な表現が自由に行き来する生活を創る

　子どもの表現は、能動性の発揮が奨励される遊びや生活のなかで生まれる。表現の楽しさをあじわっている子どもたちは、自分のやりたいことに取り組むなかでさらに表現を楽しんでいく。保育者も共に遊びをつくりあげながら、さまざまな表現を楽しんだ事例である。

事例 6-18 「みんなで、こども祭りをしよう！」①

● 5歳児クラス　7月

　7月末に保護者の協力も得ながら行う夏祭りを前にして、子どもたちのなかからも「お祭りをしたい」という声が上がってきた。友達と力を合わせて遊びをつくり出す楽しさや満足感があじわえるように本当の夏祭りの前の7月中旬に、「こども祭り」を行うことにした。

●第一日目の様子

　子どもたちのもとに巻物が届く。そこには「小さな子どもたちのために祭りを開いてほしい」という園長からの指令が書いてあった。担任が雰囲気を盛り上げるようにして読み上げると、「やりたい」という声が次々にあがった。そこで、どのようなことをしたいかを出し合い、グループをつくっていった。

●第二日目以降（各グループの取り組みの様子）

〈食べ物やのグループ〉

　メニューを考え合う。去年の夏祭りの経験を思い出し「手焼きせんべいを作りたい」という声が出る。ほかにも、たこやき、かき氷、やきそば、綿あめなど、お祭りらしいメニューが並ぶ。どうやって作ろうか、という相談が始まる。布を使って三角布やエプロンも工夫して作る。

〈ゲームコーナーのグループ〉

　ボウリングと輪投げをすることになる。ペットボトルにマジックで色を塗りきれいなピンを作る。遊ぶ人のことを考えて、景品を作ったり遊び方を考えたりしている。

〈ショーのグループ〉

　何かをやってお客さんに観てもらいたいと思う子どもたちが集まった。マジック、人形劇、合奏、歌などが出る。グループに加わっていたT児が遊びのなかでとても上手にフラダンスをしていたので、保育者から「フラダンスもいいんじゃないかな」と提案する。ほかの子どもたちにも受け入れられ、出し物のひとつに加わった。それぞれやりたいものの仲間に分かれて、衣装や道具を作り、仲間が集まって練習を始めている。

（事例／写真：お茶大こども園）

「こども祭り」という目的を保育者が提案するが、目的に向かって取り組む中身は子ども自身に委ねることが大切である。これまで楽しんできたことをもとに、さらにやってみたいことを自分たちで出し合うことで主体的な取り組みになる。同時に、より豊かな体験になるように「Tちゃんのフラダンスもいいよね」と声をかけることも大切にしている。

事例 6-19 「みんなで、こども祭りをしよう！」②

● 5歳児クラス　7月

　準備を始めて1週間。やりたい気持ちを大事にしながら、こども祭り当日を迎えた。2〜4歳児の子どもたちが順番に客になって来ると、さまざまなやりとりが生まれていた。

〈食べ物やのグループ〉

＊コーヒーフィルターにマーカーで採色したかき氷
「何味にしますか？」とやりとりが生まれる

＊毛糸で作ったやきそば
皿に盛り付けている

〈ゲームコーナーのグループ〉

＊手作りボウリング
やりやすいようにピンを並べている

＊景品コーナー
ゲームの後に景品を渡す

〈ショーのグループ〉

＊ダンスショー
音楽に合わせて緩やかに踊る

＊マジックショー
マジックの仕掛けを考える

＊ペープサート
自分たちで劇をつくる

（事例／写真：お茶大こども園）

こども祭りを終え、年長の子どもたちは、「喜んでもらえた」という実感を得ていた。「もう一回やりたい」と並んだり、かき氷を本物のようにおいしそうに食べたりする年少の子どもたちの姿から、「やってよかった」という思いを抱いたようだ。何かをつくり出す喜び、だれかに喜んでもらううれしさをあじわった一日となった。

多様な表現が自由に行き来する遊びを支える援助のポイント

▶ お祭りごっこのような取り組みは、「遊び」のなかにさまざまな表現の要素を盛り込むことができる。日々の遊びの内容や積み重ねてきた表現の経験を生かした内容にすることで、豊かで楽しい活動となる。さまざまな取り組みを進めていくときには全体の状況を子どもたちと共有する機会をつくり、刺激し合えるようにすることも大切である。

▶ 目的を設定したとしても、中身を考えるのは子どもである。子どもたちが自由な気持ちでアイディアを出せるようにするには、どのようなアイディアも受け入れたりおもしろがったりする保育者の姿勢が必要になる。保育者は、柔軟な発想がもてるようにしたい。

▶ 多様な表現が自由に行き来するように、それぞれのあり方や動きを肯定的に受け止める関わりが大切である。だれもが認められていると実感できるように、関わっていきたい。

§3 表現を支える保育者の基本的なあり方

1 なぜ、保護者への働きかけが大切なのか

　幼稚園教育要領等で「幼児期の終わりまでに育ってほしい姿」の一つとして挙げられている表現に関する姿は、以下の通りである。

> **（10）豊かな感性と表現**
> 心を動かす出来事などに触れ感性を働かせる中で、様々な素材の特徴や表現の仕方などに気付き、感じたことや考えたことを自分で表現したり、友達同士で表現する過程を楽しんだりし、表現する喜びを味わい、意欲をもつようになる。

　ここで挙げられた姿から見えてくる幼児期に体験させたいことは、以下の通りである。
- 心動かす出来事に直接に触れること。
- さまざまな素材や表現方法と出会い、自分なりの仕方でゆっくりあじわうこと。
- 友達と動きを共有したり刺激し合ったりしながら、表現の楽しさをあじわうこと。
- これらの体験を経て、「表現は楽しい」ということを実感し、表現することへの意欲をもつようになること。

　この章では「保育者が支える表現」と題して、表現を支える保育者の基本的なあり方や具体的な環境や援助のあり方についてまとめてきた。ここで一貫して大切にしてきたことは、子どもが始めたことを大切に受け止めること、子どもが表現していることへの肯定的なまなざしの重要性である。「表現」は形として現れるため、保護者においては「うまい」「へた」といった評価的まなざしをもちがちな危険性がある。そのようなまなざしのもとでは、「幼児期に育ってほしい10の姿」のような姿は育っていかない。そこで、保護者に向けて、子どもの表現の意味やその表現を支える大人の役割について具体的に伝え、理解を得ていくことは、非常に重要なことなのである。

　子どもの表現は、保育者のみにより支えることはできない。保護者も共に支えていかれるようになるために、何をすればよいのか考えてみよう。

2 感じることの大切さを保護者に伝える

　レイチェル・カーソンは、『「知る」ことは「感じる」ことの半分も重要ではない』という。幼児期の教育・保育においては、『自然の中に出かけ、神秘さや不思議さに目をみはる感性を育み分かち合うことが大切』ということを、保護者が実感をもって感じとれる機会を設定

することが重要だと考える。

自然のなかに親子で入る実践における援助のポイント

- ▶ 豊かな自然体験ができるように、人工物が少なく変化に富んだ自然との出会いが期待できる場所を選ぶ。下見では、季節に応じた発見の多いポイントをチェックし、コースを設定する。
- ▶ 体験する前の導入をていねいに行う。親子で発見しながら進むこと、急ぐ必要はないこと、観たり聞いたり触ったりしながら気づいたことを大切にしよう、という基本姿勢を伝える。全員でまず耳を澄ましてみると、少しすると遠くの音が聞こえるようになる。聴こえてきたことを伝え合ううちに、心の準備が進んでいく。導入は体験を交えながらていねいに行っていきたい。
- ▶ 保育者も共に散策し、歩みを止めたり見入ったりすることで、自然をゆっくりあじわう雰囲気をつくっていく。そのようななかで、「フワフワの葉っぱがあった！」「不思議な洞穴発見！」など、いろいろな親子の気づきを受け止め、認めたり伝え合ったりしていく。このような関わりを通して発見を楽しむ雰囲気をつくっていく。
- ▶ ゆっくりした時間のなかであじわえたことを、保護者からの感想などで聞き、そのことの大切さについて伝えるきっかけにする。

3 子どもの取り組みの過程について画像等を通して伝える

保護者に伝えたいことは、表現する過程である。結果に目が向きがちだが、子どもの心が動いているのは取り組みの過程である。なかなか伝えにくい取り組みの過程について伝える手段として、画像を活用したりエピソードを付記したりすることは効果的である。

> **発信におけるポイント**

▶ 生活のなかでの体験やその意味についてポートフォリオやドキュメンテーションにして示すことは、保護者が「子どもの世界の表現」を理解していく手助けになる。ただし、これらを提示するだけでは十分とはいえない。画像や実物を見ながら語り合う時間のなかで、保護者に伝えていくことが必要である。ポートフォリオやドキュメンテーションは、相互理解のためのツールとして活用していくことが大切である。

▶ 保護者に伝えたいと思いながら活動を振り返ることは、保育者自身が保育を振り返るチャンスにもなる。過程を示そうとしたときに、見逃していたことに気づく場合もある。そこで見直しをして、もう一度子どもに向き合っていく。掲示を作り始めると、そのことが目的になってしまう場合があるが、日々の保育を振り返るという意味を忘れないようにしたい。日々の保育の省察とつながる振り返りやまとめになることが望まれる。

4 表現する楽しさを保護者自身があじわえる場を設定する

親子の体験も大切だが、親という立場を離れてひとりの人として表現を楽しむ機会を設定することは、表現の楽しさを再確認するうえで効果がある。いくつかの例を紹介する。

❶保護者の音楽会企画

保護者有志を募って、小さな音楽会を開催することにした。学生時代に音楽をやっていたというお母さんを中心に子どもたちが親しんでいる曲目を選んで、練習を重ねた。小さな音楽会は園庭の大きいイチョウの木の下で行うことにした。リハーサルを始めると子どもたちが集まってくる。少し離れたところからじっと見ている子もいる。自分のお母さんがきれいな音を奏でている様子を不思議そうに見ている子もいた。演奏会後、子どもたちから手作りの花束を渡され、うれしそうな顔のお母さんたちだった。

❷子どもの劇を見た後に親もその役を演じる

2学期末に劇の発表会を行った。劇の発表が終わると、それまで観客だった保護者が自分の子どもから衣装やお面を受け取り、我が子がやった役を演じる時間になる。子どもがやっていたようにセリフを言ってみて、「ドキドキしました」という感想が出る。「ラストシーンまでを演じ切り拍手をもらったときの保護者の笑顔が印象的だった。「見ているのとやってみるのでは違いますね」という感想があった。

❸保護者向けワークショップの開催

竹楽器の演奏家を招き、希望する保護者は参加できるようにした。子どもたち向けのプログラムのほかに、保護者向けに実際に楽器を作ってみる体験を行った。自分の手で作った楽器の柔らかな音色に気づき保護者同士で聞き合う姿が見られた。木琴のようなものを作った保護者は、音の違いを聞き分けながら音階を作っていくことに没頭している。完成した楽器を子どもたちにも見せていただく。「これは○○という楽器です」と説明し、演奏してくれる。その保護者の様子を子どもたちが熱心に見ていた。

❹保護者がワークショップを企画

　さまざまな専門性を有している保護者に、その専門性を提供していただく機会を積極的に設定していくことで、子どもたちの体験が豊かになる。そのためには、日頃から気軽に声をかけ合う関係を築くとともに、「豊かな体験」の重要性を保護者に伝え、保護者の協力を歓迎しているという姿勢を示しておく必要がある。

　右の写真は、大学の研究者をしているお父さんが、「氷の実験」というワークショップを行ってくださったときのものである。ドライアイスで冷たい空気をつくり、そこに空気を入れることで雪の結晶の赤ちゃんが誕生する。親子で一緒にワークショップに参加した子どもたちは、小さな変化にも気づき歓声を上げて取り組んでいた。

　保護者自身が体験や発信、受信を重ねながら、子どもたちが感じていることや表現を通してあじわっていることを理解しようとしていく。そのことにより、子どもたちは安心して自分のペースでさまざまなことと出会ったり、感じたことを表現したりできるようになると考える。

―――― この章で学んだこと ――――

● 子どもが始めたことを大切に受け止め、共に楽しみ共にあじわうこと、また、保育者自身が表現することに対して心を開き、好奇心旺盛に関わることが大切なこと。

● 子どもの姿を丹念に捉え、援助や環境のあり方を考えていくことができるようになることの重要性と、表現を広げる専門家との出会いの意味など。

● 子どもが始めたことを大切に受け止める姿勢や表現に至るプロセスに価値があることを保護者が理解するためには、情報の発信や共通体験の提供、または保護者自身の表現体験等が大事であること。

第 7 章

子どもの豊かな感性と音楽表現

---- この章で学ぶこと ----

「幼児は一般に、音楽に関わる活動が好きで、心地よい音の出るものや楽器に出会うと、いろいろな音を出してその音色を味わったり、リズムをつくったり、即興的に歌ったり、音楽に合わせて体を動かしたり、時には友達と一緒に歌ったりしている」(幼稚園教育要領解説)
本章では、乳幼児の具体的な音楽表現の姿について学ぶとともに、音楽表現において「豊かな感性と表現」を育むための保育者の援助のあり方について、事例を通しての考察を行う。

§1 乳幼児にとって音楽表現とは

　表現とは、感じたことや考えたことを表出する営みである。教師の指示や合図に操られるかのように音や声を発するのは、表現の本質ではない。音楽表現に関しては、結果として表出される音・音楽に評価の目が向くのは当然であるが、幼児期には、表現する過程において、子どもが何を感じ、何を考えているのかをとくに大切にしたい。

　本節では、音楽表現の生成過程に着目し乳幼児の音楽表現の具体的な姿について検討する。

1 聴く・感じる・考える

　表現が生成する過程は、右図のように循環的に示すこともできよう。感じる営みは「気づいたり感情を抱いたり」することを指し、考える営みは「想像したりイメージしたり」することを指す。「感じる」営みは、その時点までに経験されてきたあらゆる種類の（感性的）インプットによって育まれる。「考える」営みでは、（感性的）インプットが連想的に組み合わされる。音楽表現の具体的なイメージは、そうした連想（「考えること」）から生まれ出るのであり、音楽における創造とは、このような内的過程のことをも意味している。そして、そこに為された表現活動から、さらに「感じる・考える」営みが生み出され、図のような循環が成立するのである。これらは、ほとんど同時に生じる場合もあれば、無意識になされた表現が手がかりとなり、何かを感じたり考えたりしていることに気づくという場合もある。

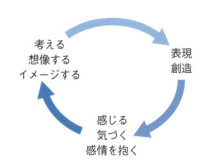

図 7-1　表現の生成過程

水の不思議　　　　　　　（写真：弓之町保育園）

2 聴く・見る・感じる・イメージする

　梅雨の時期、保育室の壁面には、童謡「あめふりくまのこ」の情景が描かれていた。子どもの作品である。「先生に聞かせてあげる」と言って歌い出した子どもたちの声は、かなりのがなり声。「元気に歌いましょう」「大きな声で歌いましょう」と、つねに声をかけられて

いるのであろうか。そこで、優しい風合いの絵を見せたら声が変わるかもしれないと筆者は考え、大学に戻り学生に各場面をやわらかい色合いで描いてもらった。ひと月後、同じ子どもに、その6枚の絵を見せて、もう一度「あめふりくまのこ」を歌ってほしいと頼んでみた。すると、子どもの声は一変したものとなった。やわらかな色合いの絵を見ながら歌う子どもの声は、筆者が何も言わなくてもそこに見える絵と同じ風合いになったのである。

　視覚イメージと歌唱表現との関係については、次のようなエピソードもある。首に青筋を立ててがなり声で歌う子どもに、「水色の声で歌ってごらん」と声をかけてみた。すると当初の怒鳴り声は、きれいだが細い声へと変わる。次に、「ピンクの声で」と色を変えてみると、まろやかな発声となった。そこで、「水色とピンク、どんな声を出そうとしたの？」とたずねてみたところ、「水色はきれいだけど、す〜っと消えそうな感じ。ピンクは可愛くて優しい感じ」という返事がすぐさま戻ってきた。色に対し、子どもは、それぞれに相応した固有のイメージをもっていて、それらはおおむね共通しているようだ。そして彼らは、それらのイメージを自分の声で表現することができるのである。

　音から色合いをイメージすることもある。鍵盤楽器等を習っていない子どもにピアノの高い音を弾いて聞かせると、「きれい」「キラキラ」「みず色」「小さい」「小鳥さんみたい」……といった言葉で音の印象が表現され、低い音の場合は、「怖い」「濁った」「黒色」「大きい」「雷みたい」……という言葉が返ってくる。興味深いのは、音に対し、色彩的な感覚を重ねたり、音量だけではなく音色感を感知したような表現がなされていたりと、子どもの思い思いの表現は、それぞれに意味があり適切であるということである。

　こうした視覚と聴覚の同時作用は共感覚と呼ばれ、それは、ある刺激に対して通常の感覚だけでなく別の種類の感覚をも生じさせる知覚現象のことを言う。近年では、新生児の共感覚が科学的に実証されているが、幼児期の感覚的なしなやかさも事例の通りである。音楽表現においては視覚と聴覚だけでなく、触感覚との関連にも配慮したい。なぜなら、音は空気の振動で伝わるからである。鳴り響く大太鼓の皮に手を当ててみるなど、「音に触れる」ことを意識すると表現の幅はさらに広がるだろう。

3 音を観察する感性

　虫や花などをじっと見つめ、観察している子どもの姿を目にすることがよくある。その観察対象は、身のまわりのものだけではない。音もまた、観察の対象となっている。もちろん、「目」ではなく「耳」で観察するのであるが、この、音を「よく聴く」行為自体が、子どもの遊びとなり得るのである。その事例を紹介しよう。

事例 7-1　「よく聴く」という遊び　●5歳児クラス

〈ドングリの落ちる音：5歳児〉
　かつて、ベテランの園長先生から伺った話である。公開保育の中心的活動である手作り神輿（みこし）の遊びがにぎやかに行われている園庭の隅っこで、ドングリの木の下にじっと座っている3人の子どもがいた。近づいてみると、3人はドングリの落ちてくる音を聴き比べていたのである。落ちる高さが異なれば音も変わり、土の上に落ちるのと枯葉の上に落ちるのとでもそれは異なる。乾いた葉っぱと湿った葉っぱとでも違い、風の吹き様によっても変化する。静かに耳を澄ませ、じっと聴き入りその違いを感じとるという遊びである。

〈ラップの芯を耳に当てると：5歳児〉
　東京のある幼稚園では、響きの良い玄関ホールの横で、ひとりの男児がラップの芯を耳に当てて座っている。そして、「ねえ、聴いて！　音が変わるんだよ」と筆者に話しかけてきた。男児は、ラップの芯を耳に当てたり離したりして、その音の変化をしばらく楽しんでいた。

〈微細な音の変化：5歳児〉
　園庭で遊んでいた女児が近づいてきて、手作りの楽器（写真）を口に当て、「聴いて！　声が変わるでしょう」と誇らしげに言う。また、遊具のリヤカーを逆さまに置いて、いろいろな場所を叩きながら「音が違うよ。大きさが違うよ」と、その発見を喜ぶ女児もいた。

声が変化する手作り楽器

（事例／写真：筆者）

　じっと耳を澄ませることで、同じドングリであっても落ちてくる音はひとつとして同じではないことに気づく。また、ラップの芯を耳に当てると、音の風景が変わる。さらに、耳を澄ませるだけでなく、音の観察は、自ら対象に働きかける行為を促す。なぜ、音が違うのかと考え、確かめようとする。音を観察することで、子どもの探究心はどんどん広がっていくことだろう。その探究心が、表現の工夫や連想の広がりにつながっていくのである。

§2 音楽表現の芽生え

　乳幼児の音楽表現の背景にも、「感じる・考える」といった内的な営みがある。遊びや生活のなかで、音を感受して自分なりの表現を行っているのである。その表現する過程を保育者は見取ることが重要である。なぜなら、そうした子ども理解によって、乳幼児の豊かな感性と表現を育むために、どのような環境を構成すべきか、どのような言葉をかけていったらよいかといった援助のあり方が見えてくるからである。

　しかしながら、音楽の再表現だけを音楽表現として捉えてしまっていると、目の前で繰り広げられている乳幼児の表現を見逃してしまう。それは、生活や遊びのさまざまな場面にあらわれる。本節では、その具体的な姿を見ていこう。

1 遊びを引き出す音

　乳幼児は、身体の諸感覚を用いて探索する。触ったり、舐めたり、匂いを嗅いだり、叩いて音を出したりして、目の前にあるものが一体何なのか、どんな個性があるのかと調べている姿を目にしたことがあるだろう。

遊具を仲間と叩いて遊ぶ（写真↑↓：かえで幼稚園）

　このとき、叩いて出した音がおもしろくて、その行為を繰り返し、自ら生み出した音のリズムに思わず腰を振って喜んでいるようなこともある。動きが音を作り出しているのだが、その「音」によってまた別の動きや活動が導かれ、遊びが展開していくのである。

　音のよく響くテラスでは、軽快に飛び跳ねて音を出すだけでなく、しっかりと足を踏みしめて歩いたり、つま先で歩いたり、歩いていても途中からスキップをしたりするなど子どもの多様な動きが観察される。か

音を立てて出入りを繰り返す

らだの動きに合わせて音が響くことが、リズミカルに動くことのおもしろさを引き出しているのである。自らの作り出す音は、からだに響くリズム遊びに変わる。動きが音を作り、その音の響きによって次の動作が即興的に生まれているようだ。大人にすれば、意味のない騒音かもしれない自分の足音も、子どもの耳には、リズミカルに響く楽しい音となるのである。

　さらに、その場の音の響きもまた遊びに影響を与える。筆者は、ある幼稚園の園舎において響きの異なる3か所にビデオカメラを設置して、遊びの時間の子どもの活動の違いを調査

したことがある。観察を通して確認されたのは、子どもが遊びのなかでものの音をさせたり聴いたりして楽しんでいるというだけでなく、その場の音の響きを感受し、遊びに取り入れているという事実であった。

たとえば、「よく響く空間は、音や声を大きく響かせようとする動作を促す」こと、「静かな空間は、音や声に耳を澄ますことを促し、子どもにとって、『聴く』行為そのものが遊びとなっている」こと、「反響（音が跳ね返ってくる感じ）の大きい空間は、多様な音を生み出す動作を引き出すことで、子どもに音と戯れることを教えている」ということである。子どもは、積み木やラップの芯、段ボールやひもなど、遊ぶために用意された道具を音素材として活用しているだけでなく、スノコや階段の段差、あるいは床面の素材の違いといった環境にアフォードされ、多様な動きと音を生み出すことに成功していたのである。子どもはその場の響きの特徴を捉え、相互作用のなかに動作や行動を選択しながら遊びを展開している。

2 音声のコミュニケーション

人と関わるということは、応答的であるということである。言葉はもちろん、からだや音声においても、応答的に関わることが乳幼児の発語を促し、情緒を安定させ感情を育てる。

母親と赤ちゃんの間には、特徴的な音声表現があらわれる。それはマザリーズ（育児語）と呼ばれ、「乳児の注意を惹起する機能を有し、乳児は母親の周波数曲線に同調しようとする傾向をもつ」[1]一方、「母親は乳児の反応によって音声の音響的特徴を調整する」[2]ように、母親と乳児間の重要なコミュニケーションを担っている。母親と乳児は、本能的にこうしたやりとりを通して愛情を相互調整する。母親の、まるで歌っているような抑揚のある音楽的な声は子どもの関心をひきつける。

下の写真左は、保育園での沐浴場面である。保育者は、「気持ちいいね〜」と語りかけたり、「そうなの、うれしいね〜」と乳児の気持ちを代弁した言葉を発したりと、絶えず語りかけている。その優しく抑揚豊かな語りかけ（＝マザリーズ）は、まさに歌である。乳児は、マザリーズのような歌いかけをとくに落ち着くものと感じるが、それは、音楽がとても古い脳の部位＝あらゆる哺乳類と共通する構造の部分（たとえば大脳、脳幹、脳橋）を活性化するからであり、言葉ではこれは起きないそうである[3]。

沐浴にて（4か月、弓之町保育園）

喃語の会話（5か月、弓之町保育園）

こうした語りかけ・歌いかけは、発語や情緒の育ちにつながる一方、音楽の情動表現の基礎になるだろう。近年の脳研究においては、音楽の演奏における情動の認知が、音声表現における情動の認知と同じ脳の部位の多くを伴うことが明らかになっている。
　また演奏を行う際、私たちは音声の情動表現を参考にしている。たとえば、早口で声高で荒々しいときの発話が怒りとして理解されるように、楽器は、より速く、より大きく、より耳障りな音色によって、非常に怒った音に聴こえることがある[4]。
　メロディーのフレーズは、発話内容の分節化の習得につながる。なぜならほとんどの童謡が、メロディーのフレーズと発話内容の分節が一致するように作曲されているからである。加えて、言葉のリズムや抑揚にも合うように作られている。たとえば、田中ナナ作詞・中田喜直作曲の『おかあさん』は、「おかあさん　なあに」と、子どもが母親に呼びかけてそれに応える台詞で始まるが、「おかあさん」の部分にはシンコペーションのリズム、「なあに」では付点音符のリズムが用いられ、リズムやイントネーションがメロディーに一致している。さらに、呼びかけとその応えのやわらかいニュアンスが、音の高さの違いによっても表現されている。乳幼児の多くが、保育者の表情豊かな声によってこうした童謡に出会い、親しむことが望まれる。

3　自然の音への気づきからの展開

事例 7-2　雨を感じて　●5歳児クラス　7月

　雨の降りしきる月曜日。東京都内の幼稚園。室内では、登園してきた子どもが順次遊び始めていたが、ふと外に目をやると、雨の滴が落ちてくるテラスの屋根の真下で、数個の水たまりを渡り歩きながら、その滴をからだに受けているひとりの男児の姿がある。テラスの屋根には樋(とい)がなく、降りしきる雨は、屋根のくぼみに合わせて数本の流れを作り、その真下には、流れの道筋の分だけの水たまりができていた。男児は無心に、水たまりへ勢いよく足を入れて水を跳ね上げたり、水たまりの中にたたずんで落ちてくる雨の滝に打たれたり。
　このような場合、保育者は、雨に濡れている男児を室内に入るように促すのがふつうであるだろう。しかし、その保

育者は止めさせることをせず、一緒に雨の感触を楽しみ始める。その後、保育者がプラスティック容器を持ち出すと複数の子どもが滴の下に集まり、それぞれの容器に雨水を溜め始めた。一方水たまりを楽しんでいた男児は、ほかの子どものようにはせず、じょうろで水を集め、その水を水たまりに音をたてて注ぎ込んでいた。

片づけになるころ、園庭に、発泡スチロールのような容器を泥に突っ込んでは離し、突っ込んでは離しという行為を繰り返している二人組の男児を見つけた。そのとき、雨はまだ降っていた。彼らは、発泡スチロールの容器を泥に叩きつけては離すことを繰り返している。泥に吸い付き、そして離れるときの感触や音を楽しんでいるように見えた。

(事例／写真：筆者)

　滴を容器に受けること自体、子どもにとっておもしろい遊びである。その行為のなかで子どもは、だんだん重くなっていく容器と、それに伴う音の変化に気づくはずである。また、泥遊びをしていたふたりの男児は、室内に戻って来てザリガニの水槽の水換えを始めたのだが、ペットボトルに水を入れる音やそれを水槽に注ぎ込む音を、さまざまな擬音で愉快に表現していた。

　平成29年告示の幼稚園教育要領の領域「表現」では、「内容の取扱い」に、「風の音や雨の音、身近にある草や花の形や色など自然の中にある音、形、色などに気付くようにすること」という一文が加わった。人は自分を取り巻く環境から、意識的にあるいは無意識的に学習している。とりわけ幼児期において、人は、自然の、あるいは意識的に設定された環境のなかでまるごと育っていく。言い換えれば、教材は環境のなかに遍在する。たとえば、そこに昔から生えていた樹木。折々の季節での枝の広がりや鳥のさえずり、紅葉や落ち葉、雨に打たれる音や風に揺れる音といったそれぞれの表情が、そのときどきの保育のねらいをもった環境＝教材となる。

　子どもは環境のなかで、保育者のねらいどおりの出会いを経験することもあれば、そうでないこともある。偶然の出会いが、予測されない結果を生み出すこともあるだろう。なぜなら、子どもは好奇心のおもむくままに、遊びや観察を通して、ものや出来事との新しい出会いを繰り広げていくからである。

　そしてその出会い、気づき、心の動きは、表現へとつながる。音楽をどのように表現したいかという思いや意図のなかに、情景の連想をつくり音に彩りをそえるのである。

落ち葉の感触や音を楽しみながら会話している　　(写真：かえで幼稚園)

§3 「感じる・考える・工夫する」音楽表現のために（教材研究）

「成長し学習するために、脳は多様で豊かな環境のなかで生きた感覚的経験によって刺激されなければならない。乳幼児は最初の年月に、見て、さわり、聴き、味わい、においをかがなければならない。遊び、探検し、実験し、そして特に、愛されていると感じなければならない[5]」これは、レッジョ・エミリアの実践における、乳幼児にとってふさわしい教育環境を構成するための理念である。乳幼児の豊かな感性と表現を育むための音楽表現について、身体の諸感覚を用いてさまざまな素材や表現の仕方に親しむこの考え方は、教材研究の視点として重要である。本節では、乳幼児の「感じる・考える・工夫する」音楽表現のために、その具体的な教材研究について考える。

1 環境との対話

> イタリアのレッジョ・エミリア市、ローリス・マラグッツィ国際センターにある「金属の階段」では、リズミカルな足音、ジャンプした時の衝撃音、よく響く声などを介して、幼児は、音や空間といった環境要因と自己との関わりを楽しむことができる。歩き方が変われば、その度に音の響きの性質が変化する。人が変われば響きも変わり、人数が変われば響きの大きさも変化する。この、階段を昇り降りしながら感じた音を、幼児は音の「物語」としての一枚の絵に表す。パンプスやサンダル、革靴やスリッパなど、履く靴の素材によって変化する音もまた、「音の記述」として描かれるべき対象である。
>   幼児は、自分たちと階段との関わりについて、「私たちがにぎやかだと、階段も嬉しいんだよ」、「きっと階段はおもしろいなって思ってるよ」、「階段さんを眠らせるには、違う音を選ばなきゃ」、「音がゆっくりになっていくと、眠っちゃうと思うな」、「階段が笑っているのが聴こえる」、「ぐうぐう、いびきも聴こえるよ」、「心と頭と想像力で聴いているの」などと話す。
> （佐藤学監修、ワタリウム美術館編集『驚くべき学びの世界──レッジョ・エミリアの幼児教育』[6]より）

レッジョでは学校園を、子どもの感覚的知覚を奨励し、育み、それらを洗練し、成熟させる場と捉える。そこで子どもは歩き回り、いろいろな環境から、光、匂い、音の性質を引き出し、それについて話し合い、それらを言葉で定義し、象徴的に表現する。上記事例の子どもは、身体の諸感覚を通じて階段（環境）とつな

環境と対話する幼児

第7章 ▶ 子どもの豊かな感性と音楽表現

がり、対話している。

前頁の写真の子どもは、紫陽花(あじさい)にそっと手を当てている。まんまるな紫陽花は、硬いのかな、それとも柔らかいのかな？ それは冷たいのか温かいのかな？ 触ってみると、紫陽花はちょっと揺れた。花びらに溜まった朝露が、手のひらに落ちてきた……。思わず触ってみた紫陽花から、さまざまな気づきがあり、驚きがあり、感情が動き連想が生まれる。こうした出会いが、表現の源となるのである。

2 歌うこと

乳幼児は、歌うことが好きである。まだ十分に歌うことのできない時期であっても、フレーズの終わりで声を合わせたり、歌えそうな箇所だけ一緒に声を出したりして歌うことを楽しんでいる。歌唱活動を行う場合、次の3点を心がけたい。

（1）表現と享受の観点

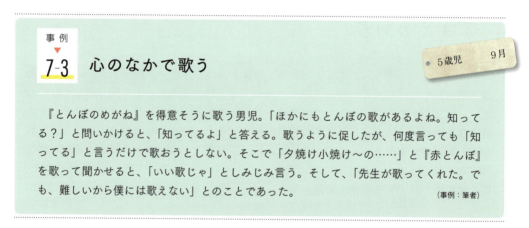

事例 7-3 心のなかで歌う　　5歳児　9月

『とんぼのめがね』を得意そうに歌う男児。「ほかにもとんぼの歌があるよね。知ってる？」と問いかけると、「知ってるよ」と答える。歌うように促したが、何度言っても「知ってる」と言うだけで歌おうとしない。そこで「夕焼け小焼け〜の……」と『赤とんぼ』を歌って聞かせると、「いい歌じゃ」としみじみ言う。そして、「先生が歌ってくれた。でも、難しいから僕には歌えない」とのことであった。

（事例：筆者）

子どもの声域は、広くはない。また、複雑なリズムや幅広い音程（音高の変化）を正確に歌うことも難しい。したがって、子どもに正確な歌唱を求める場合、声域は1オクターブ内、リズムや音高変化は単純で、繰り返しが含まれた覚えやすい曲がふさわしい。しかしながら、事例7-3のように、子どもは音楽の美しさを感受して心を動かしている。したがって、享受という観点からすれば、曲の難しさは関係ない。彼らは心のなかで歌い、歌えそうなところは声を出し表現を楽しんでいるのである。

（2）がなり声

「元気な声で」とか「大きな声で」と声をかけると、子どもはがなり声を出してしまうことが少なくない。首に青筋を立て、元気に大きな声で必死に歌っている。しかし、がなるように声を出してしまうと、音程を正確に歌うことは難しい。まわりの音（声）を聴いて合わ

せることができないからである。したがって、どのように歌いたいかということを考え、声かけを工夫したり視覚的な教材を工夫したりして、それぞれの歌のよさが感じられるように心がけたい。

（3）ただ歌っているだけではありませんか？

『あめふりくまのこ』を覚えて歌う2歳児に、「くまさんは何を見ていたのかな？」と問うてみると、「魚とイルカ」と即答されたことがある。この歌詞に、イルカは出てこない。しかし2歳児は、「魚がいるかと見てました」の歌詞を、「魚がイルカといっしょに見ていた」と解釈してしまっていたようである。歌詞の意味を考えるならば、不思議な構図になってしまう。言葉を覚えて歌うことを目的とするのではなく、詩の情景について、子どもにわかるように伝えたい。その結果、子どもの歌唱が表情豊かになることはいうまでもない。

3 ひとつの教材からの展開を考える

0歳から5歳まで、同じ教材での音楽活動を展開してみよう。そうすることで、乳幼児の発達に即した表現について深く考えることができる。教材を選択する場合、「年齢に合った教材選択」という視点以外に、「年齢に合った表現の展開」という視点も可能である。

遊びを伴うわらべうたは、発達に合った遊び方を保育者が考えて提供する。岡山市内の17の保育園において、月ごとに同じわらべうたを異年齢の各クラスで取り組むことを試みた際、その記録から乳幼児の音楽的な発達の筋道がしっかりと表れた。5歳になれば自分たちで遊び方を考えたりするようになる。また、子どもは年齢を超えて遊び、保育者にも、担当学年を超えての情報交流が生まれるという結果が得られた。

4 ねらいの明確化（保幼小連携）

音楽表現活動においては、その「ねらい」もまた音楽の内容に関わるものであるよう心がけたい。そうした保育者の意識が、乳幼児の音楽的な発達を促すからである。

たとえば、わらべうた遊び。乳児へのくすぐり遊びにおいては、歌を感知して、くすぐられることを期待して待つ表情を見ることができる。また、保育者の膝で歌に合わせてリズミカルに揺られている乳児の横で、別の乳児が拍に合わせて腰を振っているなど、素朴な音楽的表現があらわれる。手遊び歌も同様である。「拍の流れにのる」「声の高さを合わせる」「速さを合わせる」

くすぐり遊び（弓之町保育園）

「歌のタイミングに合わせてからだを動かす」など、子どもの姿から音楽的なねらいを考えることが教材研究のヒントとなるだろう。こうした音楽的なねらいは、小学校学習指導要領音楽科に挙げられた［共通事項］にある「音楽を形づくっている要素」（図7-2）につながっていく。

> ア　音楽を特徴付けている要素
> 　音色、リズム、速度、旋律、強弱、音の重なり、和音の響き、音階、調、拍、フレーズなど
> イ　音楽の仕組み
> 　反復、呼びかけとこたえ、変化、音楽の縦と横との関係など

図7-2　音楽を形づくっている要素

5　拍とリズム（幼小連携）

　前述した音楽を特徴づけている要素の「拍」「拍子」「リズム」について、その区別ができるだろうか。たとえば、ウッドブロックで、カンコンカンコンと四分音符を打ちながら、「お名前は？」と問いかけているとする。カンコンカンコンという、安定した四分音符が「拍」であり、「お名前は？」の「♪♪♪♪ ♩ 𝄽」がリズムである。そして、「カンコンカンコン」の4拍のまとまりが「拍子」（4拍子）ということになる（「カンコン」をひとまとまりと捉えれば、2拍子である）。

　子どもは、拍の流れに乗ってリズミカルに言葉を唱えるなかで、同じリズムの言葉を見つけたり、1拍にふたつの音が入る（♩＝♪＋♪）ことに気づいたりするようになっていく。

> 　ウッドブロックで拍（四分音符）を打ちながら、「お名前は？」（♪♪♪♪ ♩ 𝄽のリズム）と子どもに問いかける。子どもは、ひとりずつ自分の名前をウッドブロックの拍に合わせて唱える。
>
> 　たとえば「タロウ」の3文字であれば、♩ ♩ ♩ 𝄽の四分音符で答えることが多い。「シンノスケ」の5文字であれば、♪♪♪♪ ♩ 𝄽、「アイ」のように2文字であれば、♩ ♩ 𝄽のように、活動を繰り返すなかで子どもは自分なりに答えるようになっていく。拍の流れに乗ることが難しい子どもは、保育者が一緒に声を出すことで、自信をもって唱えられるようになっていく。
>
> 　「いま声に出した自分のお名前は、どんなリズムだったかな？」と問い、子どもは自分の名前のリズムを手拍子してみる。その後で「♩ ♩ ♩ 𝄽」の人は？「♪♪♪♪ ♩ 𝄽」の人は？「♩ ♩ 𝄽」の人は？と問いかけ、グルーピングすることもできる。

　リズムは多様であり、たとえば「カズマサ」のような4文字の場合、「♩ ♪♪ ♩ 𝄽」や「♪♪ ♩ ♩ 𝄽」、あるいは「♩ ♩ ♩ ♩」のように4つの四分音符で唱える場合もあるだろう。そうした機会を保育者が意識的に捉えることで、子どもは、4音の言葉にさまざまなリズムが当てはまることに気づくようになる。幼児期のこうしたリズム遊びのなかでの無自覚な学びが、小学校音楽科の学習内容につながっていくのである。

6 応答性

　応答的な保育は、音楽遊びにおいても実践される。たとえば『かれっこやいて』という「わらべうた」を例にとってみる。「かれっこ（鰈）やいて、とっくらきゃーして（ひっくりかえして）やいて、しょうゆをつけて、たべたらうまかろう」と、手のひらを鰈に見立て、歌に合わせてひっくりかえし、醤油をかけて食べるといったふり遊びが伴う。次に「何を焼こうかな？」と問いかける。「ホットケーキ」「ハンバーグ」「とうもろこし」「おせんべい」など、次々に食べ物が挙げられるが、それぞれに対し「何をかける？」「食べたらどうだった？」と替え歌を子どもと共に作っていく。子どもは、「ホットケーキ」は「はちみつ」で「甘かった」など、考えを巡らせて言葉をつなぎ、歌を作っていく。慣れてきたら、置き換える言葉の部分をソロで歌ってみると、子どもの自信につながる。

　音楽に合わせた身体表現も、応答的に展開する。右の写真は、『あくしゅでこんにちは』の活動であるが、2歳児も友達を見つけて握手をし、それぞれのポーズで「ごきげんいかが」と歌っている。

あくしゅでこんにちは（写真：弓之町保育園）

7 即興性

　同じ言葉を動作に合わせて繰り返しているうちに、言葉のフレーズがリズミカルになっていく事例はしばしば観察される。幼稚園年中クラスのふたりの女児の事例を紹介しよう。

事例 7-4　擬音の連鎖——そして歌に

● 4歳児クラス　5月

　和紙の色つけ遊びを終えたふたりは、楽しそうに手を洗っていた。洗面台の壁は鏡になっていて、手洗いの手順を示す小さなシールが貼ってあった。「ブクブク、モミモミ」と、そこに書かれていた擬音を筆者が声に出してみると、K華は「クルクル、ピカピカ」と、書いてある擬音を繰り返し読み始めた。石鹸をつけて手をこすり合わせながら繰り返して読んでいるうちに、指の間からしゃぼん玉が飛んでいった。それを見つけたK華は、擬音を「ブワーン、ブワーン」と変化させ、さらに「ブワーン、ブワーン、ワッハッハ」と歌うようになった。

（事例：筆者）

しゃぼん玉の擬音表現のあとに「ワッハッハ」が付け加えられたのは、鏡に映った自分の笑い顔の影響があるだろう。それに加え、「ブワーン、ブワーン」のリズム（♪♩、♪♩）の後に、「♩♩♩𝄽」のリズムを付加することで、心地よいまとまり感（おさまりの良いリズムパターン）が見いだされ、歌唱に発展したと考えられる。

> **事例 7-5　手洗いの歌**　　　4歳児クラス　5月
>
> 「"手洗いの歌"ができたね」と声をかけると、隣にいたM代が「もっと、も〜っと、あらいましょっ！」と節をつけて即興的に歌い、ふたりの歌のかけ合いが続いた。外遊びから戻ってきた女児が、「汗、いっぱいかいちゃった」と言うのを聞いたK華は、「お歌のように聞こえるねえ」と言って、「あーせ　いっぱい　かいちゃった」と拍の流れに乗ってリズミカルに唱え始めた。その後ふたりは「歌うって楽しいねえ」と顔を見合わせて言いながら、保育室に戻っていった。
> (事例：筆者)

M代が歌った「もっと、も〜っと」の声の抑揚は、某コマーシャルの節回しに似ていた。M代は、K華のノリの良い擬音語の歌唱に誘発されて「もっと、も〜っと」のフレーズを思いつき、即興的に歌って表現したと思われる。K華の「あーせ　いっぱい　かいちゃった」のリズミカルな表現も、こうした関係性のなかで生まれたのである。擬音を繰り返して唱えているうちにそれは歌になり、その調子の良さが、会話をオペレッタのような即興表現に変容させていった。直感的に表現された即興歌であるが、それは、子どもが声を出しながら考え、何かを連想したり関連づけたりした結果なのである。

8　手作り楽器の意義

遊びのなかで子どもは、身のまわりにあるどんなものでも楽器に変えてしまう。どんなものであれ、音を出して遊ぶ道具に変えるのである。このとき、偶然聴こえてきた音に興味をもち、その音源であるものを鳴らすこともあれば、視覚で捉えたものの形にアフォードされることで音を出してみることもある。身のまわりのものは、いわゆる「正しい音」や「正しい鳴らし方」をもたないため、子どもたちの自由に音を見つけて行く探究心をくすぐる。

手作り楽器製作の際には、本物の楽器の発音の仕組みが音作りのヒントとなる。マラカスや

身のまわりのものすべてが楽器（弓之町保育園）

タンバリン、ギター、太鼓など、音の出る仕組みを子どもと確認し、子どもの発想が豊かに展開されるよう、さまざまな廃材を用意することで多様な音色の楽器が製作される（写真左）。写真右は、実際にドラムの音を聴き、廃材の中から自分なりの音を集めたドラムセットである。丸い容器に貼られたストローは、おそらくスネアドラムの響き線なのだろう。自分の音を見つけるための、「聴く・感じる・考える・工夫する」といった表現のプロセスがうかがえる。

廃材で製作した楽器（写真：筆者、神戸大附属幼稚園）

廃材で作ったドラム（写真：中仙道幼稚園）

ペンタトニックと鍵盤ハーモニカ

　幼児期の表現活動に、鍵盤ハーモニカを導入している園は少なくない。子どもにとって決して易しく演奏できる楽器ではないが、この鍵盤ハーモニカの、黒鍵の並びに着目してみよう。それは、ペンタトニックという音階になっていて、それぞれが自由に鳴らしても、不協和にならない。

　ペンタトニックとは、たとえばドーレーミーソーラ（ード）のように、半音のない五つの音からなる音階。この音階は、連続する五つの完全5度音程＝ドーソーレーラーミを、1オクターブ内に収めたものである。ふたつの音を同時に鳴らした場合、その振動数の比が単純であるほど近親度が高く協和して響く。ペンタトニックを構成する完全5度の音程は、振動数の比が3：2となっており、これは、オクターブ（完全8度＝1：2）に次いで単純であるため、自由に音を重ねても不協和を感じさせない仕掛けになっているのだ。

　そこで、鍵盤ハーモニカの黒鍵だけを鳴らしてみる。凹凸の凸部分だけを弾くので、白鍵よりも押さえやすいと感じるだろう。そして、黒鍵だけで弾ける童謡の探り弾きを行ってみよう。「チューリップ」「とんぼのめがね」「たなばたさま」「こいのぼり」「メリーさんの羊」など、いずれも黒鍵だけで弾くことができる。

　子どもは、メロディーを思い浮かべ、その音を実音に置き換えていく。知っている曲を自力で弾くことができれば、喜びは大きい。白鍵にカラーシールを貼り、色音符と共に曲を演奏するといった練習に比べ、子どもが主体的に鍵盤ハーモニカに取り組めるのではなかろうか。

§4 音楽表現の実際

写真右はしの保育者は、決して音楽を得意としているわけではない。しかし、音楽が好きである。子どもは、安心して自分の気持ちをその場に表出し、表現を楽しんでいる。この幼稚園では、ギターやウクレレ、そしてカホンを伴奏楽器として積極的に活用している。ピアノだけが伴奏楽器ではない。子どもと向き合い、気持ちに寄り添い、子どもが「表現したい」と思える音楽表現をめざしたい。本節では、さまざまに工夫された音楽表現活動の実際を紹介する。

（写真：かえで幼稚園）

1 さまざまな素材から音を見つける・表現する

平成29年告示の幼稚園教育要領「表現」の「内容の取扱い」の（3）に、「様々な素材や表現の仕方に親しむ」という文言が加わった。さまざまな素材を集め、「音の道」を作ってみよう。何かおもしろい音のする材料（たとえば、米、乾いた葉っぱ、コーンフレーク、プラスティック、小石、いろいろな種類の紙など）を集めて床に道を作る。そうしてできた「音の道」を歩く。素材が変わることで音がどのように異なるのか、子どもはその違いに気づくであろう。何人かで一緒にさまざまに動いてみれば、それぞれの音の重なりの多様性も発見できる。見て、聴いて、そして手や足の裏で音に触れ、自分なりの表現を見いだしていく。

もちろん、素材には楽器も含まれる。自然界には存在しない音である。鳴らすことの喜びはさまざまな表現遊びをつくり出し（写真左）、あこがれは形になってあらわれる（写真右）。

ままごと楽器遊び（写真：中仙道幼稚園）

ピアノ遊び（写真：中仙道幼稚園）

事例 7-6 竹が楽器になったとき そして、アンサンブルが始まる

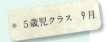
5歳児クラス 9月

　保育室に置かれた竹のスリットドラムは、当初、子どもにとってただの置物に過ぎなかった。しかし、木工遊びの場所に置いてみると「叩く」という行為が生まれ、楽器となった。そして保育者との音遊びを経験すると、自分たちで、叩く素材やバチを探し出して音を加え、アンサンブルが始まった。

（事例／写真：中仙道幼稚園）

2 音の連想を引き出す

　事例7-7では、訪れた保育園の壁面に、童謡『やまのおんがくか』の装飾があったので、年長児と歌ってみることにした。歌詞のなかで、仔リスはバイオリン、ウサギはピアノ、小鳥はフルート、タヌキは太鼓と、それぞれの動物に楽器が当てはめられ、「キュキュキュッキュッキュ、ポポポロンポロンポロン」などの擬音と共に表現されている。まず、それぞれの楽器の弾きまねをしながら歌ったりして楽しんだ後、「ほかにどんな動物が楽器を演奏するかな？　音はどうかな？」とたずねてみた。

　この替え歌遊びでは、楽器の音と動物の特徴との関連づけ、さらにはその音のイメージの擬音表現が求められる。子どもは、動物の鳴き声や仕草の特徴から音を想像し、その音のイメージを、知っている楽器の音に置き換えようとして、あれこれと連想を展開していた。その場には、動物の映像も楽器の音も存在しなかった。しかし、彼らの連想は豊かであり、なおかつ精確であった。

　こうした連想は、日頃の楽器遊びや合奏の経験から導き出されたものである。音楽表現遊びのなかで、音の連想を思考する機会をもつことによって、ふだんの生活や遊びのなかにおいて、ものの音や自分の出す音に気づくことが増えるのではないだろうか。気づいた音に対して、おもしろいと思ったり珍しいと感じたり、何に似ているかと連想したりする「音」を巡ってのこうした思索は、子どもの感性を育み表現を豊かにする。

> **事例 7-1** 「やまのおんがくか」　　　　　　5歳児クラス　1月
>
> 　子どもはその組み合わせを考えて、次々と挙手をし、発言する。まず、「お猿さんがシンバル。音はジャンジャン」という提案。でも歌にしてみると、「シンバルがジャンジャン鳴ったらうるさい！」との感想。続いて「象がラッパ！」のアイディアは、「象は山にはいない」と、歌う前から却下。そこで、山の動物だけを対象を限定したところ、「イノシシ！　ドシンドシンって歩くから大太鼓」との声。そして全員そろって足を踏み鳴らし、腕をいかつく前後させながら、イノシシになりきっての歌唱が行われた。
>
> 　次に、「先生、歌う動物を見つけたい」との発言があり、「歌うのは鳥だ」「山にいる鳥は、キツツキ！」ということで、キツツキを表現することになった。歌い方をたずねると、「コツコツ、コツンコツン」。木をうがつキツツキの音は鳥の鳴き声ではなかったのだが、実際にそのように歌ってみた。すると、「違う、違う。キツツキには、カスタネットが似合う」と、子どもの方から楽器変更の提案があった。
>
>
> （事例／写真：筆者）

3　聴く・考える・工夫する（＝主体的な表現に生まれ変わったコンサート）

　保育者主導で内容を決め、出演のために練習を重ねていた音楽発表会の状況を変ようと、この夏、新たな取り組みを開始した幼稚園がある。保育者が選曲した曲で合唱と楽器遊びを年長児が発表してきた地域の星空コンサート。子どもが「聴く・考える・工夫する」の視点を取り入れたチャレンジである。

　6月中旬から始める練習の初回、今年は、「どんなことをやりたいか」と子どもに問いかけることから始まった。すると、保育者の投げかけに興味をもった子どもが多く、「歌が歌いたい」「踊りが踊りたい」「楽器で演奏がしたい」「縄跳びを見せたい」などの声が挙がる。そこで、「どんな歌や踊りがいいかな？」「どんな楽器を使いたい？」などと話を進めていくと、「星空サマーコンサートだから星の歌がいいんじゃない？」「きらきら星は？」「星のステッキを持って踊ったら？」「電気をつけて星がキラキラ光っているみたいにしたら」などと

保育者が予想した以上にイメージが広がり、次々に子どもから発言があったそうである。

　さまざまなやりとりの後、星にまつわるお話仕立ての歌「星がルンラン」（村田さち子作詞・藤家虹二作曲）を保育者が提案すると、歌詞に物語を付け加え、オペレッタのような演出を

行うアイディアが子どもから出てきた。それからは毎日、登場人物や背景や衣装などについての話し合いが行われ、遊びの時間にも自発的に衣装や小道具作りを行う幼児も出てくるような展開が生まれたという。

次のエピソードは、この取り組みのなかでの音楽的な気づきに関するものである。

事例 7-8 素早い半音階に「流れ星」が見えた？

5歳児クラス　7月

『星がルンラン』の詩の内容から、子どもは「おもちゃの国」「お花の国」「お菓子の国」の３つの場面を想定し、それぞれ、「おもちゃのチャチャチャ」（野坂昭如作詞・越部信義作曲）、「おはながわらった」（ほとみこうご作詞・湯山昭作曲）、「ふしぎなポケット」（まどみちお作詞・渡辺茂作曲）の各曲を挿入することになった。「ふしぎなポケット」に合わせ、「星の子」役と「お菓子の精」役が、前で振り付けしながら踊っていたときのことである。

お菓子の精役のA子は、小道具を持っているのでポケットを叩く表現ができない。自由に動いている星の子役のように、もっと何かを表出したいらしく、「先生、こうやったらいいんじゃない？」と保育者に話しかける。「タ〜ラララランのところでお菓子の人は回るの」というアイディアであった。

「タ〜ララララン」とは、『ふしぎなポケット』のピアノ伴奏の後奏である。低音のトレモロに乗って半音階が素早く弾かれ、最後に主和音が鳴らされる。その箇所で、「お菓子の精はみんなで一回転するとすてきなんじゃないかな」という提案。

保育者が、A子のアイディアを全体に紹介すると、「できるかもしれない」「やってみたい」という発言が、「できないかもしれない」を上回っていた。子どもの意欲を感じた保育者が、「じゃあやってみようか」と話すと、「できない人はポーズでもいいよね」と、足を前に小さく出してモデルを見せながら、できないかもしれないと発言した友達を気遣うA子。

しかし、お菓子の精役の全員でやってみると、見事に成功。素早い半音階の動きのなかで、そろって一回転することができたのである。後奏の音の動きに、流れ星のイメージを感じ取ったA子の提案は、「ふしぎなポケット」の歌に「星」のテーマを効果的に重ね合わせた。このやりとりは、音楽を聴いて感じたことを表現につなげるというプロセスを、別の役の子どもたちの表現活動にも、波及させることになった。

（事例／写真：中仙道幼稚園）

筆者は、昨年度からこの幼稚園での音楽表現活動に関わっているが、この取り組みの前後における保育者の発言に、大きな変化があったと感じている。昨年度の発表会に際しては、

「どう歌わせたらいいか」「ここのリズムはこれでいいか」「音の重なりをどうしたらいいか」……といった、技術・指導方法に関する質問内容ばかりであった。しかしながら、この取り組みが始まってからは、「子どもが、こんなことに気づいたんです」「子どもが、こんなお話を作ったんです」「子どもが、こんな小道具を作ったんです」などと、子どもが何に気づき、何を表現しようとしたかといった内容を、毎回耳にするようになったのである。

担当保育者は、「取り組み始めたころはどのように仕上がっていくのだろうかと不安も多かったが、子どもに相談し、共に考えながら進めていったことで、『おもしろい』『やった！できた』などの思いを子どもと教師が共有しながら取り組むことができた。反省点や課題はいろいろあるが、子どもの思いを活かし、共に考えながら進めてきたことで、子どもが受け身ではなく、自分達で作り上げていくことを楽しむ姿が見られた。また今まで経験したことを活かしていこうとする姿も見られた。保育者自身も子どもの発想や共に考えながら取り組むことを楽しむことができた。これは今までの星空サマーコンサートでの取り組みでは見られなかった姿である」と述べている。子どもの「感じる・考える」を大切にするという発想により、子どもの表現の有り様は大きく変化した。そして、教師の教師自身が共に考えることを楽しめるという、理想的な循環をそこに成立させているのである。

4 わらべうた遊びと「幼児期の終わりまでに育ってほしい姿」

わらべうた遊びには、伴奏がない。歌い遊ぶ子どもの声は、だれともなく徐々に高さや速さが合ってくる。遊びに夢中になりながらも、まわりの声を聴いて高さを合わせ、動きの速さを調節しているのだ。また多くの遊びには、「じゃんけん」を始めとする勝ち負けが含まれるので、悔しさや喜びの小さな感情体験を伴う。さらに、仲間同士で遊び方を工夫したりルールを作り直したりするなど、子どもが繰り返し遊びを楽しめる要素が備わっている。

事例 7-9 「おてぶしてぶし」

2歳児クラス　1月

2歳児のわらべうた遊び。お互いの顔が見えるように輪になって、保育者の歌う「おてぶしてぶし」に合わせてからだを左右に揺らしたり、ビー玉を手のひらに入れた保育者の仕草のまねをしたりしている。歌の終わりに、ビー玉がどちらの手に握られているのかを当てる際、片方だけでなく、両方に手を挙げる子どももいる。「絶対にこっち！」と意思をはっきり示す子どももいる。

小さな決断が必要な瞬間である。「3、2、1…」と一緒にカウントダウンして、結果を待つ。保育者が手のひらを開くと、喜んでイスから飛び出してくる子ども。外れていても、「当たった」と喜んでいる。

(事例：筆者)

> 事例
> **7-10**　「はないちもんめ」

4歳児クラス　9月

　「どうやってふたつのグループに分かれる？」奇数であったため、2グループが同数にならないことに気づいた子どもから、「人数が合わんよ」との声。すると「グッパで決める？」とのアイディアが出る。子どもらは相談し意見を出し合いながら、自分たちで遊びを進めようとしている。
　遊びは、本気モードに盛り上がっている。「Aちゃんがいい」「ちがうよBちゃんがいい」と意見が対立するなかで、「Cちゃんが一度も呼ばれてないから、Cちゃんにしよう」と意見が出る。

（事例：筆者／写真：八木保育園）

　わらべうた遊びには一定のルールがあり、子どもはそれを守ることが楽しく遊ぶことにつながることを学んでいる。自分の気持ちに折り合いをつけたり、どのように伝えたらよいかを考えたりしながら、遊びを展開している。事例7-10では、ふたつのグループに分かれる際のルールを探っている。自分たちで相談して遊びを進めようとしているのだ。人数分けの話し合いのなかでは、「数への関心」が芽生えているかもしれない。また、相手チームの子どもを名指しする際には、一度も呼ばれていない子どもを選ぶといった、友達に対する思いやりの気持ちが見てとれる。
　このように、わらべうた遊びを「幼児期の終わりまでに育ってほしい姿」を視点として見れば、「言葉による伝え合い」や「豊かな感性と表現」はもとより、「協同性」や「自立心」、「道徳性・規範意識の芽生え」、「思考力」など、そこに、さまざまな育ちの姿があることが確認される。

小学校音楽科への学びの連続性

　幼稚園教育を通じて育みたい資質・能力としての「知識及び技能の基礎」「思考力、判断力、表現力等の基礎」「学びに向かう力、人間性等」は、幼児教育においてその基礎・土台が培われることで、小学校以降の教科等の指導でのいっそうの伸長がある。小学校学習指導要領によると、小学校低学年の音楽科において、それらには以下のような目標が示されている。p.176のリズム遊びの例は、主に（1）の「知識及び技能」に関連する内容となる。一方、（2）は「感じる・考える」表現活動のなかで、そして（3）はあらゆる音楽表現活動のなかで育まれる内容であり、表現活動の方向目標として意識しておくと音楽の表現を深めることができる。

　　（1）「知識及び技能」の習得に関する目標
　　曲想と音楽の構造などとの関わりについて気づくとともに、音楽表現を楽しむために必要な歌唱、器楽、音楽づくりの技能を身に付けるようにする。
　　（2）「思考力、判断力、表現力等」の育成に関する目標
　　音楽表現を考えて表現に対する思いをもつことや、曲や演奏の楽しさを見いだしながら音楽を味わって聴くことができるようにする。
　　（3）「学びに向かう力、人間性等」の涵養に関する目標
　　楽しく音楽に関わり、協働して音楽活動をする楽しさを感じながら、身の回りの様々な音楽に親しむとともに、音楽経験を生かして生活を明るく潤いのあるものにしようとする態度を養う。

―――― この章で学んだこと ――――

● 表現する子どもの姿から、感じる、考える、そして工夫するといった内的なプロセスを読み取ることの大切さ。

● 豊かな音楽表現には、環境を通しての教育が大切であること。子どもは、身体の諸感覚を通して環境と出会い、対話し、そして表現したいという気持ちが育まれる。

● 子どもの音楽表現がより豊かに展開するための、環境構成・子ども理解に基づいたねらいの考え方・教材研究のあり方について。それが、資質・能力の育成につながっていく。

● 子どもの素朴な音楽表現に気づき共感する感性と、豊かな表現を誘うことのできる知識や表現力を、保育者自身が身につけたい。

第 8 章

子どもの豊かな感性と造形表現

———— この章で学ぶこと ————

乳幼児にとって造形表現はどのような意義があるのか。
具体的な子どもの姿から表現の生成過程を捉え、
「感じる・考える・工夫する」造形表現の具体的なあり方に触れる。
子どもは豊かな感性を働かせてものごとに関わる探索者であると同時に、表現者である。
そのような子どもの姿を丹念に捉えられる保育者としての資質・能力を養いたい。

§1 乳幼児にとって造形表現とは

太古より、人は感じて、考え、行動することを通じて多様な意味や価値を創り出してきた。そのことを他者と分かち合うために、造形（形、色、質感）という定着可能な表現を今に至るまで発展させてきた。描いたり、つくったり、それらを用いたり、飾ったりなどして楽しむことは、人としての本能に由来する行為だろう。本節では、乳幼児の具体的な姿から造形表現の生成過程に着目し、乳幼児にとって造形表現とはどのような意義があるのか検討したい。

1 「もの」（こと、人、場所）との対話

乳幼児期の子どもの生活は、探索活動に満ちている。生後3か月の乳児が自身の手をじっと見入る（ハンド・リガード）。

2歳児、植え込みにダンゴムシを見つけては手に取り、くまなく観察する。4歳児、草花から色水をつくり、光に透かして見る。5歳児、大小の箱をつなげてロボットをつくり、日々改良を加えていく。このように、子どもは自ら世界に働きかけ、対象と対話（呼びかけ－応答：やりとり）しながら、納得のいくまでその場に身を投じている。

元来、子どもは、「知りたい、わかりたい、できるようになりたい、そのために行動したい！」という根源的な能動性に基づく存在である。そして、それらの出来事を身近な人に伝え、分かち合いたいという思いが「表現」の源となる。そのような子どもの「生」のありようを直接的に受け止めて、達成感や満足感から自己実現に向かい、自尊心を育むことにつながるのが造形的な創造活動（造形表現）である。

造形活動におけるコミュニケーション過程

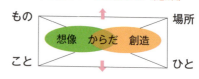

造形表現の特性は「もの」（こと、人、場所）との対話である。右の図は、想像力と創造性が宿る場としてのからだ（心身）が、世界と対話関係にあることを表している。その関係性のなかで、つくり出す喜びやみる楽しみ（意欲＝学びに向かう力）が醸成され、生活や社会に接続する生き方のデザイン（人間力）が養われることを示している。造形活動におけるコミュニケーション過程は、対象への呼びかけ－応答により、自他の変化を楽しむ探索活動そのものといえよう。

2 触れて、感じて、表現する

触れることはあらゆる感覚の基盤となる。手や指、からだ全体で直接「もの」に触れることはもとより、目で若葉に触れる、耳に風の音が触れる、オレンジの香りや味わいに触れるなど、全身で多様な世界にふれあうことが可能である。とくに乳幼児期の子どもは、身体の諸感覚を働かせて対象に触れながら、感じて、表現し、多様な世界との関係を結んでいる。

事例 8-1 身体の諸感覚で触れる——木片を磨く

● 4・5歳児クラス 12月

12月の小春日和、園庭で4・5歳児が木にふれあい、遊びの中で木片（スギ材）を磨き始める。磨く（呼びかけ）行為に対する手応え（応答）がからだにダイレクトに伝わると同時に目に見えて滑らかに変化していく木片のさまに、子どもたちは真剣なまなざしで磨き続ける。

▶〈触り心地〉 手の平になじむ大きさの木片を手にした子どもたちは、紙やすりをかけて夢中になって磨く。しばらくすると「見て！ つるつるすべすべになってきた！」とK也。近くにいたM奈も自らの頬に擦り寄せる。「ここが好きなの」と磨きをかけたお気に入りの部分を「さわってみて」と差し出す子もいる。

▶〈香りのこと〉 「どんな香りがする？」保育者の声に、木片を鼻先に持って行ったH実から「うーん、ちょっと甘い匂いがする」Y斗からは「えー、おじさんの匂いに似てるよ」と声が返ってくる。

▶〈音が変わる〉 4人で円を囲むように座り込む5歳児女児のところからは木片を磨く音と共に鼻歌が聞こえてくる。F雄は隣にいるS士の磨く行為（音）が気になる。「Sくんのは音が違うねえ」保育者が「どんな音なの？」とたずねると、「なんかやさしい音がする」とF雄。すかさずS士は「やさしい音でもできるんだよ」と言う。「Sくんは、あまり力を入れてないんだね」と保育者が言うと、F雄は「そうかあ、力を入れなくても大丈夫なの？」と、自ら磨く手の力加減を変えてみる。「あ、ぼくのもやさしい音になってきた」

▶〈名づける〉 だんだんと木の粉が出てくると、「きなこみたい」とT基は手元に集める。しばらくしてT基は木片を磨きながら、「ねえ、これに名前つけない？」とR夫に話しかける。「これ、きなこにする」「うーん、じゃあこれはライオン」とR夫。互いに愛着をもって名づけた木片を心ゆくまで磨き続ける。

（事例／写真：大森こども園・BFAプロジェクト）

磨くという単純な遊びのなかにも、子どもは手元で木片に触れ、感触の変化、香り、音の違いから対象への向き合い方の調整に至るまで、身体の諸感覚で感じ取ったことをもとに楽しむ姿がある。さらに、磨き続けた木片に自ら名づけることは、対象が自身の手の中で特別なものに変容した証だろう。この活動では保育者も自ら木片を手にし、子どもの触れている世界を共に感じ、やわらかな表情で子ども同士のやりとりをつないでいた。

3　「もの」（ごと）に向き合う感性

　日々、子どもはさまざまなものごとに向き合い、心を動かしている。猫を見つけて足を止め、雨や風の音に耳を澄まし、セミの死骸に群がるアリに目を見張り、昨日よりも大きくなったナスにそっと触れてみる。園の行き帰り、散歩の途中、遊びのなかで、生活の至る所で新しい出会いに心をときめかせ、ふと「なぜ？」という疑問を抱き、子どもなりに考えたことをまわりの人々と共有しようとする。この「もの」（ごと）に向き合い、よくみたり、触れたりする行為自体が遊びであると同時に、造形表現の芽生えでもある。そのような事例を紹介したい。

事例 8-2　向き合う①──ひたすらに　　　　　　　　　　　　　　3歳児クラス　4月

泥水・桜の花びら

泥水に浸る

　4月、桜の花びらが舞い落ちるころ。園庭の土山では、登る、滑る、転がる等の全身で挑む思い思いの遊びが展開し始める。その傍らで、K樹は大小の竹の筒に泥水を入れ、ただひたすら水を入れ替える遊びに興じている。持ち手に感じる重みの変化や流れ込む濁流の音と共に、桜の花びらも行ったり来たりを繰り返す。K樹は目の前の動的な世界にじっと見入り、全身で入り込む。
　また、室内で遊ぶことの多いM代も春の暖かさに誘われて、砂場の水たまりへ。ひとたびその感触をあじわうと、来る日も来る日も同じ体勢で水たまりの世界に遊び、その楽しさに浸り続ける。

（事例／写真：谷戸幼稚園）

事例 8-3 向き合う②——それぞれの向き合い方で

● 5歳児クラス　10月

　地域にある美術館を訪れた5歳児たち。数人のグループになり、それぞれに美術作品と向き合う時間を過ごす。

　あるグループは、野外彫刻に身を寄せて「ねえ、こんな感じ？」とその表情をまねして見せ合うことを楽しみ、またあるグループは、光の差すエントランスで自分たちのからだを組み合わせてできる影の形づくりを楽しんでいた。さらに、色とりどりに色面構成されたインスタレーション作品の中では、色鬼遊びが始まる。「赤」「緑」「白」……固有の色名を示すものの、真っ白もあれば、黄色味を帯びた白もある。「うーん、ま、いっかあ」とそれぞれ色には幅があることを受け止めつつ、曖昧さを許容し合いながらゆるやかに遊びが展開していく。

　美術館内で目の前に現れた作品は、大きく目を見開いて逆さの体勢になっている裸婦だった。「この人はねえ、逆さになっているから、こうやって見なくちゃならないんだよ」とY太は自ら床に手をつき、足元から顔をのぞかせて作品に向かい合った。

フェデリコ・エレーロ《Landscape》2008年
ハラ ミュージアム アーク

（事例／写真：認定こども園清心幼稚園）

　泥水を通じた感覚的な遊びや、身体性を投じた遊びや捉え方は、子どもならではの「もの」（ごと）への切実な向かい方である。このような子どもの自発的な行為が受容され、共感的に受け止められるなかで豊かな感性が育まれ、あらゆる表現活動の素地が耕されていく。

2 造形表現の芽生え

　造形表現とは、からだ（心身）と世界との対話＝「表し」とその「現れ」である。多くの場合、結果としての現れに意識を向けがちであるが、子どもの表しの過程、すなわち世界に対峙するあり方に目を向けることは、いま・ここに生きる子どもの全体を受け止め、同時に保育者もその場を共に生きることを意味する。そのような関係性から、日々のなかにあるふとした造形表現の芽生えに気づき支えていく保育者側の感性も磨かれていく。"子どもが対話する世界"との対話を通じて、保育者自身も子どもと共にある探究者でありたい。

1 遊び＝探索活動を誘発する造形性

　子どもは、目の前に砂があれば触りたくなる。砂の上でひとすじ指を動かせば、そこに跡が残る。その感触や痕跡に触発されて描くことが始まる。また、水たまりがあれば、ちゃぷんと足を浸してみたくなる。浸した足を蹴り上げて、水しぶきを上げてみたくもなる。布が一枚あれば、それに全身包まれ、「おばけだぞー」と声色を変える。このように、身のまわりの造形性（形・色・質感）は、私たちの身体性（気づき、感じて、行動する）や遊戯性（探索活動）を喚起する。

事例 8-4　描くことの始まり──こぼしたヨーグルトから　　9か月児

　Y志の離乳食にも慣れてきた一方で、母親はY志の食事の際の食べこぼしに少々神経質になっていた。この日もY志は派手に手元のヨーグルトをテーブルの上に倒し、広がる白い液状を眺めていたかと思うと、手を出してすーっと指で伸ばしていく。やがて、この行為は指先から手の平に広がり、瞬く間にテーブルの上は白いフィンガー・ペインティング状態と化していた。食事の際の躾は念頭にあるものの、Y志が喜々としてヨーグルトの感触や手指の痕跡をあじわっている様子に触れ、母親もこの時ばかりは自身の育児観を解放し、この行為をY志の描くことの始まりとして受け止めた。

（事例：筆者）

　フィンガー・ペインティングの創始者とされるR・F・ショウは、「手は筆より前にあった」とし、絵の具の伸びやかな感触を指や手の平全体で解放的にあじわうことによる情操教育を

重視した[1]。乳児にとって、ヨーグルトは絵の具よりも身近な素材である。その質感（造形性）が、自ら手の感触として確かめてみたい、という乳児の探索活動に導いた。子どもの能動性は、ときに大人の価値観に反することもあるが、危険を回避したうえで折り合いがつく場合には、子どもの意欲が具現化する場を温かく見守りたい。

フィンガー・ペインティング

事例 8-5　遊びに誘う場の包容力――砂場での宝探し
● 5歳児クラス　6月

砂場での宝探し遊び

砂場でままごと遊びをしていた女児3人。遊びが一段落すると、S香が「これ全部埋めちゃおう」と提案すると、M子とF由も賛同し3人で砂場に大きな穴を掘り出した。
使っていた用具をすべて入れ込むと、さらにS香は「今度はここから、宝探ししようよ」と投げかける。埋めたそばから再び掘り起こすという、全身で砂に立ち向かう一連の姿が見られた。
（事例／写真：筆者）

　砂や土には、子どもの遊び＝造形的な探索活動を幅広く受け入れる包容力がある。砂場ではさらさらの砂状から水を加えれば型抜きやお団子づくりが可能になり、山をつくればそこに水を注ぎ川や水場ができる。山にはあちらとこちら側から手探りのトンネルがつながる。土山があれば、泥にまみれ、滑り、転がり、全身で土に戯れ、泥んこ状態の感触に浸る溶解体験が可能になる。さらに、掘る、埋める、形づくるなど可塑性に富むことも砂や土の際立った特徴だろう。このような遊びを通して、子どもは身体の諸感覚を活性化させるとともに、さまざまなひらめきやイメージを具現化するなかで、ものごと（学び）に向かう力を育んでいる。砂場や土山は、子どもの働きかけに素直に応じ、形や質感の変化を伴いながら子どもの知性や感性を磨き、創造性や表現力を育む懐の大きな遊び場である。

土山で泥んこの感触を楽しむ　（写真：谷戸幼稚園）

第8章 ▶ 子どもの豊かな感性と造形表現

2 「もの」を介したコミュニケーション

　乳児と他者との関わり合いにおいては、互いに注視することを楽しむ対面注視を経て、他者と共に同一の対象を「みる」共同注視の関係から共感性が生まれるという[2]。これは、私たちが共に「みる」こと（共視）から意味や価値をつくり出し、分かち合う関係性のなかで生きる存在であることを示している。「もの」（対象）を仲立ちにすると、会話がはずんだり、コミュニケーションが活性化したりすることは、日常においてだれもが経験することだろう。また、造形表現も私たちが日常的に利用している言語（読み取り、やりとりが可能）のひとつであることを忘れてはならない。このような考え方は、イタリア、レッジョ・エミリアでの教育における「100の言葉」の精神につながる。つまり、子どもは100の言葉（言語）をもち、多様な表現活動を営んでいる[3]。そのことに大人は気づき受け止め、対話していく姿勢が重要となる。造形表現（言語）はその最たるものとして、子どもをめぐるコミュニケーションの中心に位置づいている。

事例 8-6　共にみることから①──お話しながら描く　　● 3歳児　12月

　最近、線遊びを楽しむことを経て自らの描画に名づけるようになったT久。母親もその変化に気づき、T久が何を描いているのか語るようになってきたことをおもしろがっていた。この日もT久が描き始めたその背後に母親が回り、描く紙が動かぬよう両手で押さえながら「おっ。T久くん、大きなまるをかいたね、これなあに」とたずねると、T久はお皿だという。「お皿の上には何がのってるの？」「トマト」と小さな円を結ぶ。「ステキ！まだ何かのってる？」と母親がたずねると、「キュウリと、キュウリは点々がついてるんだよ。あと、レタスと、にんじん」と自然なやりとりを楽しみながら、T久はカラーペンを手に、ゆっくりと落ち着いた呼吸で描き終えると、満足そうに母親と笑みを交わした。

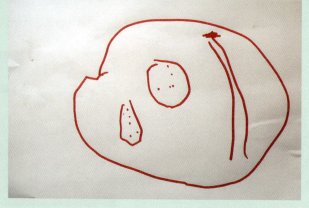

（事例／写真：筆者）

事例 8-7　共にみることから②──読み聞かせの絵から

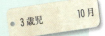

　Y都は寝る前のひととき、母親の膝に座り絵本を読んでもらう。この日は『おおきなかぶ』を読み進め、「～それでもかぶはぬけません」と母親が次のページをめくろうとしたその時に、Y都は少し考え込み「うーん、砂をよければいいよ」と言う。挿絵をよく見ると、確かに大きなかぶのまわりを土（砂）が覆っている。Y都なりに絵本の世界に感情移入し、登場人物らと共に問題解決したい一心による発案だったのだろう。実際に畑で土をかき分け、野菜を収穫する実体験に基づく思いつきだと母親は心から共感し、その思いをY都と分かち合った。

（事例／写真：筆者）

　上記は、描く（みる）ことと絵本を介したコミュニケーションの事例である。どちらにも共通する"みる楽しみ"は、表現することと表裏一体である鑑賞活動にもつながる。造形表現を読み取り可能な言語として幅広く捉え、あらゆる場面を通じて子どもと、もの、こと、人、場所といった世界との関係性を取り結ぶ媒介としての可能性を見いだし、積極的に楽しみたい。

3　日々の生活（自然）と共にある造形表現

　造形表現の芽生えは子どもの日常の遊びや生活のなかに見いだすことができる。子どもは日々、さまざまな素材に触れて造形的な遊びを楽しんでいる。また、音、形、色、手触り、動きなどに気づき、感じて楽しむ姿は、全身で周囲の世界に関わり、さまざまな感覚をあじわいながら「知」に向かう姿でもある。

　なかでも、自然はおおらかで懐（ふところ）の広い環境や素材を日々の保育にもたらしてくれる。草花、木、実、虫や小動物といった生命。水、砂、土、泥などの自然物。光、雨、風などの自然現象。子どもは、これらの事物に触れ、心を動かしその神秘的なものごとを繊細に感じとったり、全身で対象に挑んだりしながら、四季折々の自然と共に自身の内部に宿る自然＝生命力（野生）を呼応させている。このような自然との対話から造形表現につながる事例を見ていこう。

事例 8-8 命あるものとして

● 4歳児・5歳児

〈お花屋さん　4歳児〉

お花屋さん

　園庭の片隅に、木枠を草花であしらい、季節の花を並べたお花屋さんが開店する。この園では、登園の際に子どもも保育者も道すがら草花を摘んでやってくるという。園に持ち込むことで、それらの草花がより生き生きとする場面に出会ってきたからだろう。野に咲く草花はそれだけで美しいが、子どもの感覚や行為によって新たな命を吹き込まれた草花も愛おしい。

（事例／写真：谷戸幼稚園）

〈四季を感じる暮らし　5歳児〉

　四季折々に、木々の変化が季節の移ろいを伝え、草花が芽吹いてはやがて土に戻る。園庭は四季を感じる暮らしの豊かなフィールドである。その中心に5歳児が携わる畑がある。12月、次年度の新入生を迎える準備としてチューリップの球根を植える。

　チューリップが色とりどりの花を咲かせるころには、新しい5歳児たちが畑の主になっていく。同じころ、園庭の端々で細くやわらかなタケノコが顔を出す。年小児たちも、タケノコを採って5歳児に渡せば何とかなる（食にありつける）ことを知っている。収穫したタケノコは園庭でスープにしていただく。園庭の夏ミカンの木にも白い花が咲き、緑色をした小さな実は少しずつ大きくなって次々に黄色に色づく。ミカンは自分たちで皮を剥き、そのまま食べたり、ジュースにして飲んだりして、自然の恵みへの感謝が続く。やがて、自分たちの手で耕した畑に夏野菜の苗を植える時期がくる。枝豆、ピーマン、ミニトマト、キュウリ、ナス、オクラ。毎日世話をし、少しずつでも確実に育つ苗の様子を見守る。園庭に自生するタケノコやミカンとは異なり、遊びのなかで毎日のようにふれあい、変化を追う野菜たちは一緒に暮らす仲間のようである。園庭の中心で、日々子どもたちは命の生長に向き合っている。

　園庭を見下ろす場所にある大イチョウは、この園のシンボルツリー。子どもたちは、イチョウの木に登ろうと繰り返し挑み、秋の深まりと共に舞い落ちる黄金色の葉に身を委ね、飼っていた生き物が亡くなると、木の根元に葬り、手を合わせる。巡る命の象徴でもあるイチョウの木は、子どもの「生」のありようをおおらかに受け止めると同時に、子どもたちが描く絵の中にも自然に息づいている。四季折々、自然と共に暮らしていることの実感が、子どもの造形表現に現れる。

（事例／写真：お茶大）

§3 「感じる・考える・工夫する」造形表現のために（教材研究）

　子どもは感じたこと、考えたことなどから表したいイメージをもつ。そして、自由に描いたりつくったりしながら、具体物を通じて見えるものや触れられるものとして具現化する。その際、多様な素材や用具に親しみ、手応えを感じながら工夫して遊ぶなかで、「もっとよくするにはどうしたらよいか」と試行錯誤を繰り返し、納得のいくまでやり抜く達成感をあじわえることが造形表現のよさである。

　このような遊びを通じたよきあり方を探ることは、大きくいえば、よりよい生き方を探ることと同義であろう。また、子どもたちが協同してよきあり方を探索する姿は、よりよいコミュニティ（社会）のあり方を探ることにも通じる。したがって、乳幼児期の子どもたちが造形的な遊び＝探索活動を通じて表現する行為は、自らの生き方を創り出し、他者と共に創造的な社会を構成することの素地を養うことといえよう。すると、領域「表現」において「感じたことや考えたことを自分なりに表現することを通して、豊かな感性や表現する力を養い、創造性を豊かにする」[4]ことは、表現者としての市民を育むことであり、日々の保育が平和で持続可能な社会の創造に直結する営みであることに気づく。

　H・リードは『芸術による教育』において、「想像力による教育は、調和やリズムに関する具体的な感覚の覚醒を個人に与え、それによって、子どもが生活や活動において、ある有機的な優美さや美を帯びるようにする、というものです。そのような教育によって、私たちは子どもに『関係に対する本能』に気づかせます。その本能によって、理性が現れる前であっても、子どもは、美と醜、善と悪、良い行動のパターンと誤れる行動のパターン、気高い人と卑しい人とを見分けることができるようになるのです」[5]と記している。つまり、造形活動を通じて、子どもたちが「よりよくありたい」と願い、手を動かし試行錯誤するなかで「関係に対する本能」から美的次元（平和）の対極にある醜や悪（戦争）を見抜く目を養うようになるというのである。ここに、乳幼児期において豊かな感性や表現を育むことの必然性が見えてくる。

　このような考えに基づき、ここでは「感じる・考える・工夫する」造形表現の教材研究として、事例を挙げながら具体的な造形行為に着目し、その意義について検討したい。

1 「感じる・考える・工夫する」表現活動を支えるために

　子どもの「感じる・考える・工夫する」姿を支える保育者は、柔軟な姿勢でものごとに向き合い、子どもの表現活動を共感的に受容したい。「表現」は、「表し手」と「受け手」双方の関係性によって成り立つ。一般的に伝達意図のないものを「表出」、あるものを「表現」と見なすが、「表し手」の伝達意図の有無に関わらず、「受け手」がそこに伝達の意味や価値を見いだすことにより「表出」も「表現」として成立するのである。子どもの「生」のありよう＝存在を「表現」と受け止め、子どもの感性や行為に真摯に向き合いたい。

　子どもの「センス・オブ・ワンダー＝神秘さや不思議さに目を見張る感性」の持続に言及するレイチェル・カーソンは、「私たちが住んでいる世界のよろこび、感激、神秘などを子どもと一緒に再発見し、感動を分かち合ってくれる大人が、すくなくともひとり、そばにいること」が必要だという[6]。日々、保育者自身が子どもの感性に目を見張り、美しさや未知なるものに触れる感激、思いやりや憐み、畏敬の念や愛情などのさまざまな感情を表現活動（＝可視化、再認識への契機）へとつなぎ、子どもと共に分かち合いたい。

2 触れる（感触遊び）

　生まれたばかりの子は、母親に抱かれ「触れる」行為によって初めて外界を知る。触れる＝触覚（皮膚感覚）は「皮膚―自我」と捉えられるように[7]自己の感覚そのものであり、自らの人生を身をもって生きるうえで欠くことのできない「生」の基盤となる感覚である。この素地を養うのが幼少期であり、母子の「ふれあい」をはじめ身体接触の重要性は科学的にもよく知られている[8]。十分に身体接触を重ねることが子どもの安心・安定につながることはいうまでもない。

　造形活動もまた、からだ（心身）と外的世界との直接的なふれあいによって成り立つ。落ち葉の中に行けば、カサカサ、ガサゴソと足に楽しく触れる音が響き、太陽の光を浴びた枯葉の香りが鼻に触れる。たくさんの落ち葉をからだいっぱいに抱えて、宙に手放す。そのような遊びを繰り返すなかで、全身で落ち葉の感触をあじわい尽くす。新聞紙をちぎったり、破ったり、丸めたりしながら、その質感や音に触れる。柔らかな布に触れ、友達と一緒に包まれる温かな体験。触れることは同時に触れられることでもある。自他の境界＝皮膚を通じて対象に聴き入ることから、ものごとの本質や真髄に触れる体験を重ねたい。

| 事例 8-9 | 全身での感触遊び | 2〜5歳児　7月 |

〈感触の変化を楽しむ〉

片栗粉は、水を加えると特殊な質感（ダイラタンシー）が生じる。はじめはそのままの状態でサラサラな感触を十分に楽しむ。2歳児のT和は、自分の手のひらや甲、やがて腕にも片栗粉をたっぷり擦り込むような手つきを繰り返しながら、やがて隣にいた保育者の腕に、その感触の良さがわかるようにそっと触れて、にこっと笑う。言葉はないが「一緒にやろう」と誘いかけているようだった。

その後、少しずつ水を加え、ゆるやかに触れてはすりぬけていくような動きのある質感や、その変化を手や足、全身であじわう活動となった。さらに色（粉絵の具）を混ぜると、カップに詰めて色合い豊かなデザートに見立てたり、白黒それぞれの厚紙の上から垂らして形の変化や色が混ざる様子を楽しんだりする行為に発展していった。

〈事例・写真：認定こども園清心幼稚園／群馬大学「造形表現」授業：茂木・郡司担当〉

　子ども自らが働きかける行為を通じて状態や感触が変化するものは、子どもの心を魅了する。水、砂、土、粘土、質感の異なる紙など、身近なものに全身で触れる遊びを通じて十分にその触り心地や変化をあじわいたいものである。

3 描く

　人は、なぜ描くのか。『夜と霧』では、生命存続の危機という究極の状況下にある者にとっての切実な創造活動のありようが、心理学者の目を通して語られる[9]。生命活動を営む自身の存在を確かめたい、存在の証としての痕跡を残したい、という本能的な衝動に駆られる状況での表現は、その行為自体が生命の輝きであり、一本の線さえ意味深く尊い。乳幼児が描く行為にも、同様の視点が得られるのではないか。この世に生を受けたこと、存在としての証を確認できる行為としての描画。自身の描く行為（呼びかけ）による手応えや痕跡（応答）が、いま・ここに生きる実感を与えてくれる。

　ある園では、描く行為そのものが「楽しい」と思えるように、4、5月は屋外に出したテーブルに新聞紙を並べ、その上で絵の具の感触を楽しむことから始める（3歳児クラス）。スタンピングや手に絵の具が触れることに親しむなかで、少しずつ心がほぐれ、やがて絵の具

の中に自ら手を浸す子どもが出てくる。始まりは筆先にわずかな絵の具をつけていた子も徐々に大胆になり、筆先から絵の具が滴る感じをあじわう。このような解放感に満ちた絵の具との出会いを体験し、秋頃から線で描く遊びが出てくるという。ここでは描くことを目的化しない、十分な感触遊びを通じた描画材との出会いや体験が、子どもの心身を解放するためのものになっている。

（写真：谷戸幼稚園）

　このように子どもにとって表現と解放は、相互作用しつつ同時に進行していく。保育者は子どもに描くこと等のみを強いていないか、つねに見直したい。また、子どもの描画には発達段階における特徴がある。1歳前後〜3歳前後：スクリブル（線遊び）、3歳前後〜4歳前後：形の発見と命名の段階、4歳前後〜10歳前後：図式的な表現の段階、と見るのが一般的である[10]。これらを踏まえず、一方的な大人の見方で導いたり、逆に発達段階の特徴に縛られたりすることはナンセンスである。子どもたちとおおらかに描くことを楽しみたい。

事例 8-10　体験から描く

4歳児　11月

　11月、秋も深まるころ。サツマイモ掘りに行くと、全身でつるをたぐり寄せるときの体感や、土をかき分けぐいっとイモを引き抜く際の手応えがからだに残る。そのような体験が描画を通じて大事に園に持ち込まれる。子どもは自分のからだを覆うほどの大きな紙を前に、筆にたっぷりと絵の具を含ませ、のびやかな線で画面を描き巡る。紙の色と土の感じが重なり、筆を動かしながら自身とつるやイモが再び出会い直しをしているかのようである。土の感触や匂い、長く連なるつるやイモの大きさ、重さなど、全身であじわったものごととの応答性は、絵の具という柔軟な描画材を通して無理なく自然に子どもの描く行為につながる。

サツマイモを描く子ども

（事例／写真：谷戸幼稚園）

　この活動では、床に等身大ほどの大きなクラフトロール紙（茶色）を広げ、解放的な状況で描いている。画一的な白い画用紙を目にすると構えてしまう子も、薄く茶色い包装紙のような紙が広がるなかでは、気楽さと同時に目の前にサツマイモ畑が現れた印象をもって、描く活動に入り込めるだろう。

4 つくる

　子どもは無意識にも、目の前に「もの」があれば、並べる、重ねる、積み上げるなどして結合や分解を繰り返し、つくることを楽しんでいる。さらに、そのものを別のものに見立てたり、並べる場所や隣り合う関係性にも意味をもたせたりすることもある。子どもは、ものをつくることを通じて、自分なりの意味や価値をつくり出し、つくり変え、またつくり続けている。まさに子どもが「感じて・考えて・工夫する」姿そのものである。

　子どもが自らつくり出すことを大事にしている園では、「基本的に、片付けないで、（ものや状況が）見えるようにしておきたい」という園長先生の話が印象的だった。作家はアトリエで創造活動をする際に、必要なものは出しておく。それと同じように、子どもがつくっているものや必要な材料・用具は、いつでも手に取れるようにしておくという。子どもの活動は蛇行し、別の遊びに移行していく。それでも、つくっているものが目に入れば、子どもが再び手がけるチャンスが広がる。そのようにして、この園では5歳児の保育室に前年度から継続してきた"秋をつくる"活動を象徴する木が室内中央に大きくスペースを占めている。

　その傍らには「鳥のおうち」があり、中には子どもが一針一針縫ってつくった愛らしい鳥のぬいぐるみが数種類。その鳥たちと一緒に寝たい、という願いのもとにつくった枕もある。屋根部分からは電球が下がり、本当に鳥と子どもたちが暮らせるような小さな家が保育室のしつらいの一部となっている。ここには、日常的に園に出入りするアーティストも関わり、子どもの活動を支え、時に誘発したり補助したりしながら、相互に触発し合って創造的な空間をつくり出している。（以下写真：認定こども園清心幼稚園）

鳥のおうちで寝てみる

アーティスト（中島佑太氏）と共に鳥のおうちをリフォームする

子どもが手がけた鳥たち

事例 8-11 共につくり続ける——立体の製作に挑む

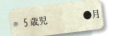
5歳児　●月

　K夫は、つくることが大好き。カプラの入れ物に描かれた立体構造に魅了され、平面の向こう側がどうなっているのかを知りたい、と言う。ときには設計図を描いてカプラを並べる、重ねる、積み上げることをひとりで延々と続けていた。そこに、K夫がつくるものや様子に興味をもつH也が加わり、ひと部屋を使ってふたりのカプラの空間が立ち上がる。K夫もH也も壊れることを恐れず、高さや大きさ、複雑な組み合わせに果敢にチャレンジしていく。そして、ダイナミックに崩し、再び立ち上げていく。破壊は創造のエネルギー源である。ふたりのあまりの真剣な姿に、年少児たちもそっと訪れては、その様子に見入り、また、そっと出て行く。やがて、つくることから生じるあれこれや、その先にある達成感をだれかに伝えたいと、保育者など受け止めてくれる人たちとつながり始める。表現はつねにひらかれたものであり、表し手と受け手の関係性で成り立つことに気づかされる。

壮大なカプラ

（事例／写真：お茶大）

　園のひと部屋に壮大な立体の構造物が現れる。毎日、少しずつ積み上げて、バランスを保ちながらユニークな形が広がっていく。子どもの熱中する姿がそこにある。時を同じくして、保育室では鳥に夢中の子どもたちが、繰り返し大好きな鳥の絵を描いたり、美しく彩った紙の羽をつけて鳥になりきっていたり、園庭には「鳥類園」ができるほどに鳥にまつわる遊びが展開していた。子どもたちは、たとえ別の遊びをしていても、大好きなものごとに没頭し、熱中してつくり出す気配を互いに感じ合い、共振し合っている。

園庭の鳥類園

5 みる―見立てる

　造形表現において、つくり出す（表す）ことの喜びは、みる楽しみと共にある。そして、子どもは見ているものの特徴や変化を捉えて、別のものに見立てる遊びが好きである。食事の際、食パンを食べるごとに変化するその形を捉えて「ねえ、何みたい？」とまわりの友達に聞き、それぞれの見方を楽しむ子がいる。園庭に手頃な木があれば、電車に見立て「ガタンゴトン」と言いながらひたすら線路の跡をつけて走らせる子がいる。キッチンでは、料理に使うさやいんげんを並べ、「鳥さん」に見立てる子。生活のあらゆる場で、みることの楽しみは広がっている。みること、見立てることは、イメージを広げ、その対象から新たな意味や価値を見いだすことでもある。

> **事例 8-12　場所やものの見立てから**
> ――階段を利用したお化け屋敷
>
>
>
> 　5月、紙に描いたおばけを薄暗い場所に貼る遊びが子どもたちのなかで流行り出した。この遊びはじわじわと続き、秋に入るころには、暗い部屋をつくろうと階段下に目をつけた子らが、黒ロールビニールや黒い布でその場所を覆い、真っ暗になる空間ができ上がった。子どもたちは喜び勇んで、お化けになる人、階段の踊り場からひもでお化けを吊るして驚かせる人、お客さんに分かれ、それぞれの役割になりきると同時に、周辺で見ている子たちを巻き込みながら遊びを展開していく。
>
> 　A宏は、ぬいぐるみにひと手間加えてお化けに見立てると、階段の踊り場から下に落とすことを発案した。そのぬいぐるみの表情に触発されたK帆は、自らの顔に同じような細工を施して、黒い布を羽織り階段下にいるお客さんをあっと言わせる様相である。「ぬいぐるみお化け」を手にしたA宏にたずねると、K帆は、その「お母さんお化け」だと（即興的に見立て）言う。
>
>
>
> お化け屋敷
>
> （事例／写真：認定こども園清心幼稚園）

　園内の空間をどのように活かすのか、普段見慣れている親しみのある場所を別のイメージに見立て、工夫して遊ぶダイナミックな活動である。さらに、上からものを落とすことはいかにも子どもが好きな行為であるが、たいてい危険を理由に禁止されてしまう。ここでは、お化けが柔らかな布であるために、それを遊びの経験として存分に満たすことができる。場所、ものの見立てが、子どもの行為そのものの意味をずらし遊びの可能性を広げている。

6 なりきる

　子どもはいとも簡単に"何ものか"になりきる。ごっこ遊びのなかで、あるいは大好きなものに触れることで、はたまた異空間に身を置いたり、特別な素材を身にまとったりすることで。なかでも、形・色・質感による造形性は、子どもがなりきることの

カラービニールを身につけて別の者になりきる

スイッチを後押しして、その身体性を喚起する。風に揺れるシフォンのスカートを身につければ、からだもふわっと軽くなる。紙でつくった鳥の羽をつければ、空も飛べる勢いだ。布一枚でもマントのように羽織れば力強くいられる。なりきるからだは、もうひとつの想像的創造空間を生きることができる。

事例 8-13　視点の変換──『ありとすいか』より　　●4歳児　5月

　3歳児だったY斗が図鑑で見たスイカを「頭にかぶりたい」と言い出したのは3月。そこから、副園長先生の応援のもとY斗自身が種の買い出しに行き、園庭に畑を設けることを他学年に交渉し、日当たりの良い園庭の真ん中に土を入れ込み（業者による）、遊びではない"本気の"スイカづくりが始まった。そのようななかで、担任による『ありとすいか』の読み聞かせをもとに、子どもたちから「アリになってみたい」という声が上がる。この絵本では大きなスイカに働きかける小さなアリの対比が絶妙に表現されている。ここに感化された保育者は、大きな不織布をスイカに見立てる提案をし、子どもたちの力で赤く彩られた大きなスイカが保育室に出現する。すると、子どもたちはさっそく働くアリになりきり、スイカの中に潜り込んだり、出入りしたりしながら全身で大きなスイカとのやりとりを楽しむ。やがて、Y斗のスイカづくりはクラスの仲間を巻き込み、"Y斗だけのスイカ"から"みんなのスイカ"になっていく。

保育室内の赤いスイカ

（事例／写真：認定こども園清心幼稚園）

　子どもたちのなりきるからだを支えた要素は、新鮮なサイズ観であろう。「アリになりたい」念願は、自分たちのスケールを超えた巨大なサイズのスイカが現れることにより、具現化される。一方、Y斗の「スイカをかぶりたい」という個人的な願望も、通常の園のスケールを超えてみんなを巻き込みながら実現に向かう。子どものなりきる＝やりきる姿を支えることは、関わる保育者も含めて創造的な次元への飛躍を可能にする。

7 あじわう

　造形表現は、可視化すると同時にそのものをあじわえるよさがある。あじわうとは、目で見て、手で触れて、身体の諸感覚を働かせ、じっくり時間をかけて対象に向き合うこと。そのなかで心の動きに感じ入ることである。ときに、実際に食して味覚としてあじわうことも子どもにとっては心躍る体験となる。料理の過程や食に関することはまさに造形活動であり、それを自他に向けて差し出すことは表現である。具材を切る、混ぜる、形づくる、煮る、焼く……。そこには豊かな香りや美味しそうな音があり、形や色、質感の変化がある。

　たとえば、美術作品はその多くが見てあじわうものであるが、作品から得たイメージを味覚に転じて食としてあじわうことも可能である。筆者が関わった「クレープ de アート」[11]という食のワークショップでは、中之条ビエンナーレにおける美術作品を親子で鑑賞し、その印象を地元で採れた野菜などの食材に置き換えて表し、クレープに包んであじわった。美術作品を鑑賞することから味覚へと移行する多感覚性、地域のアートプロジェクトを通じその土地の食材を食すことによる地域性、食＝生としての全体性を実現し、からだに地域を取り入れあじわう実践となった。このような食とつながりあじわうことの取り組みは、少しの工夫しだいで日々の保育においても実現可能であろう。あらゆる機会を捉え、子どもと共に生活や遊びそのものをあじわい深いものにしていきたい。

美術作品の鑑賞
2013年　中之条ビエンナーレ（群馬）志村陽子《うたかた》

鑑賞後の気づきをカードに表す

地元の食材との出会い

美術作品の印象をクレープに包んであじわう

第8章 ▶ 子どもの豊かな感性と造形表現

事例 8-14 幅広くあじわう──かおりやさん

● 5歳児　5月

A美は、家からレモンやオレンジの皮を園に持ち込み、かおりやさんを開いて訪れるお客さんにその香りを嗅がせてあげていた。お客さんからは香りだけでなく、目に見えるものや手に取れるものをくださいという声が上がる。そこで、柑橘類の皮と水を混ぜて瓶に入れてみるが、香りは薄まってしまう。A美は保育者と共に、園内の"香るもの"を探しに出かける。オレンジ、バラの花、あらゆる香りが集まり、そこから本格的なかおりやさんが始まる。その匂いを嗅ぎつけた男児たちは、自ら園内の"臭いもの"を集め出す。金魚の水槽などから水を採取し、フィルムケースに小分けし、分類する。こちらは、水研究所としての活動が始まった。

園庭でオレンジの香りをあじわう

（事例／写真：お茶大）

　香るものと臭いもの、対極にあるどちらも探究にふさわしい奥深いテーマである。光があれば闇があるように、子どもの世界は両極のバランスをとることで成り立っている。さらに、かおりやさんを始めたA美は、香りの世界を友達に手渡す遊びを経て、やがて園の中に「そうだんや」を立ち上げた。香りのような見えないものを可視化し手にすることは、確かにそのよさや思いを共有しやすい。一方、人には見えないままの手応えを欲し、見えないことでのつながりを得たい思いがある。A美の遊びのあり方をめぐり、子どもが始めることには切実な意味があるという気づきと共に、見えないものをありのままにあじわうことの意義を知る。ややもすると、あらゆるものごとを可視化し具現化する造形表現を、万能なものとして過信してしまうことがある。しかし、万能ということはなく、この事例が示しているように、子どもの思いや表現のありようは多様である。ゆえに、その時々にその子が欲することに心を寄せ、聴き入る必要があるのではないだろうか。幅広くものごとをあじわう感性を磨きたい。

§4 造形表現活動の実際

1 多様な「もの」との出会い

　乳児が寝返りを始めると仰向けだけの視野の状態から、世界観が変わる。ひとり座りが可能になり、ハイハイからつかまり立ち、伝い歩きへと移行するに伴い視野も拡充する。この時期の乳児はあらゆるものに興味を示し、すべてのものを口にしたり、触れたりしながら探索することを欲している。そこで、安全には十分に配慮しながら生活空間におけるさまざまな「もの」との出会いを保障したい。そんな思いから出発した作品（遊具）を紹介しよう。

事例 8-15　「ライフ×アート展」を通じて

● 1歳児　8月

　人のライフ（生・生活・人生）に生まれるアートをさまざまな角度から捉え展示し、表現する展覧会[12]。乳幼児に出会ってほしい生活のなかのいろいろなものをミニペットボトルに入れて展示した。ミニペットボトルは、楽器作りや色水を入れるなど保育の現場ではポピュラーだが、およそ100本のボトルの中身によって、造形性における類似したもの同士、響き合うもの同士を集めてケースに分類することにより、見せ方を工夫している。

涼やかな配色

8か月の子が興味を示す

親子で展示内容を楽しむ

（事例／写真：筆者）

2 ほぐれる・染まる・交わる

事例 8-16 スプレーアート　　5歳児クラス　4月

　園庭にロープを結び、白い布を張り巡らせる。すると「空から雲が下りてきたみたい」という子どもの声。淡い色の絵の具をボトルに入れ、スプレーで白い布をめがけ色づけをする。子どもたちは楽しくて思わずからだが動き出す。友達とかけ合ったり、自分を染めたりしながら全身色に染まっていく気分。隣にいる子の色、布を隔てた向こう側にいる子の色と混ざり合う不思議を体感する。スプレーよりも濃い色の絵の具と柄の長い筆を用いて、画家気分で布に対峙する子もいる。「天井に向かってシュッシュだっ」と、制限のない空間で思いきりからだで表すことの解放感をあじわいながら、自他の行為が色彩として交差し共に響き合う場の充足感に満たされる。

色に囲まれる

（事例／写真：お茶大）

　新年度を迎える4月は互いに張りきるからだの関係性である。そのような緊張をやわらかく解きほぐすうえでも、ダイナミックに心身を投じることのできる造形活動に取り組みたい。

3 日常の遊びから劇遊びへ

　子どもは、日常的にさまざまなごっこ遊びを楽しんでいる。自分とは異なる"何者か"になりきり、即興的なやりとりから瞬く間に想像的創造世界が広がっていく。ごっこ遊びの醍醐味は何度でもその場で内容が更新され、子どもたちがいま・ここを生きるなかでつねに新しい世界が創り出されることだろう。このようなごっこ遊びの延長に劇遊びを考えたい。ある園の園だよりでは劇遊びの会に寄せて次のようなメッセージを伝えている。「『演じる』こと、『〜のつもり』になることは、憧れの存在や興味の対象を自身の内側に取り込むことです。自分とは異なる人物になることによって、理想的な自分を作ったり、自分にはない部分を獲得したり、逆に自分という個性に気づいたり、そんなくり返しを重ねて、『自分』というイメージを鮮明にしていくのです。しかし、ごっこのやり取りは自分のイメージを推し進めるだけでは成立しません。友だちがどんなイメージを持っているかを想像し、そこに自分のイメージを重ねる、そんな複雑なことをしているのです。でも友だちとイメージを合わせてごっこ遊びができたときの面白さは格別！　この他者とイメージを共有する経験は、やが

て社会のなかで、規範意識やモラル、多様な価値観を人々と共有しながら、自分らしさを発揮して生きていくための、原体験になります」（一部抜粋）[13]。そこで、劇遊びの会に向けてこの園では次の4点を大切にしてきた。①自分のイメージをもち、安心して表現する。②友達のイメージを受け取る。③自分のイメージを友達のイメージに重ねながら劇空間を楽しむ。④言葉、身振り、音など、さまざまな表現手段を工夫する。これらは、表現活動を総合的に捉え、子ども自身の「感じて・考えて・工夫する」姿を支えていく視点でもあろう。

事例 8-17 手の研究所

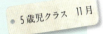
5歳児クラス 11月

　懐中電灯を光源に、クラスで影を楽しむ遊びが始まった。そこから、さまざまに手を組み合わせて形づくりを探索する「手の研究所」が始動した。しばらくすると、クラスに海外からOHP（入れ物の記載がすべて英語だったため、保育者が考案したファンタジー）が届いた。そのなかには、博士から寄せられた英語の手紙もあり、「大いに研究を深めるように」とのことだった。

　子どもたちは俄然やる気になり、連日OHPを用いた影の研究が盛んになっていった。そのようななかで、劇遊びの会を迎えることになる。5歳児クラスでは毎年子どもたちの話し合いで、劇づくりが進行する。「影が出てくるお話にしたらどう！」「全部影でお話つくって影絵にしたら〜」というA美。「お家の人がたくさん見に来るからきっとみんなの顔も見たいよね？！」とK樹。「光に吸い込まれちゃったり、光に当たると魔法がかかっちゃうとかどう？」S代。たくさんの意見が出る。実際に表現遊びを行い、互いの動きを見てはまねしたり意見し合ったりしながらお話づくりが進む。イスを丸くして話し合うことで、互いの意見を共感的に受け止め合う姿が見られたり、また実際に動いてみるなかで具体的なイメージが共有できたりするなど、一人一人の声が反映され劇づくりが展開していく。最終的には、手の研究所を舞台に、研究員や博士などが活躍する内容となり、日々、感じて考えて工夫しながら遊び込んできたものごとが、子どもたちの自然なからだを通じて表現されていた。

手の研究過程に見入る

手の研究所から発展した劇遊び

（事例／写真：谷戸幼稚園）

第8章 ▶ 子どもの豊かな感性と造形表現

実際にこの園では、子どもから始まった日常における遊びの過程が劇遊びの内容となり、遊びのなかでつくられたものがシアター空間に配置され、そのなかで子どもたちが生き生きと演じている。決して、大げさな身振りをさせたり、客席の方を向いて大きい声でセリフを言わせたりするものではない。「大人の指示やセリフや振り付けを子どもにあてがっていく活動では、想像力や創造性、社会性といった育ちは望めない。物語の世界の中で、自分の心持ちに素直な身体、人と響き合い、調和の取れた心と体を育むことが大切」という園長先生の話が印象的だった。

4 季節の行事を創造的に

　園の行事は子どもたちの成長を感じられる機会である。なかでもその行事に向けて、子どもたちが園全体の雰囲気を盛り上げようと自主的、協同的に準備してきたことは大きな達成感につながる。ここでは節分という季節の節目に際し、5歳児が下の学年の人たちに向けて楽しい豆まきを企画・準備し、当日をみんなで創造的にあじわうまでの事例を紹介する。

事例 8-18　節分会

5歳児クラス　2月

〈豆まきに向けて〉
　第1日目、ティームの仲間と協力して楽しい豆まきにしよう、という保育者の投げかけのもと、クラスを交えた4ティームのなかで「どこが一番ぎゅ〜っと小さくなれるか？」というゲームを行うことに。ティームで考え、さまざまに作戦を立てる子どもたちの姿が見られる。そしてティーム弁当。そこにはある指令書が届く。

しれいしょ
2がつ3にちの まめまきを たのしくすること。
一、まめのはこを チームの みんなで 40こ つくるべし。
一、おにを チームでつくり、まめまきのひに、だれかがおにのやくを するべし。
いじょう、2がつ2にちまでに チームの なかまと きょうりょくして じゅんびを すすめること。

豆まきに向けて

　指令書を目にした子どもたちは、弁当後、すぐさま枡づくりを開始。どのティームもあっという間に40個以上作ってしまう、という様子に保育者も驚きだった。ティームの威力を感じる。
　第2日目、いよいよ鬼づくりが始まる。大きな段ボール片に、「ぼくは黒い鬼‼」と筆でぐいぐいと線描きしていく子、「ぼくの形を取って」と友達に型取りしてもらう子、「切るなら任せて！」とその名人ぶりを発揮する子。それぞれに得意な場面で活躍する。
　第3日目、鬼づくりに励む一方で、各クラスに枡を配るための人数調査に出向く。人数表を片手に、小さい組の子どもたちの疑問・質問にも答えている。
　第4日目、明日に豆まきを控えた遊戯室は、子どもたちがつくった鬼が集まり、そこは

にぎやかで楽しい「鬼が島」に。互いに刺激を受けて、もっとこうしたい、私もつくりたい、と鬼づくりがさらに盛り上がる。

〈豆まき当日〉

　登園するとすぐに鬼が島（遊戯室）で鬼の仕上げに取り掛かる子どもたち。ひとりでは難しいこともみんなと一緒にやれば、あっという間。チームを超えて助け合いながら準備を進める子どもたちの姿で、鬼が島はなんとも平和で温かい場所に。園庭には、和太鼓の合図で色々な鬼が登場。どの鬼もみんな笑顔でユーモアに満ちた表情をしている。「豆は口に入れてください」と、豆はまるでお賽銭のように鬼の口元へ。ここ数年鬼の口部分を大きく開け、鬼はそこから豆を食べさせてもらう、といったユニークな豆まきのスタイルが子どもたちのなかで受けつがれている。泣いていた年少さんも優しい鬼でひと安心。さらに、鬼たちを応援し、晴れやかな雰囲気づくりに大活躍のお囃子隊もいる。締めは、広々とした園庭に5歳児が広がり、「鬼の舞」、運動会の「ロックソーラン」を踊り退散となった

豆まきのやりとり

（事例／写真：お茶大）

　季節を感じる「節分会」は、卒園を目前に控えた5歳児がこれまでの経験をもとに、毎年趣向を凝らして工夫を重ね、自分たちで頭身大の鬼を作成し、さまざまな鬼が小さい人たちを温かく迎え入れたり、楽しませたりする行事となっている。この活動では、チームを超え、クラスも学年も越えて豊かに関わり合いながら、みんなで創り上げる充実した過程を経てすてきな当日を迎えた。始まりは保育者のていねいな誘導を契機としながらも、すぐさま活動の主体は子どもたちとなり、5歳児がもてる限りの力を思う存分に発揮した。この時期ならではの豊かな表現活動が造形を媒介とし幅広く展開した様子がうかがえる。幼小接続期プログラムの研究を契機に5歳児の生活にグループごとの話し合いや活動を自然な形で取り入れ、現在も継続、定着してきた遊び＝学びのありようである。

5 親子一緒に造形表現——活動から展示に至るまで

　都内のある幼稚園が年度末に閉園を迎える。園を巣立つ最後の5歳児とアートの活動を通じ、親子で思い出を共有しながら閉園行事のしつらえに至る造形表現を実現したい、という保育者の願いのもとに「ありがとうプロジェクト」が始まった。園に携わるすべての人、もの、こと、それらを取り巻く場としての園舎や園庭にも感謝の思いを形にして伝えるための活動プロジェクトとなった。筆者は造形表現を中心に親子の活動を提案（2回実施）し、その前後、素材や場との関係を重視しながら、保育者が日々の生活や遊びのなかで豊かにつないでいった実践である。

事例 8-19　ありがとうプロジェクト　　　　　　　　　5歳児＋保護者

〈素材との出会い〉
　やわらかな色彩と質感の不織布を用い、親子でふれあう体験から始まる。みんな、裸足になり、ホールで素材と共に大きくからだを動かすことにより、いつもの人や場所との出会い直しになる。不織布越しに相手の表情を当てるゲーム、不織布を徐々に小さく折りたたみながら、親子で一緒に乗ってみる。どこまで乗れるかな？　不織布を投げてキャッチ。相手が言うからだの部位でキャッチできるかな。ホールには親子の笑い声と共に、優しい色合いの不織布が舞い上がる。

〈素材をつないで〉
　たっぷりとからだで素材に触れた後に、すべての不織布をつなぎ合わせ、一枚の大きな布状態に。全員で大きく揺らし、子どもたちが中に入ったり、大人が入ったりして互いに虹色の異空間をあじわう。子どもたちは運動会でのバルーンの演技を思い出し、保育者の先導のもと、即興的に不織布をバルーンに見立て踊り歌い出す。造形が誘（いざな）う豊かな表現活動が展開する。

〈シルエットを飾る〉
　大きな一枚の布をホールに広げ、子どもが好きなポーズで横になり、お家の人に型取ってもらう。あらためて、子どもの存在とその大きさに向き合う感謝の時間。みんなで共有した布からそのシルエットを切り抜き、ホールの壁面に互いに接触する箇所を持ちながら貼り出す。共に過ごし、共に園を巣立つ仲間同士、つながりをもちながら未来に向かっていくシルエットとなる。子どものシルエットを送り出した布は、後日、閉園行事と卒園を祝う「ありがとうの会」のしつらえとして天井部分に飾られた。

（事例／写真：ほりふな幼稚園）

閉園という節目に際し、保育者との話のなかでたびたび出てきたキーワードは「園はどうしてほしいと思っているのか」という問いだった。一方的な表現と   しての「ありがとう」ではなく、その思いを受け取る側の立場からものごとを考え、進めていくことにより、上記のような親子による造形表現活動が展開していった。

6 造形表現を通じた幼小接続

　筆者は、かつて図画工作科の専科教員として小学校に身を置いていた。幼小連携研究を通じて幼児教育に触れると、子どもが自発的に造形表現を通じて遊び、探索する姿にあらためて圧倒される思いがした。それぞれの子どもが欲して自ら始める活動（遊び）には大きな意味があり、子どもの表現の切実感という点で小学校の教育も学ぶべき豊かな時間が流れていた。保育の現場は毎日が造形遊びの連続であり、ここには人が探究し、表現することから学びに向かう力を育むうえでの確かな原点がある。そして、子どもの全体性を大事にし、生活における学びを一体として捉えることも魅力である。そのような幼児教育に小学校の教育も習い、円滑な学びの連続性を取り入れたいという願いのもと、度々小学生と幼稚園を訪れたり、園児を小学校に招いたりしながら、一緒に造形を中心とした表現活動を行ってきた。そのなかで、園児と小学生が互いに触発し合い、気づきや表現を共に分かち合えたことは新鮮な体験であった。

　個々に多少の経験の差こそあれ、材料や用具への配慮を含め場の設定を工夫すれば、園児と児童が一緒に活動を楽しめるのが造形表現のよさである。また、鑑賞活動では互いに身近な作品を見合い、対話することでそれぞれの生活や遊び、学びを知る機会にもなる。可視化され、具体化されている造形表現をコミュニケーションの契機として、また、学びの連続性を保障するうえで有効に展開していくことが期待される。

　幼児期から小学校への接続という点においては、本章の事例で見てきたように、子どもの自発的な遊び＝探索活動そのものが子どもの意欲を高め、学びに向かう力を育むのだということを園、小学校、保護者ともに共通理解したうえで幼児期からの学びの芽を大事に育みたい。とくに「もの」との対話を特徴とする造形表現は、確実に手ごたえのある探索活動として子どもが夢中になって取り組むとともに、課題解決に向かう切実感も高まっていく。このような機会を捉えて、幼児期の終わりまでに育ってほしい姿（10の力）と照らし合わせながらその育ちを支えていきたい。

──── この章で学んだこと ────

●乳幼児にとっての造形表現とは、対象との対話であり、その過程を可視化して楽しむ探索活動（遊び）である。保育者自身も表現することに対して心を開き、好奇心旺盛に関わるとともに、子どもと世界（もの、こと、人、場所）をていねいにつなぐ存在でありたい。

●「表し」（過程）と「現れ」（結果）としての造形表現活動の全体を通じ、子どもの姿を丹念に捉えることから、さらなる環境や援助のあり方を考えたい。時に、専門家との出会いは、子どもの表現を広げ、活動の意味や価値を問い直す有効な契機となり得る。

●子どもの探索行為やその集積としての表現を大切に受け止めることに対する保護者や地域の理解を得るためには、保護者や地域に向けた情報の発信やワークショップ等の機会を設け、共に対話し、学び合う関係性が大事である。

第 9 章

領域「表現」の現代的課題と新たな試み

―― この章で学ぶこと ――

子どもの表現が生まれるとはどのようなことなのだろうか。
表現がひらかれてくるとき、保育者はどのように存在しているだろうか。
素材や道具、環境は表現にどのように関わるのだろうか。
新たな試みを行っているさまざまな園の事例から、
表現が生み出される過程をていねいに考えてみよう。

§1 現代における「表現」の問題

1 表現する意欲はどのように生まれるのか

　子どもは生まれたときから自らの意思を表現している。赤ちゃんでも嫌なことは泣いて表現する。生まれてすぐの、うとうととまどろんでいるときにニッと笑う表情の「新生児微笑」に対し、3か月頃からしっかりと他者に向けて笑いかける「社会的微笑」が始まるといわれており、親しみのある他者に対してうれしい表情を見せ、笑って応えるようになる。さらに、数か月も経つと、他者からの注目を浴びようとして、頭を動かしておどけて見せたりすることもある。自分にとって心地よくないことは、顔をそむけてそのことを回避しようとする。このように、子どもは生まれて間もないころから、手や足、頭などのからだの動き、顔の表情などで心地よさ、心地悪さなど、その意思を表情豊かに他者に示すのである。大人が子どもの思い、心の動きなどを読み取り、子どもと表情豊かに関わるとき、子どもはいっそう喜んで人やものに関わろうとする。ここに、表現が豊かになる源がある。

　表現する意欲はどのように生まれるか、という問いから本節が出発したのにはわけがある。表現する意欲はそもそもどの子どもにもあるはずのものであるが、それが発揮できないような環境に置かれた場合、子どもが意欲を失っていくことこそ問題となるからである。表現する意欲がそがれるような環境とは、たとえば、小さな子どもがお母さんに自分のことを見てほしくて、ベビーカーの中で「ウーウー」と訴えながら手を伸ばしているときに、お母さんがスマホに熱中してまったく子どもの顔を見返すことがなかったとしたら、子どもはしだいに「お母さん、ぼくのことを見てね」という訴えをあきらめてしまうだろう。現代のような電子メディアが急速な形で進化し、コミュニケーションの仕方が変化するなかで、小さな子どももまた大人と子どもの関わり方の変化のなかで、大きな影響を受けていることを心に留めておかなければならない。

　保育の場においても、子どもが表現して自分の作った作品に満足すると、作ったものを手

の上にのせて保育者のところに見せにきたり、「見て！」と声を上げて喜んで来る場面にしばしば出会うだろう。このようなとき、保育者がその作品を一緒に見て喜んでくれたとしたら、子どもはいっそううれしい気持ちになり、もっといいものを作りたいという意欲が育まれていくだろう。しかし、もしも、保育者が子どもの表現を、忙しさによって十分に受け止められなかったとしたら、もしくは興味を示してくれなかったとしたら、子どもはがっかりして表現する意欲を失い、自分の作品を大切にしようという気持ちを失うだろう。表現する意欲は、作品を作るときだけでなく、日常生活の素朴な表現に対してであっても同じである。保育者自身が子どもの表現や行為に感性を研ぎ澄まし、その表現行為から何かを感じて興味を示したり、一緒に楽しんでくれたり、喜んでくれたりするなかで、子どもの表現は育まれるものなのである。保育者が、幼児が美しいものに心を動かしている姿に気がつき、子どもの素朴な表現からそこに込められた思いを汲み取り、受け止め、共感できるとき、子どもの表現の意欲はいっそう育まれるのである。

2 作品から表現の生成過程へ

　表現というと、作品を作ることが多くの人のイメージにあるかもしれない。保育室や廊下の壁面に、子どもたちの絵の作品が飾られていることはよくあることである。しかし、このような作品しか表現として思い浮かばないようでは、子どもの表現行為はすくいとれない。

　ある子どもが絵を描いているうちに、色が混ざり、最後に黒く塗りつぶされて真っ黒になった。この最後に真っ黒になったところだけを作品として見れば、保育者はそれを飾るかどうか迷うかもしれない。しかし、その表現行為の生成過程をていねいに保育者が見ることができたとしたら、その子どもが実に楽しそうに描いている心持ちに共感できていたならば、その絵にすてきな言葉を添えて保護者の人たちにも子どもの表現の成り立ちの過程を伝えることができるだろう。黒くなったのは、描いているうちに絵の中の物語が発展して、たとえば夜になった時間を表したところで終わったかもしれないからである。子どものなかに生まれてくる表現の生成過程そのものをていねいに見るように心がければ、作品にすることばかりに焦ることなく、保育者も子どものすることをゆっくりと楽しんで見ることができるようになる。

　同じような例として、小さな子どもが画用紙に「ぐちゃぐちゃ」としたなぐり描きのような絵を見たとき、このような絵をどのように受け止めてよいかわからず、飾らないでしまっておくに留めることもあるかもしれない。しかし、もしも、この生命力にあふれた描く姿を保育者が大切な子どもの表現の生成過程として見ていれば、一見「ぐちゃぐちゃ」に見える絵も、子どものすばらしい表現の痕跡として、また、表現の探索過程として見えてくることだろう。このような行為をどのように保育者が受け止めるかによって、子どもの表現がますます活発で、豊かになるかどうかが分かれるのである。保育者が子どもの表現をどのように受け止めるかということが、保護者への表現の見方、接し方の模範になることもまた、注目すべきことだろう。

3 表現を支えるための保育者の役割

　前項「1」で保育者が子どもの表現にどのように関わるかにより、表現する意欲が育まれるか、また、ときには失われることになりかねない危険性があることを述べた。ここでは、表現を支えるための保育者の役割に視点を移し、事例を通して述べていく。

事例 9-1　園におけるアトリエ活動に保育者はどのように関わるのか

●5歳児　8月

　園にはアトリエがあり、日々、子どもたちはさまざまな素材と関わりながら木工活動の経験を積み重ねてきている。数か月前からトントン相撲が流行っている。この日は新しい素材として、ゴムや樹脂、金属、布、ひもなど質感の異なる20数種類ほどの黒色の素材がアトリエに用意された。素材の色を限定したのは、色に気を取られずに素材感をじっくりあじわいながら、それぞれの素材に出会ってほしいと考えたからである。他者の制作過程にも触発されながら子どもたちは相撲フィギュアを作り続けており、保育者も子どもたちと同じように自分の相撲フィギュアを作っている。制作が進んだところで、A男は相撲フィギュアを立たせることに苦心し、R保育者のフィギュアをよく見て参考にし、同じ材料を取り入れる。同じ材料を使いながらも、さらに接合する仕組みをA男自身が工夫する。その結果、A男はペグ（掛け釘）の両脇から複数の小さな釘を打って曲げることで材料のペグと木との接合に成功し、それを「結んだ！」と表現してR保育者に見せる。R保育者はA男が「結ぶ」という新しい行為と表現を生み出したことに感嘆し、Aの頭をなでて応える。そばにいたI園長もA男の表現に感心し、A男の前に行って喜ぶ。

アトリエの様子　　　　　　　　　黒の素材

保育者も作る　　　　　　　　　トントン相撲

（本事例は、Mori, Uemura, Gyobu, Sayeki, & Gunji（2017）の議論及び、えじり保育園の協力のもと、筆者が事例として書き起こした。黒の素材は多摩美術大学の植村朋弘氏が本実践に関わり準備した。）[1]

（事例：えじり保育園）

この事例で注目したいことは、アトリエ活動における保育者の関わり方である。保育者は「○○しよう」、「こうしたらいいよ」と先走った提案を子どもにしていない。保育者も子どもたちに交じって、一緒に相撲フィギュアをゆったりと楽しそうに作っている。しかし、作りながらも、子どもたちが自分たちのものを楽しんで作り続けているか、何か困っていないかということにはつねに心を配り、子どもの求めに応じて、さりげなく自分のものを見せたり、難しいところを助けたりしているのである。このような保育者の支えがあると、子どもたちは模索しながら工夫を楽しむようになる。

　さらに、この実践で注目すべきは、今までの素材との経験の積み重ねのもとに、さらに新しい素材を準備し導入したこと、またそれらの新しい素材が魅力的に整えられ、並べられていたことである。このような保育の環境と素材の準備があってこそ、自ずと子どもたちの作ってみたい気持ちが高まる。新しい素材に子どもたちが出会う喜びや驚き、素材に触れてみて、どのような素材が自分の作りたいイメージと合うのか探究するようになる。

　この事例では、保育者の教える言葉はとくに出てこない。しかし、保育者は、環境を整える、子どもと一緒に作り、作る楽しみをからだで伝える、子ども同士が切磋琢磨して自分の作っているものをいいものにしようとする姿を大切にする、工夫しようとして苦労している姿に敏感に気がつき子どもの思いが実現するように手伝う、など温かいまなざしで子どもの表現を支えている。

4　保・幼・小の接続を考える

　乳幼児の表現は、小学校以上ではどのように引き継がれていくのだろうか。平成29年告示の小学校学習指導要領において、図画工作の教科のなかに「造形遊び」がある。「造形遊び」で大切にされていることは、「児童が材料などに進んで働きかけ、自分の感覚や行為を通して捉えた形や色などからイメージをもち、思いのままに発想や構想を繰り返し、経験や技能などを総合的に活用してつくる」（小学校学習指導要領解説図画工作編、p.26）ことであり、この基礎は、乳児や幼児も含め園のなかで十分に育むことができる。また、小学校の教科「音楽」で行われることの基礎となる、乳幼児の「音との関わり」は、生活や遊びのなかに豊富に含まれている。園にある玩具との関わりをつぶさに見ると、0歳児でも敏感に音との関わりを楽しんでいる様子が見られる。

3歳児砂場遊び（お茶大附属幼稚園）

（1）造形遊びの連続性
―砂場での遊びの様子から―

　写真は、幼稚園での各年齢ごとの幼児の砂場で遊ぶ様子である。

　多くの3歳児の場合、一人一人が自分のやりたいことを十分にできるように同

じ道具が複数配置され、友達の遊ぶ様子を見て同じことがやりたいと思ったときに、同じ形、同じ色の道具を使い、同じ遊びができるような環境が整えられている。魅力ある遊びへの模倣がさかんに行われる時期でもあり、模倣によって子ども自身の表現手法がさらに充実してくることにも注目したい。

4歳児になると、同じ砂場で遊んでいても、何かひとつのことを友達と一緒にやることの楽しさをあじわうようになる。道具の数が少なくても協力しながら使用することができるようになり、言葉の発達も伴って自分のイメージを他者に伝え、共に考えながら遊びのイメージをふくらませていくことができるようになる。ただ、5歳児ほどには伝え合いがうまくいかずに、自分の思いと相手の思いをつなげることに難しさを感じ始めることも多く、自分のやりたいことと相手のやりたいこととの折り合いがつかず、保育者の助けを必要とすることも多いだろう。

4歳児砂場遊び(お茶大附属幼稚園)

5歳児になると、さらに大きなものを一緒に作るという協働作業が遊びのなかでも盛んに見られるようになる。イメージの共有や伝え合いも子ども同士だけでもできるようになり、途中からほかの子どもが参加することにも、柔軟に許容できる

5歳児砂場遊び(お茶大附属幼稚園)

ようになる。というのも、他者との複雑なやりとりが可能となり、場の再構成を伴う変化のある遊びをも取り入れるだけの創意工夫ができるからである。このような遊びのなかで想像力や構成力もおおいに発達する。

小学生の造形遊び(写真:お茶大附属小2年生)

上記の写真は、小学校の図画工作科の授業のなかで行われた造形遊びである。

多くの小学生は幼児のときに砂場遊びの経験をしたことがあるだろう。しかしながら、現代の小学生はからだ全身を使って思い切り遊ぶという体験は少なくなる。自らの身体感覚を研ぎ澄まし表現する活動は、小学校の図画工作科でも引き継いでいきたいところである。

写真の造形遊びでは、教室での授業で見られる子どもの姿とは異なる場合が多々見えた。担任の教師によると、教室での授業ではからだに力の入らない子どもが、砂と関わるうちに見違えるような集中力を見せ、全身で砂という素材の可変性に呼応する力強い身体性を発揮した。また、いつもはほかの子どもたちのなかに積極的に入っていかない子どもが、砂場というゆるやかで自由な場で、砂に触れながらほかの子どもとからだが近づいていくなかで、ほかの子どもと自然と関わる様子が見られ、表情が明るくなり和む様子が見られた、とのことであった。

　砂という可変性に満ちた素材との自由な関わりのなかで、コミュニケーションや他者との関係が変化してくるということは、表現が変わることと一体であると捉えられる。造形遊びは子どもの本来もっていたはずの意欲を呼び覚まし、表現するからだの回復ということからも、現代の子どもにとっては、教育のなかで連続的に保障していく必要があると考えられる。

（2）音楽は音との関わりから生まれる

　以下では0歳児の豊かな音との関わりについて事例を示しながら紹介しよう。

事例 9-2　お気に入りの玩具で音を楽しむ　　● 0歳児クラス　6月

メロディーのなる車の玩具

　K太が園庭への窓側にある机の下にしまってあった玩具（メロディーの鳴る車の玩具）を自分で取り出し、転がして音を鳴らして遊ぶ。しばらくした後、K太は車の玩具を手元で押したり引いたりして転がしていたのを止め、今度は車を強く手で押し離して、メロディーを鳴らしながらコロコロと転がる車の様子を楽しむ。その後K太はダンボールで作られた小屋に入り、その中で車の玩具を手で持って転がし音を鳴らす。B保育者がS斗の元へ来て一緒に遊び始めると、K太は小屋の中でB保育者とS斗を見ながら、車の玩具を転がして音を鳴らす。
　少し経ってC保育者が畳の場所で作業を始めると、K太は畳の上に車の玩具を持って行き、C保育者の目の前で車の玩具を転がす。K太は畳の上でゆっくり車の玩具を転がしたり、木の床に置いて転がしたりを何度か繰り返す。

（事例：仲村（2018）[2]／写真：お茶大こども園）

　0歳児であってもさまざまな生活の音、保育者の声、玩具の音に敏感に反応して、能動的に音を探究していることがわかる。このようなことに気がつかされると、どのような玩具がよいか、保育室の環境、保育者のやわらかで楽し気な声が、どれほど子どもにとって幸せで豊かな時間をつくっているかがわかるだろう。このような音への親しみや楽しさが、音楽表現へとつながっていくことと考えられる。

§2 表現を生み出す環境

1 素材と道具

　子どもにとって新しい素材や道具に出会うことはうれしいことである。素材とは、人工的なものだけではなく、子どもが日常で触れる自然のものも素材である。また、道具も表現行為を広げていく上で大切なものである。

事例 9-3　戸外での表現活動

1・2歳児クラス　11月

　11月、落ち葉拾いに出かける。広場に着くと、一緒に出かけたデザイナーが落ち葉を拾うためにかごを子どもたちに渡す。ところが、色とりどりのかごをもらった子どもたちは、次々にかごを頭の上に帽子のようにかぶり始め、キャッキャと笑いうれしそうだ。保育者によると、かごを利用するのは初めてとのことだった。
　かごは何かを入れるための道具という考えが大人にはある。しかし、かごに初めて出会った子どもたちの使い方はまったく予想をしない異なるものだった。かごの丸い形、子どもの頭にすっぽりとはまる大きさ、片手で持てる手軽さ。確かに帽子のようなかごであることに気がつき、そんなものになってしまうのかと大人のほうが驚く。うれしく楽しい雰囲気が豊かな対話をさらに広げる。

かごを手にした子どもたち

　しばらく帽子のようにして遊んだ後、このかごが「かご」として拾ったものを入れるものになると子どもたちも気づき始めた。子どもたちは落ち葉ではなく、広場にあるさまざまなものをそのかごに入れ始めた。かごをそばに置いて、石を一生懸命入れ始める子、雑草をむしり集める子。落ち葉以外のさまざまな素材に、子どもたちは開かれた心で関わる。拾ったものを大きな白いロール紙（大人がひとり入るほどの大きさだった）の上に置いてみることにした。拾ってきたものを紙に貼って持ち帰り、保育室でも壁に飾れるようにするためでもあった。落ち葉や草のような軽いものはマスキングテープを使って貼れたものの、重い石は貼ることができなかった。また、テープで「貼る」という行為は2歳児には初めてのことで、テープを手でちぎって貼るという行為自体は難しいようだった。そのため、2歳児は拾ってきた雑草や落ち葉を大人に託すように大事に一つ一つ手渡して、大人に貼ってもらうのをじっと見ているのだった。

（事例／写真：お茶大いずみ　実践協力：多摩美術大学　植村朋弘・淀川寛子）

左の事例は、素材と道具が子どもの豊かな経験をつくり出す過程を示している。保育園の2歳児クラスの子どもたちと落ち葉拾いをしにいった戸外の実践事例であり、デザイナーと保育者が協働で子どもたちと関わったときのことである。

　この落ち葉拾いの事例からは、当初大人が予想していることと子どもの表現行為には大きな差があったことが見て取れる。「拾う」という行為は、子どもが気になって手に入れたくなったものなのであり、子どもの思いが詰まっている。かごいっぱいに石を拾った子どもの思いは満足した跡のように感じられた。この跡の形もまた表現の形といってもよいだろう。さまざまな素材に親しむとは、この事例では広場で出会った石たちであり、草であり、落ち葉であり、ドングリと関わることである。ドングリを拾った子どもは、ペットボトルで作ったポシェットにドングリを入れて、走るたびにカラカラとドングリが音を立てて鳴ることを楽しんでいた。これも子どもが素材と関わるなかで発見した音の表現行為といえよう。

素材を大きな紙に貼る

満足の跡の形
（写真：お茶大いずみ　撮影：多摩美術大学　淀川寛子）

　素材を利用した活動には、次の2枚の写真のような例もある。

素材とアトリエ（宮前幼稚園での実践　事例提供／写真撮影：伊藤史子〈アトリエリスタ〉）

　子どもたちと園庭で集めた自然物は、乾燥させ、種類ごとに分類整理して創作の素材として使う。移り変わる自然と子どもたちの「出会い」の環境をアトリエに構成し、毎日色も形も異なっている採れたての落ち葉を美しく見えるようにライトテーブルの上（または白い画用紙の上）に並べておく。四季折々の植物、今日の天気、園庭で発見したこと、その一つ一つと子どもたちは対話を楽しむ。自然のなかに見られる「多様性」や「美しさ」、繊細で力

強く、同時に脆（もろ）い本質の部分を子どもたちは五感で感じ、手を使って思考する。

Column

素材を集める仕組み（海外の事例から）

イタリアのレッジョ・エミリアの幼児学校では、企業から余剰分として出された美しい廃材が活用されている。廃材なのに美しいのは、「使った後」のものではなく、「使われなかった」ものだからである。家庭からゴミとして出された廃材と、企業が余剰分として出した廃材の違いは何かというと、各家庭からの廃材は、同じ牛乳パックだとしても、いろいろな会社のロゴの入った牛乳パックが集められることになり、色や形もひとつずつバラバラで統一感がない。しかも、各家庭で牛乳を飲み終わった後のゴミとなるようなものである。一方、レッジョ・エミリアの幼児学校にある廃材は、家庭の個別のゴミというのではなく、企業から出たあるまとまりをもった量の材料で、使われないままになってしまった余剰分としての廃材なのであり、色、形がある量をもってそろっていることに特徴がある。このような企業で不要となった多様で多量な材料が、レミダというクリエイティブ・リサイクル・センターに集められ、レッジョ・エミリア市の幼児学校の教師たちは、無料で使いたい素材を使いたい量だけ持ち帰ることができる。企業はこのことを通じて、無償で廃材を提供し、幼児教育に貢献していることになる。

美しく並べられた素材（注）

このレミダに集められた素材は、レミダのスタッフの手によって、美しく整えて並べられている。美しいカタログのような素材が並べられると、手に取って何かを創ってみたい気持ちになる。レミダでは、教師たちが子どもたちと一緒に何ができそうか想像して、素材に出会い、手に触れ、選んでいくのである。手に取られた素材たちは、新たな息吹を吹き込まれ、新しいものとなって生まれ変わる可能性のある素材となる。

レミダ（REMIDA）という言葉には、「見捨てられていたものが、ミダ王が触った瞬間に黄金に生まれ変わる」という神話（ギリシャ神話によるミダス王にちなんでいる）の思想が埋め込まれている。素材集め、素材の配置、配列などはすでに表現の始まりを支援するものである。日本の保育も、素材の集め方、選び方、また、素材を集める仕組みづくりもさらに深く考えていく必要がある。

（注）レッジョ・エミリアでアトリエリスタとして研修を受けた伊藤史子氏によるワークショップ実践で用意された素材

2 環境

　世界的にみると、日本の園の保育室の空間の広さは必ずしも十分でない。寝る部屋や食事をする部屋が遊びをする部屋と別にもてる園も少なく、いくつもの異なる活動を同じ保育室でするために、環境構成を工夫することは日本の保育にとっては必須となってくる。現在、日本では園庭が小さい、もしくは園庭がもてない園も都市部では数多くあるなかで、室内、室外ともますます環境の工夫が必要になっている。表現する場をどのように保障するかは今のような時代にはとくに大切な問題となっているといえよう。以下の事例は、2歳児の表現活動の事例であり、保育室の目の前の小さなテラスを利用した実践である。

事例 9-4　小さなテラスを利用したアート

2歳児クラス　7月

　この園の2歳児クラスは11名である。11名全員がテラスに出るには狭いので、半分の人数ずつテラスに出て作り始める。用意されていた材料は色とりどりのお花紙が複数枚ずつと水少々。それに、子どもの人数分用意された透明のケースである。

　透明のケースの中に好きな色のお花紙を入れ水を垂らして、子どもたちは紙の色が変化する様子を楽しむ。紙をつまんだり、手に握ったり、ちぎったりしてお花紙に水が浸透して柔らかくなる様子や感触を楽しむ。いくつかの色で同じようにした後で、紙皿の上に形の変化したお花紙を配置し彩りを楽しむ。その過程で「スープなんだよ（ちぎられたお花紙はスープの小さな具になり、お花紙のそれぞれの色水が淡く出て、色水がスープのように見える）」とお料理に見立てて、表現の過程を楽しんでいる子どももいる。この様子を次にするもう半分の子どもたちは、保育室で楽しみに待ち、窓越しに前半の人の様子をじっと見ている子どももいる。後半の子どもたちは、前半の子どもたちが終わると、喜々としてテラスに出てくる。

テラスでアート

スープに見立てる

（事例／写真：お茶大こども園）

限られた場であっても、使い方を工夫することによって十分に表現活動を楽しむ環境を構成することができる。後半の待っていた子どもも、待たされているというのではなく、楽しみに待つことができるように、保育室の中で保育者が子どもたちの様子を見ながら関わっている。ほかの人が楽しそうにやっていることを見るとき、次にやる子どもはワクワクして自分がやるときのことを想像しているだろう。表現は楽しそうにやっている人が周囲にいることでもかき立てられるものであり、触発されるものである。このような雰囲気や環境をつくることもまた表現にとって大切なことである。

　以下の写真は、そのほかに小さな空間や環境を表現や遊びの場として工夫した例である。

階段下の空間でおばけまつりを楽しむ
　　　　（写真：認定こども園清心幼稚園）

保育室の空間を表現の場に
　　　　（写真：認定こども園清心幼稚園）

§3 表現の評価

1 作品・制作過程をどのように保障するか

本章の§1『現代における「表現」の問題』の「2 作品から表現の生成過程へ」において、完成した作品だけでなく、表現の生成過程により目を向けていく必要があることを述べた。このような生成過程を大切にするとき、作品に至るプロセスに意味や価値を与える工夫が保育者の側で必要になるだろう。この過程は子どもの表現の軌跡であるので、時間が経つにつれて変形するかもしれない。子どもの表現が生まれる過程を、私たちはどのように残すことができるだろうか。

事例 9-5 作品と関わり続けるということ

●1・2歳児クラス 12月

事例9-3による落ち葉拾いの活動の後、園に持ち帰って作品を壁に貼って飾ってもらうと、その日以降、A子は、登園するときに毎日落ち葉を拾ってきては、大きな紙をじっと見つめ、その拾ってきた1枚の葉を大切そうに貼っていくのだった。デザイナーの人と落ち葉を一緒に拾い、落ち葉を貼った経験が心に残ったのであろう。毎日、落ち葉を1枚、まるでデザイナーに手渡すかのように、貼っていくのだった。作品として飾るということから、その経験と行為が続いていった。

後日、毎日作品の上に大切な葉を1枚貼る行為が続いた

作品を飾る場をつくる

(事例／写真：お茶大いずみ)

2 表現の生成過程を捉える ICT の活用

表現過程を残す方法のひとつとして、映像や写真により記録を残すことがある。現代では、だれもがデジタルカメラで簡単に写真として記録したり、デジタルビデオによる動画を撮影することができるようになった。また、映像に言葉のメモを足すなどして記録できる ICT 機器も普及し始めている。このような映像記録ができる機器は、表現の生成過程を残す道具として効果的である。最近では、映像にメモが残せるアプリケーションの開発が進んでいることから、コンピュータ機能を同時に備えたスマートフォンやタブレットによる ICT 機器で記録した映像を容易に編集することができるようになった。

観察ツール CAVScene（お茶の水女子大学, 2014
開発者：刑部育子・植村朋弘・中野洋一)[3]

3 ドキュメンテーションとポートフォリオ

「ドキュメンテーション」という言葉は、イタリアのレッジョ・エミリア市の幼児学校が「学びの可視化 (Making Learning Visible)」(Giudici, Rinaldi, & Krechevsky, 2001)[4] をするのに、多層的なドキュメンテーションを保育のなかで行っていたことが知られることになり、近年では日本の保育でもドキュメンテーションに注目が集まっている。ドキュメンテーションは日本語では「記録」と訳されることが多いので、従来の文字中心の「保育記録」や「文書」を想像しがちだが、イタリアのレッジョ・エミリア市の幼児学校でいわれる「ドキュメンテーション」とは、子どもたちの学びや探究を可視化するためのさまざまな表現方法の総体であるといっていいだろう。保育者が日々の子どもたちの表現や言葉、学びの過程を筆記（スケッチを含む）して記録にとったり、写真や映像に撮ることもドキュメンテーションすることであるし、その写真を印刷して保育室の壁に貼り、子どもたちや保護者にも見られるように可視化することもドキュメンテーションである。さらに、長期にわたる子どもたちの考えの発展過程をビジュアル中心の冊子にまとめて出版することもあり、これもドキュメンテーションといえるだろう。

さらに、一般の人にもこの学びの過程を可視化する作品として展示することもある。これが展覧会となる。2001 年に日本でも開かれた「100 の言葉」展や 2011 年に開かれた「驚くべき学びの世界」展は、まさにレッジョ・エミリア市の幼児学校で起きた出来事や経験、学びや探究の過程を可視化した展覧会であり、作品が並んでいるだけの展覧会とは異なっていた（レッジョ・チルドレン, 2012; 2011)[5, 6]。

日本でもドキュメンテーションの挑戦が始まっている。子どもたちの日常の表現への関わりや保育実践を可視化した展示やワークショップを展覧会として開く試みも始まっている。

ドキュメンテーション（写真：お茶大こども園）

　一方、ポートフォリオは個々の学びの履歴を記したものであるが、これもドキュメンテーションのひとつといってよいだろう。ニュージーランドでは「学びの物語（Learning Story）」（大宮, 2010)[7]としてポートフォリオを作成し、子ども一人一人の学びの履歴を積み重ね、保護者はファイルを広げていつでも園における子どもの今の様子や過去の様子、園でどんなことが行われているのかを写真や保育者からの言葉によって知ることができるようになっている。年間を通して、学びの軌跡が記録されている。このようなニュージーランドの「学びの物語（Learning Story）」の考えに触発されたポートフォリオの試みも、日本でも生まれてきている（久保寺, 2017)[8]。

　ポートフォリオは、園と家庭をつなぐコミュニケーションを支援するツールでもある。保護者もこのポートフォリオへの参加に慣れてくると、園から提供された写真に保護者がコメントを付けるなど、保護者自身が子どもの学びや表現の過程、意味に気づき、そこに関心をもって家庭でも関わるようになる。

　以下の写真は、実際に幼稚園で行われた例である。

ラーニングストーリーの試み（写真3点：都内公立幼稚園）

　園の玄関ホールにポートフォリオ（ラーニングストーリー）が並んでいていつでも手に取ることができる。自分のものだけでなく、ほかの子どものポートフォリオ（ラーニングストーリー）も見ることができるようになっている。

第9章 ▶ 領域「表現」の現代的課題と新たな試み

4 作品展・展覧会

　ここでは、作品に至るまでのプロセスを記述したドキュメンテーションと共に作品を展示した作品展と、表現活動を保育実践で行ったことを可視化する試みとしての展覧会を紹介する。

　ひとつ目は、ドキュメンテーションと共に作品を展示した作品展である。作品は一人一人異なり、その子ども自身が表現したいものを作品としている。また、作品と共に展示されたドキュメンテーションは、作品を作るプロセスの写真が複数含まれ、そこに言葉が添えられている。このドキュメンテーションの保育者が選んだ写真と言葉には、子どもたちが作品を作るプロセスやその作品に込めた子どもたちの思いを

作品展の様子（写真：赤碕こども園）

ていねいに聴き入り、心を寄せた保育者の姿が現われている。ドキュメンテーションを読むと、子どもたちの生きている背景や歴史、園で経験した驚きや学び、生活のなかで出会った経験が作品に凝縮されていることが見えてくる。作品へのその子ども自身の表現の背景が見えてくると、その子どもを知らない人たちにとっても心迫る内容として作品が訴えかけてくる。このように、ドキュメンテーションは子どもたちの学びや表現の過程を知らない人たちにも、子どもの学びの過程に参加する道を開くのである。

ドキュメンテーションを伴った作品の展示（写真：赤碕こども園）

　ふたつ目は、保育所・こども園・幼稚園と小学校、中学校、大学のアートに関心のある教職員が協働で企画した展覧会を紹介したい。この展覧会は園や学校のなかで制作された作品を展示することに加え、表現やアートを考え、実践する展覧会でもある。また、展覧会の期間中に、表現のワークショップを行ったりして、小さな子どもから大人までが自由に参加可能となっている。展覧会のコンセプトとして、「つねに途上であることを楽しむ旅の途中の楽しみのようなもの」（刑部, 2018）[9]を意識している。そのため、完成された作品を展示す

るだけではなく、作品に至る実践で起きた出来事などにも価値を置いている。作品と共に表現の過程のドキュメンテーションを展示することもある。また、会期中に行われるワークショップもその場で創造される「実践としての作品」と考えている。実際にこの展覧会で起きた出来事の事例を紹介する。

ライフ×アート展 2016（お茶の水女子大学と附属校園の共創）

事例 9-6 参加型展覧会におけるワークショップの試み

● 3歳児クラス　8月

元小学校の教師をしていたG先生が、展覧会の中でこども園のワークショップを企画した。このワークショップに、こども園の3歳児クラスの子どもが15名ほど参加した。美しい色をした、触ってみるとプルンとした素材（寒天で作られている）で、子どもたちはあっという間にその感触と色の美しさを楽しみ始める。素材のプルンとした動きに子どもたちが魅了され始めたところで、「この子（素材）に名前を付けてみようか」とG先生が提案する。すると、子どもたちはこの感触を言葉に示して「プルンちゃん」と名付ける。展覧会の大きな会場の空間にあるほかの作品を意識して、「このプルンちゃんにもいろいろ見せてあげよう」とG先生が声をかけると、子どもたちが立ち上がり、プルンとした動きをからだで真似して、両足で飛び跳ねながら展覧会の空間を動いていく。子どもたちのからだがまるで響き合うように、一緒になって飛び跳ねながら動く。からだ全体で素材の触感を表現しているように見える（写真①参照）。

①プルンとした感触をからだで表現し、両足で飛び跳ねながら展覧会の空間を動いていく

子どもたちが元の場所に戻ってくると、次はほかの子どもの持っている寒天の異なる色に関心を広げ、自分の寒天の色にほかの色を混ぜようとする（次頁写真②）。子どもたちは、「これ（この色）ちょうだい、ぼくのもあげるね」（③）などと言ってほかの人にも気遣いながら、混ぜるとどのようになるのか試し始める。手で何度も練り始め、色がどのように混ざるかに興味を示す子どももいる。

最後に、G先生は、子どもが自分で作り関わった寒天を透明のアイスクリーム用の容器にそれぞれ入れて、美しいデザートのように並べて色をあじわうように見せる（④）。また、子どもが作った寒天を透明の金魚袋に入れて持ち帰ることもできるようにする（⑤）。表現の終わり方まで美しくデザインされたワークショップであった。

（実践：郡司明子　事例／写真：お茶大こども園）

②色を混ぜる

③「これ（この色）ちょうだい。ぼくのもあげるね」

④アイスクリーム用の器に入った寒天

⑤作った寒天を金魚袋に入れて持ち帰る

　さらにこの続きがあった。3歳児のワークショップの終わったところに、保育園の乳児が偶然にもちょうど入ってきた。乳児が3歳児の活動の終わった名残の跡の寒天を触り始めた。G先生はすぐにその行為に気がつき、残りの素材を出してきて、乳児も触れられるように差し出した。保育者も乳児がそこに興味を示したことにすぐに気がつき、一緒に楽しめるようにした。こども園の人たちと共に行ったワークショップの跡に、保育園の乳児が興味を示したこと、表現が生まれるきっかけとなる美しさを乳児も感じていることに注目したい。偶然通りかかった人たちにも新しい表現の経験が広がって生まれていることに大きな意味があると考えられる。

3歳児がワークショップした跡に、関心をもった乳児（写真：お茶大いずみ）

§4 表現活動に対する国内外の先駆的取り組み

　本節では、表現活動に対する国内外の先駆的取り組みを紹介する。ひとつ目は芸術家や専門家と園との協働的実践、ふたつ目は親子で参加する園におけるアートワークショップ、三つ目は美術館のアーティストの作品作りに園児が参加する事例を紹介する。

1 芸術家や専門家と園との協働的実践

　近年、園にアーティストや専門家が日常的に、あるいは特別な期間入って保育者と協働で表現活動を行う例も増えてきた。以下ではふたつの事例を紹介しよう。ひとつ目はアーティストと園が協働で活動をしていった事例、ふたつ目は、動物園教育の専門家が園に入ることで、子どもの動物への関心と表現された絵が大きく変化していく事例である。

（1）幼稚園にアトリエリスタが入る

> **事例 9-7　幼稚園にアトリエリスタが入る**　3〜5歳児 10〜12月
>
> 　ある日、子どもたちが絵画を見ながら何かを話していました。絵の中の模様を手でなぞる姿も見られました。私は「どんなお話しているの？　この絵はどんな絵なのだと思う？」と子どもたちに聞いてみました。「植物じゃない？」「宝箱があるよ」「ぐるぐるしている」「渦巻きがつながっている」「迷路みたい」「道になっている」子どもたちは次々に感じていることを話してくれました。そんな彼らの言葉から、この絵のなかで発見された〈かたち〉と子どもたちが生きている世界（社会）にたくさんの関係性があること、またその〈かたち〉がもっている美しさと、身近にある親しみやすさ、普遍的な性質に気がつきました。そこで私はこの〈かたち〉を通した探求を子どもたちが始められるアトリエの環境作りを始めました。私は幼稚園の園庭や建物をリサーチして同じ法則の〈かたち〉たちを写真に収め、それらを子どもたちに紹介しました。すると、「ここにもぐるぐる発見！」と、上履きの底の模様、おもちゃの車のタイヤ、木製のイスの年輪など、子どもたちも〈かたち〉を集め始めました。これが「ぐるぐるの探求」の始まりです。そこから約3か月の間、子どもたちは想い思いの〈かたち〉を描くことで自分の感じていること、興味のある世界を表現したり、針金や粘土を通して素材と対話したり、協働でアトリエの中に「ぐるぐるパーク」という遊び場を作ったりしました。
>
> （宮前幼稚園での実践、事例提供：伊藤史子〈アトリエリスタ〉／写真撮影：伊藤史子）

ぐるぐるの探求

　上記の事例は年間を通して、アトリエリスタが幼稚園に関わった事例である。アトリエリスタとは、保育者とともに教育・保育に携わる、芸術の学位をもったアートの専門家のことで、イタリアのレッジョ・エミリア市の幼児学校の実践から生み出された独自の用語である。「アトリエリスタ」は、アートを教える人ではなく、アトリエにいる専門家だということである。

（２）動物園教育の専門家との協働―動物を描く実践

　多くの園では、遠足で動物園に行く機会があることだろう。動物園に行く前には、動物園への遠足が楽しみになるように、動物園はどんなところか、どんな動物がいるのかについて話をしたり、最近、話題に出てきた動物について図鑑で調べたりするなどということもあるだろう。どんな動物に会いたいかという話をしながら、期待をふくらませて動物園の動物たちに会いに行くように、保育者は準備の過程をていねいに行う。実際に動物園に行った後、見てきた動物の絵を描くのは、よく園で見られる光景である。

　以下は、動物を描く実践についての事例である。幼稚園のＫ先生が、動物園に行くことについて、動物へ興味がわくような遠足にしたいが、何かもう少し工夫ができないだろうかと考えていたところに、大学で動物学を学んでいたＳさんの、将来は動物園教育（子どもに動物への興味をもってもらったり、動物の生態を紹介したりする仕事）をしたいという希望をＫ先生が知り、動物園の遠足を共に企画したときに起きた「動物の絵を描く」子どもたちの表現の変容について考察する。

事例 9-8 動物園教育をめざす学生が子どもと動物との関わりを知る

5歳児クラス 1月

　動物園教育の仕事を将来したいと思っている大学院生のSさんは、動物園に園児たちと行く前に、園児たちの様子を知りたいと、幼稚園を事前に訪れた。ちょうど園では飼っていたカメが冬眠の時期に入るところで、園児たちは動かなくなったカメに対してカメがもう冬眠に入ったのか、それとも体調を崩して動かないのか心配していた。Sさんはカメの飼育方法についても助言したりしながら、子どもたちが身のまわりの動物にどのように関

カメの体重を量る

わっているのか知るように心がけた。Sさんは毎日、カメの体重を量ると冬眠しているのかどうかがわかると子どもたちに助言した。体重が変わらなければ元気で、冬眠に入っていることを子どもたちは教わり、子どもたちはたらいにカメを乗せて体重を量ってノートに記録するようになった。その結果、無事にカメが冬眠に入ったことを知る。

　Sさんは動物園遠足に向けて、子どもたちが今どのような動物に関心を示しているのかを聴きながら、当日、たくさんの動物のなかからどの動物に焦点を絞って見ればよいか、動物園内のルートも含めて保育者へアドバイスする。また、Sさんは動物園に行く前に、子どもたちが興味をもっている動物の絵を描くことを勧める。

（事例／写真：都内公立幼稚園）

　動物園に行く前の子どもたちの描いた動物は、頭の中のイメージであり、実際とはかなり異なるものだった。しかし、この事前にイメージで描いた経験が、本物を見てみたいという強い興味へとつながり、動物園に行ったときにも「よく見る」という行為を促した。

　ある子どもは、シマウマに関心をもった。シマウマといえば、からだの縦模様の縞が頭に浮かぶ。しかし、シマウマの足の縞までその縞が縦か横かなど細部にわたって描き切れる人はそういない。この子どもは、動物園に行く前にシマウマを描いたときには気がつかなかったシマウマの足の縞が、本物のシマウマを見ることによって、横の縞になっていることを発見する（図9-1）。また、キリンを描いた子どもは、動物園に行く前にはよく絵本に出てくるような黄色の色をしたキリンを描いていた。実際に動物園に行って、キリンをよく見ると、自分が描いた黄色がキリンのからだにはどこにもないことを発見する（図9-2）。

動物園で描く（写真：都内公立幼稚園）

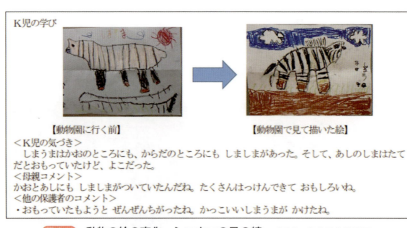

図9-1 動物の絵の変化 シマウマの足の縞 （写真：都内公立幼稚園）

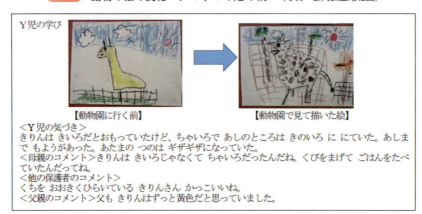

図9-2 動物の絵の変化 キリンのからだは黄色？ （写真：都内公立幼稚園）

このように、動物園に行った後の絵は、行く前とみごとに変化する。このことは、突然、絵が上手に描けるようになったことを示しているのではない。絵を描くことを通して、「よく見る」という行為の変容が起きたのである。それが動物の絵に表現されている。

動物園に行く前と行った後の絵の大きな変化に気がついた保育者は、このふたつの絵を通して、子どもたちと動物について発見したことを話し合う。そして、子どもたちと話をするだけではなく、保護者にも子どもたちの発見を伝えられるような場をつくることにする。園の廊下に各々の子どものふたつの絵を展示し、降園後の時間を利用してミニ展覧会を開いて保護者を招く（右頁写真⑥）。子どもたちは、見に来てくれた大人に、自分が動物園に行って気がついたことを絵の前で話す。保護者は自分の子どもの絵についてだけでなく、ほかの子どもが発見した気づきを熱心に聴きながら絵を見る。動物園教育をめざすSさんも展覧会に来る。Sさんは子どもたちの絵を見た後、動物に関心をもってくれてうれしかったこと、動物園に行き、絵を描くなかで気がついたことが動物の生態にとって重要な役割を果たしていることなどを子どもたちに話す（右頁写真⑦）。

以上の事例は、絵を描くという行為が、動物に関心をもちよく見るという経験の上に発達することを示している。

⑥ミニ展覧会を見に来た保護者の様子
（写真：都内公立幼稚園）

⑦動物園教育専門のSさんがミニ展覧会で講評する
（写真：都内公立幼稚園）

2 親子で参加する園におけるアートワークショップ

　園にアーティストを招いての親子ワークショップの試みについて紹介する。以下のワークショップは保護者も参加しやすい、夏休み中の祝日に開かれた。自由参加で希望した親子が参加した。象のふんから紙を作るワークショップである。アーティストがあらかじめ時間をかけて象のふんを細かくきれいにして素材とし、その素材から紙を作るワークショップを行った。保育者は準備の手伝いも兼ねて、アーティストからワークショップの手順を前日に教えてもらい、実際に作品を作りながら作業を確認した。ワークショップ当日には、保育者はファシリテーター（援助者）として親子の作品作りの手伝いを行った。また、当日には象のふんがどのようにこのような素材になっていくのかについての解説を大学の学生が紹介した。普段通い慣れている園の中で、子どもが親と一緒に楽しい時間を過ごし、新しい活動にチャレンジすることは、子どもの表現についての大人の学びにもつながると考えられる。

ゾウのふんから紙を作る

親子で参加する園でのワークショップ

（事例／写真：お茶大こども園　アーティスト：野口徳雄）

3 美術館におけるアーティストの作品作りに園児が参加する

以下では、美術館におけるアーティストの作品作り（インスタレーション：空間を構成し異化するような作品）に子どもが参加し、協働した事例を紹介する。

事例 9-9 アーティストと園児との協働

● 4歳児　　7月

アーティストの作品の一部は海をイメージした場になっていて、人魚の衣装も展示されていた。園の子どもたちは美術館の中でその衣装をつけて遊んだりした。しかし、人魚の衣装は紙で作られていて、遊んでいるうちに衣装が破けてしまう。すると「壊れないものだったらよかったね」とアーティスト。子どもたちもどうしたらいいか考えてみたくなった。園に戻った子どもたちは、保育者と一緒に考えて紙ではなく布で作ることを思いつく。そして新たに布で作った人魚の衣装を持って改めて美術館を訪れる。アーティストはこの衣装のおもしろさに触発され、持ってきた衣装をつけながら一緒に美術館を巡るツアーを提案した。子どもたちの作った衣装や遊び（表現活動）が美術館と園を行き来した。

美術館で再会

人魚の衣装を着る

どうしようか？

園でも作り続ける

（事例／写真：アーツ前橋・認定こども園清心幼稚園　アーティスト：中島佑太）

この園では、アーティストが数年にわたって出入りし園児と活動をしてきている。アーティストはさまざまな素材や道具、刺激的なテーマをもってきてくれるおもしろい人であり、保育者だけではなかなかしないようなことも試みる。アーティストも子どもも互いの発想を刺激し合い、おもしろがったり楽しんだりする関係にあった。このような経験を互いにし、今度はアーティストが美術館に展示する自分の作品作りに悩んで、作品のアイディア出しに子どもたちの発想や遊ぶ姿を求めた。何人かの関心をもった子どもたちはアーティストと一緒に美術館を回ったり、思い思いに遊んだりして、作品が変容していった。このようにして、園児たちの行為や考えや姿も取り入れられながらアーティストの作品制作が行われたのが事例9-9である。

4 海外の美術館の事例——親子で休みの日に美術館へ

日本の美術館や博物館は大人が行く場所としてあり、小さな子どもが行くというイメージが少ない。一方、海外では、休みの日ともなると美術館や博物館の前に親子が長蛇の列をつくって並ぶほどの人気のある場所となっている（右写真）。たとえば、イギリスの美術館や博物館では、大人も子どもも無料であり、規模も大きいので一日中そこで楽しめる。

科学博物館に入るのに並ぶ親子（イギリス）

家族で楽しむ博物館

しかし、日本ではそのような光景は見られない。これは何が違うからなのだろうかと考えさせられる。イギリスの国立科学博物館を視察した筆者の経験からすると、これだけ人気があるのには、見ごたえのある展示物がたくさんあることや入館料が無料であるほかに、いくつかの要因があると考えられた。

ひとつ目に、小さな子どもが興味をもって触れてもいいような展示を工夫してあることである。触れられないものは見やすい位置から見えるようにしたうえで、ケースに入れるなどして保護している。本物に触れられない場合には、似たようなものでさわったり、試すことができるように、展示のわきに箱が置かれていつでも触れられるようにしてある。大きな作品はよく見えるように、上からも見える通路を設け、上から眺めることもできるような工夫が施されている。このように、子どもが興味をもったときに、よく見えるように、できる限り触れられるように工夫を施してあるのである。

ふたつ目に、展示の近くには、いろいろと教えてくれるボランティアの大人たちがいて、

子どもの質問に答えてくれる。このような人たちは、子どもとのコミュニケーションに慣れており、楽しそうに話をしてくれる。子どもの質問に答えてくれる人がたくさんいれば、親たちも子どもと一緒に楽しみながらいろいろと学ぶことができる。このように、館内は静まり返った場所ではなく、子どもの声がにぎやかに聞こえる場所でもある（居心地の悪い騒がしさとは異なる）。館の中でのコミュニケーションが活発であり、子どもたちの興味に応えるような自由さが保障されている（日本のよくある美術館のように館内では「話してはいけない」「触れてはいけない」という作品に関わる能動的行為まで制止する不自由さができるだけないようにしてある）。

　三つ目に、小さな子どもたちが参加できるワークショップやプログラムが複数用意されていることである。スケジュールや場所も、入り口だけではなく、各階の複数の場所に、わかりやすく表示されており、子どもの様子を見ながら参加の申し込みが可能である。当日であってもプログラムに人数の空きがあれば気軽に参加できる。ワークショップの場所は区切られてはいるが、オープンになっている場所やガラス越しに見える場所も多く、どんな様子か参加者でなくとも様子を見ることができる。まわりとゆるやかにつながっているので、親も安心して近くで待ち、様子を見ることができる。

　四つ目に、小さな子どもが一日中いても、過ごせる施設の環境が整えられていることである。一日過ごせるためには、おなかが空いたときに親子で手軽に食事ができることや水分補給のできる休憩をする場所が必要となる。イギリスの博物館では、小さな子どもが食事をしたり、休憩をしたりする場所が各階に複数あり、歩き疲れたらいつでも休憩ができる。イスやテーブルがコーナーにあり、館内を鑑賞移動中にも休憩できる場があるのである。このような場所が四方、八方に点在していることで、小さな子どもがいても、その都度休みながら、ゆっくりと一日そこで快適に過ごすことができるのである。

　このような四つの要件が日本の美術館や博物館でも今後工夫されていくとよいと考える。作品の見せ方の工夫やゆっくり見るための場や空間のつくり方にも工夫があると、安心して小さな子どもを美術館や科学館に親たちは連れてくることができるであろう。小さな子どもが居心地よく過ごせる場所であれば、多くの人たちにも居心地のよい場所となるはずである。

最後に、アメリカの事例を紹介する。

事例 9-10 ボストン・チルドレンズ・ミュージアムにおけるアートプログラム

　ボストン・チルドレンズ・ミュージアムは、科学、アート（芸術）、文化、健康をテーマに13の展示スペースがつくられている。0歳から大人まで遊びを通して学ぶことをねらいとし、教育的な意図に基づいた遊びの環境デザイン、対話型のワークショップやプログラム、イベントが行われている。米国のチルドレンズ・ミュージアムでは、子どもたちが収蔵品や芸術作品を実際に手で触れたり、体感して学ぶ、ハンズオン学習を提唱している。乳幼児にも、手袋をしたり、一本指でていねいに触れられるよう、学芸員やエデュケーター、フロアスタッフが本物に触れる経験、また壊れやすいものをていねいに扱うことの経験を促す。たとえば、アートギャラリースペースで、2015－2016年に展示されたEve Ewingによる「A Map Home」のインスタレーションは子どもたちが芸術家の展示作品から刺激を受けて、自分の家のなかで居心地のよい場所について考え、表現する探索活動に参加することで芸術を鑑賞するだけでなく、体験するプログラムがつくられた。

　さらに、このインスタレーションでは、大きなボストン市の地図（約100㎝×60㎝）を床に張り付けることで、0～3歳の子どもたちにも近い距離でインスタレーションを楽しみ、そのメッセージが伝わるような環境がデザインされた。

ボストン・チルドレンズ・ミュージアムにおけるアートプログラム

（事例・写真提供：元 Boston Children's' Museum Play Space Educator Program Manager 土谷香菜子）

――― この章で学んだこと ―――

● 現代における「表現」の問題として、表現する意欲はどのように生まれるのか、作品から表現の生成過程への着目、表現を支えるための保育者の役割、幼・保・小の砂場の遊びの事例から表現の連続性を考えた。

● 表現を生み出す環境として、素材との出会いや道具について、環境や空間をどのように構成するのかを学んだ。

● 表現の評価に関して、作品・制作過程をどのように保障するか、表現の生成過程を捉える ICT の活用、ドキュメンテーションとポートフォリオ、作品展・展覧会の新たな試みについて学んだ。

● 表現活動に対する国内外の先駆的取り組みについて、芸術家や専門家と園との協働的実践や親子で参加する園におけるアートワークショップ、美術館のアーティストの作品作りに園児が参加する事例、海外の美術館の事例を学んだ。

引用文献

第2章
1 津守真『保育者の地平』ミネルヴァ書房、1997年、p.284

第3章
1 武子麻美「保育におけるブロック遊び」平成17年度弘前大学教育学部卒業論文、2006年
2 森下季香「幼稚園のままごとコーナーにおける物の使われ方―物の使われ方の特徴と物の遊びのテーマとの結びつき―」平成17年度千葉大学教育学部卒業論文、2006年
3 古賀松香・無藤隆・伊集院理子「幼稚園児における自発的な"歌"とその出現場面との関連」『保育学研究』36 (1)、pp.20-27、1998年
4 平井タカネ「子どものイメージと表現世界 「からだことば」とコミュニケーション」岩田慶治(編)『子ども文化の原像』日本放送出版協会、pp.212-230、1985年
5 津守真『保育者の地平』ミネルヴァ書房、1997年
6 砂上史子・無藤隆「子どもの仲間関係と身体性―仲間意識の共有としての他者と同じ動きをすること―」、『乳幼児教育学研究』8、pp.75-84、1999年
7 無藤隆『協同するからだとことば』金子書房、1997年
8 山口創『子供の「脳」は肌にある』光文社新書、2004年
9 山田卓三『生物学からみた子育て』裳華房、1993年

第4章
1 大場牧夫『表現原論』萌文書林、1996年
2 伊集院理子「泥だんごづくり」日本幼稚園協会『幼児の教育』フレーベル館、104-7、pp.56-63、2005年
3 加用文男『光れ! 泥だんご』ひとなる書房、2001年

第5章
1 福崎淳子「幼稚園新入3歳児の遊び場面における『みてて』発話」『保育の実践と研究』Vol.5 No.2、pp.42-59、2000年
2 福崎淳子「幼児の『みてて』発話にみられる関係の構造分析」『日本女子大学紀要家政学部』第48号、pp.17-23、2001年
3 福崎淳子「『みてて』発話からとらえる幼児の他者意識」『保育学研究』Vol.40 No.1、pp.83-90、2002年
4 日本幼稚園協会『幼児の教育』フレーベル館、102-1、pp.57-59、2003年
5 日本幼稚園協会『幼児の教育』フレーベル館、102-4、pp.58-60、2003年
6 日本幼稚園協会『幼児の教育』フレーベル館、102-4、pp.62-63、2003年
7 日本幼稚園協会『幼児の教育』フレーベル館、105-1、pp.58-62、2006年

第7章
1 Masataka, N.：Motherese in a signed Language Infant Behavior and Development Vol.15 1992 pp.453-460.
2 庭野賀津子：『親乳児間における音声相互作用の発達的研究－音響分析による測定から－』風間書房 2005.
3 Levitin, D. J. 山形浩生訳：『「歌」を語る－神経科学から見た音楽・脳・思考・文化－』ブルース・インターアクションズ 2010.
4 Juslin,P.N. & Laukka, P.：Communication of Emotion in Vocal Expression and Music Perfomance：Different Channels, Same Code? Psychological Bulletin 129-5 2003 pp.770-814.
5 佐藤学監修, ワタリウム美術館編集：『驚くべき学びの世界－レッジョ・エミリアの幼児教育－』

ACCESS 2011.
6 レッジョ・チルドレン/ドムス・アカデミー・リサーチセンター，田邊敬子訳：『子ども、空間、関係性－幼児期のための環境のメタプロジェクト－』学研 2008.

第8章

1 ルース・フェゾン・ショウ、深田尚彦 訳『フィンガーペインティング』黎明書房、1982年
2 北山修 編『共視論－親子増の心理学－』講談社、2005年
3 C. エドワーズ・L. ガンディーニ・G. フォアマン 編、佐藤学・森眞理・塚田美紀 訳『子どもたちの100の言葉―レッジョ・エミリアの幼児教育－』世織書房、2001年
4 平成29年告示 文部科学省『幼稚園教育要領』、厚生労働省『保育園保育指針』、内閣府『幼保連携型認定こども園教育・保育要領』
5 ハーバート・リード、宮脇理・岩崎清・直江俊雄 訳『芸術による教育』フィルムアート社、2001年
6 レイチェル・カーソン、上遠恵子 訳『センス・オブ・ワンダー』新潮社、1996年
7 ディディエ・アンジュー、福田素子 訳『皮膚―自我』言叢社、1996年
8 山口創『子供の「脳」は肌にある』光文社、2004年
9 V. E. フランクル、霜山徳爾 訳『夜と霧』みすず書房、1985年
10 福田隆眞・福本謹一・茂木一司 編『美術科教育の基礎知識』建帛社、2010年
11 中之条ビエンナーレ2013「こどもわーくしょっぷすくーる＠ぐんだいびじゅつ」における「クレープdeアート」（宮川紗織：卒業研究）
12 2013年に開始したお茶の水女子大学アート実践研究会主催による展覧会
13 谷戸幼稚園における園便り2017年11月号

第9章

1 Mori, M., Uemura, T., Gyobu, I., Sayeki, Y., & Gunji, A. (2017). Expanding the Horizon of Pedagogy of Listening from the Japanese Perspectives : Having Dialogue with Philosophy and Practice of ECEC in Reggio Emilia. EECERA 2016 Conference.
2 仲村萌衣（2018）．０歳児と音との関わり：９ヶ月から15ヶ月にみる立つ以前以後の乳児の音の関わりに着目して．『平成29年度お茶の水女子大学卒業論文』（未公刊）．
3 お茶の水女子大学（2014）．技術製品化（CAVScene iPad用ビデオツール）：刑部育子・植村朋弘・中野洋一．CAVScene. iOS バージョン．配布元：AppStore. 発売日：2014年2月9日．
4 Giudici, C., Rinaldi, C., & Krechevsky, M. (2001). Making learning visible : Children as individual and group learners. Reggio Emilia, Italy : Reggio Children.
5 レッジョ・チルドレン（2012）．ワタリウム美術館編，『子どもたちの100の言葉：レッジョ・エミリアの幼児教育実践記録』．東京：日東書院．
6 レッジョ・チルドレン（2011）．佐藤学監修，ワタリウム美術館編集，『驚くべき学びの世界：レッジョ・エミリアの幼児教育』．東京：株式会社ACCESS．
7 大宮勇雄（2010）．『学びの物語の保育実践』．東京：ひとなる書房．
8 久保寺節子（2017）．子どもの豊かな気付きを引き出す表現活動を探る：「よく見てごらん」から、幼児自ら描くことで気付き、よく見て描きながら言葉で豊かに表現する活動を通して．『青山乳幼児臨床保育研究会会報』，第2号，1-4．
9 刑部育子（2018）．巻頭言．お茶の水女子大学アート実践研究会，『LIFE×ART 2017』

学生に紹介したい ≫ **参 考 文 献**

音さがしの本〈増補版〉
リトル・サウンド・エデュケーション

R・マリー・シェーファー・今田匡彦 ● 春秋社 ● 2009

「一番遠くで聞こえる音は？」「音だけで何か美味しいものを作ってみよう！」「身体の中から聞こえる音のリスト作り」等々、ゲーム感覚のうちにみるみる「よく聴く」ことが身に付いていく1冊。

ポートフォリオ入門

森 眞理 ● 小学館 ● 2016

レッジョ・エミリア市の幼児教育の考え方（あらゆる表現を「100の言葉」とする考え方）を紹介するとともに、子どもの表現過程をドキュメンテーション化する最新の方法について日本の事例を含めて伝えている。

子どもの世界をどうみるか
行為とその意味

津守 真 ● NHKブックス ● 1987

家庭における子どもの描画理解と、保育実践における子ども理解を往復しながら、子どもの行為を子どもの世界の表現として理解する過程が具体的に論じられている。保育者の表現理解の原点について学ぶ良書。

保育実践の創造
保育とはあなたがつくるもの

吉村真理子 著・森上史郎ほか 編 ● ミネルヴァ書房 ● 2014

保育者として、保育研究者として、子どもを見つめ続けてきた吉村真理子先生による子どもたちや保育者へのメッセージ。生き生きとした保育をつくり出す保育者の創造性や表現力について、具体的に提案されている。

幼児の笑いと発達

友定啓子 ● 勁草書房 ● 1993

保育所での参加観察によって得られた事例から、0歳から6歳までの子どもの「笑い」について、からだ、知的認識、人間関係の視点から考察し、その発達的変化と、保育実践への提案が書かれている。

子どもの音感受の世界

無藤 隆 監修 ● 吉永早苗 ● 萌文書林 ● 2016

身の回りの音や音楽を聴いて何らかの印象を持ち、共鳴し、何らかの感情を抱いたり様々に連想したりするといった子どもの音感受の実際が紹介されている。音感受教育による「表現」の指導法についての具体的なアイデアも掲載。

保育のなかのアート
プロジェクト・アプローチの実践から

磯部錦司・福田泰雅 ● 小学館 ● 2015

造形表現を中心にアートを通したプロジェクト・アプローチの実践から、今日的な保育の方向が検討されている。「生活・遊び・教育・アート」の関係を理解し、社会的な創造活動であるアートの可能性を見いだしたい。

子どもの絵の見方
―子どもの世界を鑑賞するまなざし―

奥村高明 ● 東洋館出版社 ● 2010

幼児期から学童期における子どもの平面、立体作品をめぐり、造形性を契機としながら子どもの表現過程に丁寧な眼差しを向ける一冊。本書を通じて、描きつくる行為と共にその背景にあるもの・ことにも耳を傾け、子どもの切実な声を受けとめる感性を磨きたい。

幼稚園教育要領（全文）　保育所保育指針（抄録）

幼稚園教育要領
[文部科学省　平成29年3月告示　平成30年4月施行]

幼稚園教育要領（前文）

　教育は、教育基本法第1条に定めるとおり、人格の完成を目指し、平和で民主的な国家及び社会の形成者として必要な資質を備えた心身ともに健康な国民の育成を期すという目的のもと、同法第2条に掲げる次の目標を達成するよう行われなければならない。
1　幅広い知識と教養を身に付け、真理を求める態度を養い、豊かな情操と道徳心を培うとともに、健やかな身体を養うこと。
2　個人の価値を尊重して、その能力を伸ばし、創造性を培い、自主及び自律の精神を養うとともに、職業及び生活との関連を重視し、勤労を重んずる態度を養うこと。
3　正義と責任、男女の平等、自他の敬愛と協力を重んずるとともに、公共の精神に基づき、主体的に社会の形成に参画し、その発展に寄与する態度を養うこと。
4　生命を尊び、自然を大切にし、環境の保全に寄与する態度を養うこと。
5　伝統と文化を尊重し、それらをはぐくんできた我が国と郷土を愛するとともに、他国を尊重し、国際社会の平和と発展に寄与する態度を養うこと。
　また、幼児期の教育については、同法第11条に掲げるとおり、生涯にわたる人格形成の基礎を培う重要なものであることにかんがみ、国及び地方公共団体は、幼児の健やかな成長に資する良好な環境の整備その他適当な方法によって、その振興に努めなければならないこととされている。
　これからの幼稚園には、学校教育の始まりとして、こうした教育の目的及び目標の達成を目指しつつ、一人一人の幼児が、将来、自分のよさや可能性を認識するとともに、あらゆる他者を価値のある存在として尊重し、多様な人々と協働しながら様々な社会的変化を乗り越え、豊かな人生を切り拓き、持続可能な社会の創り手となることができるようにするための基礎を培うことが求められる。このために必要な教育の在り方を具体化するのが、各幼稚園において教育の内容等を組織的かつ計画的に組み立てた教育課程である。
　教育課程を通して、これからの時代に求められる教育を実現していくためには、よりよい学校教育を通してよりよい社会を創るという理念を学校と社会とが共有し、それぞれの幼稚園において、幼児期にふさわしい生活をどのように展開し、どのような資質・能力を育むようにするのかを教育課程において明確にしながら、社会との連携及び協働によりその実現を図っていくという、社会に開かれた教育課程の実現が重要となる。
　幼稚園教育要領とは、こうした理念の実現に向けて必要となる教育課程の基準を大綱的に定めるものである。幼稚園教育要領が果たす役割の一つは、公の性質を有する幼稚園における教育水準を全国的に確保することである。また、各幼稚園がその特色を生かして創意工夫を重ね、長年にわたり積み重ねられてきた教育実践や学術研究の蓄積を生かしながら、幼児や地域の現状や課題を捉え、家庭や地域社会と協力して、幼稚園教育要領を踏まえた教育活動の更なる充実を図っていくことも重要である。
　幼児の自発的な活動としての遊びを生み出すために必要な環境を整え、一人一人の資質・能力を育んでいくことは、教職員をはじめとする幼稚園関係者はもとより、家庭や地域の人々も含め、様々な立場から幼児や幼稚園に関わる全ての大人に期待される役割である。家庭との緊密な連携の下、小学校以降の教育や生涯にわたる学習とのつながりを見通しながら、幼児の自発的な活動としての遊びを通しての総合的な指導をする際に広く活用されるものとなることを期待して、ここに幼稚園教育要領を定める。

第1章　総　則

第1　幼稚園教育の基本

　幼児期の教育は、生涯にわたる人格形成の基礎を培う重要なものであり、幼稚園教育は、学校教育法に規定する目的及び目標を達成するため、幼児期の特性を踏まえ、環境を通して行うものであることを基本とする。
　このため教師は、幼児との信頼関係を十分に築き、幼児が身近な環境に主体的に関わり、環境との関わり方や意味に気付き、これらを取り込もうとして、試行錯誤したり、考えたりするようになる幼児期の教育における見方・考え方を生かし、幼児と共によりよい教育環境を創造するように努めるものとする。これらを踏まえ、次に示す事項を重視して教育を行わなければならない。

1　幼児は安定した情緒の下で自己を十分に発揮することにより発達に必要な体験を得ていくものであることを考慮して、幼児の主体的な活動を促し、幼児期にふさわしい生活が展開されるようにすること。
2　幼児の自発的な活動としての遊びは、心身の調和のとれた発達の基礎を培う重要な学習であることを考慮して、遊びを通しての指導を中心として第2章に示すねらいが総合的に達成されるようにすること。
3　幼児の発達は、心身の諸側面が相互に関連し合い、多様な経過をたどって成し遂げられていくものであること、また、幼児の生活経験がそれぞれ異なることなどを考慮して、幼児一人一人の特性に応じ、発達の課題に即した指導を行うようにすること。

その際、教師は、幼児の主体的な活動が確保されるよう幼児一人一人の行動の理解と予想に基づき、計画的に環境を構成しなければならない。この場合において、教師は、幼児と人やものとの関わりが重要であることを踏まえ、教材を工夫し、物的・空間的環境を構成しなければならない。また、幼児一人一人の活動の場面に応じて、様々な役割を果たし、その活動を豊かにしなければならない。

第2　幼稚園教育において育みたい資質・能力及び「幼児期の終わりまでに育ってほしい姿」

1　幼稚園においては、生きる力の基礎を育むため、この章の第1に示す幼稚園教育の基本を踏まえ、次に掲げる資質・能力を一体的に育むよう努めるものとする。
　(1)　豊かな体験を通じて、感じたり、気付いたり、分かったり、できるようになったりする「知識及び技能の基礎」
　(2)　気付いたことや、できるようになったことなどを使い、考えたり、試したり、工夫したり、表現したりする「思考力、判断力、表現力等の基礎」
　(3)　心情、意欲、態度が育つ中で、よりよい生活を営もうとする「学びに向かう力、人間性等」
2　1に示す資質・能力は、第2章に示すねらい及び内容に基づく活動全体によって育むものである。
3　次に示す「幼児期の終わりまでに育ってほしい姿」は、第2章に示すねらい及び内容に基づく活動全体を通して資質・能力が育まれている幼児の幼稚園修了時の具体的な姿であり、教師が指導を行う際に考慮するものである。
　(1)　健康な心と体
　　幼稚園生活の中で、充実感をもって自分のやりたいことに向かって心と体を十分に働かせ、見通しをもって行動し、自ら健康で安全な生活をつくり出すようになる。
　(2)　自立心
　　身近な環境に主体的に関わり様々な活動を楽しむ中で、しなければならないことを自覚し、自分の力で行うために考えたり、工夫したりしながら、諦めずにやり遂げることで達成感を味わい、自信をもって行動するようになる。
　(3)　協同性
　　友達と関わる中で、互いの思いや考えなどを共有し、共通の目的の実現に向けて、考えたり、工夫したり、協力したりし、充実感をもってやり遂げるようになる。
　(4)　道徳性・規範意識の芽生え
　　友達と様々な体験を重ねる中で、してよいことや悪いことが分かり、自分の行動を振り返ったり、友達の気持ちに共感したりし、相手の立場に立って行動するようになる。また、きまりを守る必要性が分かり、自分の気持ちを調整し、友達と折り合いを付けながら、きまりをつくったり、守ったりするようになる。
　(5)　社会生活との関わり
　　家族を大切にしようとする気持ちをもつとともに、地域の身近な人と触れ合う中で、人との様々な関わり方に気付き、相手の気持ちを考えて関わり、自分が役に立つ喜びを感じ、地域に親しみをもつようになる。また、幼稚園内外の様々な環境に関わる中で、遊びや生活に必要な情報を取り入れ、情報に基づき判断したり、情報を伝え合ったり、活用したりするなど、情報を役立てながら活動するようになるとともに、公共の施設を大切に利用するなどして、社会とのつながりなどを意識するようになる。
　(6)　思考力の芽生え
　　身近な事象に積極的に関わる中で、物の性質や仕組みなどを感じ取ったり、気付いたりし、考えたり、予想したり、工夫したりするなど、多様な関わりを楽しむようになる。また、友達の様々な考えに触れる中で、自分と異なる考えがあることに気付き、自ら判断したり、考え直したりするなど、新しい考えを生み出す喜びを味わいながら、自分の考えをよりよいものにするようになる。
　(7)　自然との関わり・生命尊重
　　自然に触れて感動する体験を通して、自然の変化などを感じ取り、好奇心や探究心をもって考え言葉などで表現しながら、身近な事象への関心が高まるとともに、自然への愛情や畏敬の念をもつようになる。また、身近な動植物に心を動かされる中で、生命の不思議さや尊さに気付き、身近な動植物への接し方を考え、命あるものとしていたわり、大切にする気持ちをもって関わるようになる。
　(8)　数量や図形、標識や文字などへの関心・感覚
　　遊びや生活の中で、数量や図形、標識や文字などに親しむ体験を重ねたり、標識や文字の役割に気付いたりし、自らの必要感に基づきこれらを活用し、興味や関心、感覚をもつようになる。
　(9)　言葉による伝え合い
　　先生や友達と心を通わせる中で、絵本や物語などに親しみながら、豊かな言葉や表現を身に付け、経験したことや考えたことなどを言葉で伝えたり、相手の話を注意して聞いたりし、言葉による伝え合いを楽しむようになる。

⑽ 豊かな感性と表現

　　心を動かす出来事などに触れ感性を働かせる中で、様々な素材の特徴や表現の仕方などに気付き、感じたことや考えたことを自分で表現したり、友達同士で表現する過程を楽しんだりし、表現する喜びを味わい、意欲をもつようになる。

第3　教育課程の役割と編成等

1　教育課程の役割

　各幼稚園においては、教育基本法及び学校教育法その他の法令並びにこの幼稚園教育要領の示すところに従い、創意工夫を生かし、幼児の心身の発達と幼稚園及び地域の実態に即応した適切な教育課程を編成するものとする。

　また、各幼稚園においては、6に示す全体的な計画にも留意しながら、「幼児期の終わりまでに育ってほしい姿」を踏まえ教育課程を編成すること、教育課程の実施状況を評価してその改善を図っていくこと、教育課程の実施に必要な人的又は物的な体制を確保するとともにその改善を図っていくことなどを通して、教育課程に基づき組織的かつ計画的に各幼稚園の教育活動の質の向上を図っていくこと（以下「カリキュラム・マネジメント」という。）に努めるものとする。

2　各幼稚園の教育目標と教育課程の編成

　教育課程の編成に当たっては、幼稚園教育において育みたい資質・能力を踏まえつつ、各幼稚園の教育目標を明確にするとともに、教育課程の編成についての基本的な方針が家庭や地域とも共有されるよう努めるものとする。

3　教育課程の編成上の基本的事項

(1)　幼稚園生活の全体を通して第2章に示すねらいが総合的に達成されるよう、教育課程に係る教育期間や幼児の生活経験や発達の過程などを考慮して具体的なねらいと内容を組織するものとする。この場合においては、特に、自我が芽生え、他者の存在を意識し、自己を抑制しようとする気持ちが生まれる幼児期の発達の特性を踏まえ、入園から修了に至るまでの長期的な視野をもって充実した生活が展開できるように配慮するものとする。

(2)　幼稚園の毎学年の教育課程に係る教育週数は、特別の事情のある場合を除き、39週を下ってはならない。

(3)　幼稚園の1日の教育課程に係る教育時間は、4時間を標準とする。ただし、幼児の心身の発達の程度や季節などに適切に配慮するものとする。

4　教育課程の編成上の留意事項

　教育課程の編成に当たっては、次の事項に留意するものとする。

(1)　幼児の生活は、入園当初の一人一人の遊びや教師との触れ合いを通して幼稚園生活に親しみ、安定していく時期から、他の幼児との関わりの中で幼児の主体的な活動が深まり、幼児が互いに必要な存在であることを認識するようになり、やがて幼児同士や学級全体で目的をもって協同して幼稚園生活を展開し、深めていく時期などに至るまでの過程を様々に経ながら広げられていくものであることを考慮し、活動がそれぞれの時期にふさわしく展開されるようにすること。

(2)　入園当初、特に、3歳児の入園については、家庭との連携を緊密にし、生活のリズムや安全面に十分配慮すること。また、満3歳児については、学年の途中から入園することを考慮し、幼児が安心して幼稚園生活を過ごすことができるよう配慮すること。

(3)　幼稚園生活が幼児にとって安全なものとなるよう、教職員による協力体制の下、幼児の主体的な活動を大切にしつつ、園庭や園舎などの環境の配慮や指導の工夫を行うこと。

5　小学校教育との接続に当たっての留意事項

(1)　幼稚園においては、幼稚園教育が、小学校以降の生活や学習の基盤の育成につながることに配慮し、幼児期にふさわしい生活を通して、創造的な思考や主体的な生活態度などの基礎を培うようにするものとする。

(2)　幼稚園教育において育まれた資質・能力を踏まえ、小学校教育が円滑に行われるよう、小学校の教師との意見交換や合同の研究の機会などを設け、「幼児期の終わりまでに育ってほしい姿」を共有するなど連携を図り、幼稚園教育と小学校教育との円滑な接続を図るよう努めるものとする。

6　全体的な計画の作成

　各幼稚園においては、教育課程を中心に、第3章に示す教育課程に係る教育時間の終了後等に行う教育活動の計画、学校保健計画、学校安全計画などとを関連させ、一体的に教育活動が展開されるよう全体的な計画を作成するものとする。

第4　指導計画の作成と幼児理解に基づいた評価

1　指導計画の考え方

　幼稚園教育は、幼児が自ら意欲をもって環境と関わることによりつくり出される具体的な活動を通して、その目標の達成を図るものである。

　幼稚園においてはこのことを踏まえ、幼児期にふさわしい生活が展開され、適切な指導が行われるよう、それぞれの幼稚園の教育課程に基づき、調和のとれた組織的、発展的な指導計画を作成し、幼児の活動に沿った柔軟な指導を行わなければならない。

2　指導計画の作成上の基本的事項

(1)　指導計画は、幼児の発達に即して一人一人の幼児が幼児期にふさわしい生活を展開し、必要な体験を得られるようにするために、具体的に作成するものとする。

(2)　指導計画の作成に当たっては、次に示すところにより、具体的なねらい及び内容を明確に設定し、適切な

環境を構成することなどにより活動が選択・展開されるようにするものとする。
　　ア　具体的なねらい及び内容は、幼稚園生活における幼児の発達の過程を見通し、幼児の生活の連続性、季節の変化などを考慮して、幼児の興味や関心、発達の実情などに応じて設定すること。
　　イ　環境は、具体的なねらいを達成するために適切なものとなるように構成し、幼児が自らその環境に関わることにより様々な活動を展開しつつ必要な体験を得られるようにすること。その際、幼児の生活する姿や発想を大切にし、常にその環境が適切なものとなるようにすること。
　　ウ　幼児の行う具体的な活動は、生活の流れの中で様々に変化するものであることに留意し、幼児が望ましい方向に向かって自ら活動を展開していくことができるよう必要な援助をすること。

　　その際、幼児の実態及び幼児を取り巻く状況の変化などに即して指導の過程についての評価を適切に行い、常に指導計画の改善を図るものとする。
　3　指導計画の作成上の留意事項
　　指導計画の作成に当たっては、次の事項に留意するものとする。
　(1)　長期的に発達を見通した年、学期、月などにわたる長期の指導計画やこれとの関連を保ちながらより具体的な幼児の生活に即した週、日などの短期の指導計画を作成し、適切な指導が行われるようにすること。特に、週、日などの短期の指導計画については、幼児の生活のリズムに配慮し、幼児の意識や興味の連続性のある活動が相互に関連して幼稚園生活の自然の流れの中に組み込まれるようにすること。
　(2)　幼児が様々な人やものとの関わりを通して、多様な体験をし、心身の調和のとれた発達を促すようにしていくこと。その際、幼児の発達に即して主体的・対話的で深い学びが実現するようにするとともに、心を動かされる体験が次の活動を生み出すことを考慮し、一つ一つの体験が相互に結び付き、幼稚園生活が充実するようにすること。
　(3)　言語に関する能力の発達と思考力等の発達が関連していることを踏まえ、幼稚園生活全体を通して、幼児の発達を踏まえた言語環境を整え、言語活動の充実を図ること。
　(4)　幼児が次の活動への期待や意欲をもつことができるよう、幼児の実態を踏まえながら、教師や他の幼児と共に遊びや生活の中で見通しをもったり、振り返ったりするよう工夫すること。
　(5)　行事の指導に当たっては、幼稚園生活の自然の流れの中で生活に変化や潤いを与え、幼児が主体的に楽しく活動できるようにすること。なお、それぞれの行事についてはその教育的価値を十分検討し、適切なものを精選し、幼児の負担にならないようにすること。
　(6)　幼児期は直接的な体験が重要であることを踏まえ、視聴覚教材やコンピュータなど情報機器を活用する際には、幼稚園生活では得難い体験を補完するなど、幼児の体験との関連を考慮すること。
　(7)　幼児の主体的な活動を促すためには、教師が多様な関わりをもつことが重要であることを踏まえ、教師は、理解者、共同作業者など様々な役割を果たし、幼児の発達に必要な豊かな体験が得られるよう、活動の場面に応じて、適切な指導を行うようにすること。
　(8)　幼児の行う活動は、個人、グループ、学級全体などで多様に展開されるものであることを踏まえ、幼稚園全体の教師による協力体制を作りながら、一人一人の幼児が興味や欲求を十分に満足させるよう適切な援助を行うようにすること。
　4　幼児理解に基づいた評価の実施
　　幼児一人一人の発達の理解に基づいた評価の実施に当たっては、次の事項に配慮するものとする。
　(1)　指導の過程を振り返りながら幼児の理解を進め、幼児一人一人のよさや可能性などを把握し、指導の改善に生かすようにすること。その際、他の幼児との比較や一定の基準に対する達成度についての評定によって捉えるものではないことに留意すること。
　(2)　評価の妥当性や信頼性が高められるよう創意工夫を行い、組織的かつ計画的な取組を推進するとともに、次年度又は小学校等にその内容が適切に引き継がれるようにすること。

第5　特別な配慮を必要とする幼児への指導
　1　障害のある幼児などへの指導
　　障害のある幼児などへの指導に当たっては、集団の中で生活することを通して全体的な発達を促していくことに配慮し、特別支援学校などの助言又は援助を活用しつつ、個々の幼児の障害の状態などに応じた指導内容や指導方法の工夫を組織的かつ計画的に行うものとする。また、家庭、地域及び医療や福祉、保健等の業務を行う関係機関との連携を図り、長期的な視点で幼児への教育的支援を行うために、個別の教育支援計画を作成し活用することに努めるとともに，個々の幼児の実態を的確に把握し、個別の指導計画を作成し活用することに努めるものとする。
　2　海外から帰国した幼児や生活に必要な日本語の習得に困難のある幼児の幼稚園生活への適応
　　海外から帰国した幼児や生活に必要な日本語の習得に困難のある幼児については、安心して自己を発揮できるよう配慮するなど個々の幼児の実態に応じ、指導内容や指導方法の工夫を組織的かつ計画的に行うものとする。

第6 幼稚園運営上の留意事項

1 　各幼稚園においては、園長の方針の下に、園務分掌に基づき教職員が適切に役割を分担しつつ、相互に連携しながら、教育課程や指導の改善を図るものとする。また、各幼稚園が行う学校評価については、教育課程の編成、実施、改善が教育活動や幼稚園運営の中核となることを踏まえ、カリキュラム・マネジメントと関連付けながら実施するよう留意するものとする。

2 　幼児の生活は、家庭を基盤として地域社会を通じて次第に広がりをもつものであることに留意し、家庭との連携を十分に図るなど、幼稚園における生活が家庭や地域社会と連続性を保ちつつ展開されるようにするものとする。その際、地域の自然、高齢者や異年齢の子供などを含む人材、行事や公共施設などの地域の資源を積極的に活用し、幼児が豊かな生活体験を得られるように工夫するものとする。また、家庭との連携に当たっては、保護者との情報交換の機会を設けたり、保護者と幼児との活動の機会を設けたりなどすることを通じて、保護者の幼児期の教育に関する理解が深まるよう配慮するものとする。

3 　地域や幼稚園の実態等により、幼稚園間に加え、保育所、幼保連携型認定こども園、小学校、中学校、高等学校及び特別支援学校などとの間の連携や交流を図るものとする。特に、幼稚園教育と小学校教育の円滑な接続のため、幼稚園の幼児と小学校の児童との交流の機会を積極的に設けるようにするものとする。また、障害のある幼児児童生徒との交流及び共同学習の機会を設け、共に尊重し合いながら協働して生活していく態度を育むよう努めるものとする。

第7 教育課程に係る教育時間終了後等に行う教育活動など

幼稚園は、第3章に示す教育課程に係る教育時間の終了後等に行う教育活動について、学校教育法に規定する目的及び目標並びにこの章の第1に示す幼稚園教育の基本を踏まえ実施するものとする。また、幼稚園の目的の達成に資するため、幼児の生活全体が豊かなものとなるよう家庭や地域における幼児期の教育の支援に努めるものとする。

第2章 ねらい及び内容

この章に示すねらいは、幼稚園教育において育みたい資質・能力を幼児の生活する姿から捉えたものであり、内容は、ねらいを達成するために指導する事項である。各領域は、これらを幼児の発達の側面から、心身の健康に関する領域「健康」、人との関わりに関する領域「人間関係」、身近な環境との関わりに関する領域「環境」、言葉の獲得に関する領域「言葉」及び感性と表現に関する領域「表現」としてまとめ、示したものである。内容の取扱いは、幼児の発達を踏まえた指導を行うに当たって留意すべき事項である。

各領域に示すねらいは、幼稚園における生活の全体を通じ、幼児が様々な体験を積み重ねる中で相互に関連をもちながら次第に達成に向かうものであること、内容は、幼児が環境に関わって展開する具体的な活動を通して総合的に指導されるものであることに留意しなければならない。

また、「幼児期の終わりまでに育ってほしい姿」が、ねらい及び内容に基づく活動全体を通して資質・能力が育まれている幼児の幼稚園修了時の具体的な姿であることを踏まえ、指導を行う際に考慮するものとする。

なお、特に必要な場合には、各領域に示すねらいの趣旨に基づいて適切な、具体的な内容を工夫し、それを加えても差し支えないが、その場合には、それが第1章の第1に示す幼稚園教育の基本を逸脱しないよう慎重に配慮する必要がある。

健康

〔健康な心と体を育て、自ら健康で安全な生活をつくり出す力を養う。〕

1 　ねらい
(1) 明るく伸び伸びと行動し、充実感を味わう。
(2) 自分の体を十分に動かし、進んで運動しようとする。
(3) 健康、安全な生活に必要な習慣や態度を身に付け、見通しをもって行動する。

2 　内容
(1) 先生や友達と触れ合い、安定感をもって行動する。
(2) いろいろな遊びの中で十分に体を動かす。
(3) 進んで戸外で遊ぶ。
(4) 様々な活動に親しみ、楽しんで取り組む。
(5) 先生や友達と食べることを楽しみ、食べ物への興味や関心をもつ。
(6) 健康な生活のリズムを身に付ける。
(7) 身の回りを清潔にし、衣服の着脱、食事、排泄などの生活に必要な活動を自分でする。
(8) 幼稚園における生活の仕方を知り、自分たちで生活の場を整えながら見通しをもって行動する。
(9) 自分の健康に関心をもち、病気の予防などに必要な活動を進んで行う。
(10) 危険な場所、危険な遊び方、災害時などの行動の仕方が分かり、安全に気を付けて行動する。

3 　内容の取扱い
上記の取扱いに当たっては、次の事項に留意する必要がある。
(1) 心と体の健康は、相互に密接な関連があるものであることを踏まえ、幼児が教師や他の幼児との温かい触れ合いの中で自己の存在感や充実感を味わうことなどを基盤として、しなやかな心と体の発達を促すこと。特に、十分に体を動かす気持ちよさを体験し、自ら体を動かそうとする意欲が育つようにすること。
(2) 様々な遊びの中で、幼児が興味や関心、能力に応じて全身を使って活動することにより、体を動かす楽しさを味わい、自分の体を大切にしようとする気持ちが

育つようにすること。その際、多様な動きを経験する中で、体の動きを調整するようにすること。
(3) 自然の中で伸び伸びと体を動かして遊ぶことにより、体の諸機能の発達が促されることに留意し、幼児の興味や関心が戸外にも向くようにすること。その際、幼児の動線に配慮した園庭や遊具の配置などを工夫すること。
(4) 健康な心と体を育てるためには食育を通じた望ましい食習慣の形成が大切であることを踏まえ、幼児の食生活の実情に配慮し、和やかな雰囲気の中で教師や他の幼児と食べる喜びや楽しさを味わったり、様々な食べ物への興味や関心をもったりするなどし、食の大切さに気付き、進んで食べようとする気持ちが育つようにすること。
(5) 基本的な生活習慣の形成に当たっては、家庭での生活経験に配慮し、幼児の自立心を育て、幼児が他の幼児と関わりながら主体的な活動を展開する中で、生活に必要な習慣を身に付け、次第に見通しをもって行動できるようにすること。
(6) 安全に関する指導に当たっては、情緒の安定を図り、遊びを通して安全についての構えを身に付け、危険な場所や事物などが分かり、安全についての理解を深めるようにすること。また、交通安全の習慣を身に付けるようにするとともに、避難訓練などを通して、災害などの緊急時に適切な行動がとれるようにすること。

人間関係

〔他の人々と親しみ、支え合って生活するために、自立心を育て、人と関わる力を養う。〕

1 ねらい
(1) 幼稚園生活を楽しみ、自分の力で行動することの充実感を味わう。
(2) 身近な人と親しみ、関わりを深め、工夫したり、協力したりして一緒に活動する楽しさを味わい、愛情や信頼感をもつ。
(3) 社会生活における望ましい習慣や態度を身に付ける。

2 内容
(1) 先生や友達と共に過ごすことの喜びを味わう。
(2) 自分で考え、自分で行動する。
(3) 自分でできることは自分でする。
(4) いろいろな遊びを楽しみながら物事をやり遂げようとする気持ちをもつ。
(5) 友達と積極的に関わりながら喜びや悲しみを共感し合う。
(6) 自分の思ったことを相手に伝え、相手の思っていることに気付く。
(7) 友達のよさに気付き、一緒に活動する楽しさを味わう。
(8) 友達と楽しく活動する中で、共通の目的を見いだし、工夫したり、協力したりなどする。
(9) よいことや悪いことがあることに気付き、考えながら行動する。
(10) 友達との関わりを深め、思いやりをもつ。
(11) 友達と楽しく生活する中できまりの大切さに気付き、守ろうとする。
(12) 共同の遊具や用具を大切にし、皆で使う。
(13) 高齢者をはじめ地域の人々などの自分の生活に関係の深いいろいろな人に親しみをもつ。

3 内容の取扱い
上記の取扱いに当たっては、次の事項に留意する必要がある。
(1) 教師との信頼関係に支えられて自分自身の生活を確立していくことが人と関わる基盤となることを考慮し、幼児が自ら周囲に働き掛けることにより多様な感情を体験し、試行錯誤しながら諦めずにやり遂げることの達成感や、前向きな見通しをもって自分の力で行うことの充実感を味わうことができるよう、幼児の行動を見守りながら適切な援助を行うようにすること。
(2) 一人一人を生かした集団を形成しながら人と関わる力を育てていくようにすること。その際、集団の生活の中で、幼児が自己を発揮し、教師や他の幼児に認められる体験をし、自分のよさや特徴に気付き、自信をもって行動できるようにすること。
(3) 幼児が互いに関わりを深め、協同して遊ぶようになるため、自ら行動する力を育てるようにするとともに、他の幼児と試行錯誤しながら活動を展開する楽しさや共通の目的が実現する喜びを味わうことができるようにすること。
(4) 道徳性の芽生えを培うに当たっては、基本的な生活習慣の形成を図るとともに、幼児が他の幼児との関わりの中で他人の存在に気付き、相手を尊重する気持ちをもって行動できるようにし、また、自然や身近な動植物に親しむことなどを通して豊かな心情が育つようにすること。特に、人に対する信頼感や思いやりの気持ちは、葛藤やつまずきをも体験し、それらを乗り越えることにより次第に芽生えてくることに配慮すること。
(5) 集団の生活を通して、幼児が人との関わりを深め、規範意識の芽生えが培われることを考慮し、幼児が教師との信頼関係に支えられて自己を発揮する中で、互いに思いを主張し、折り合いを付ける体験をし、きまりの必要性などに気付き、自分の気持ちを調整する力が育つようにすること。
(6) 高齢者をはじめ地域の人々などの自分の生活に関係の深いいろいろな人と触れ合い、自分の感情や意志を表現しながら共に楽しみ、共感し合う体験を通して、これらの人々などに親しみをもち、人と関わることの楽しさや人の役に立つ喜びを味わうことができるようにすること。また、生活を通して親や祖父母などの家族の愛情に気付き、家族を大切にしようとする気持ちが育つようにすること。

環境

〔周囲の様々な環境に好奇心や探究心をもって関わり、それらを生活に取り入れていこうとする力を養う。〕

1　ねらい
(1)　身近な環境に親しみ、自然と触れ合う中で様々な事象に興味や関心をもつ。
(2)　身近な環境に自分から関わり、発見を楽しんだり、考えたりし、それを生活に取り入れようとする。
(3)　身近な事象を見たり、考えたり、扱ったりする中で、物の性質や数量、文字などに対する感覚を豊かにする。

2　内容
(1)　自然に触れて生活し、その大きさ、美しさ、不思議さなどに気付く。
(2)　生活の中で、様々な物に触れ、その性質や仕組みに興味や関心をもつ。
(3)　季節により自然や人間の生活に変化のあることに気付く。
(4)　自然などの身近な事象に関心をもち、取り入れて遊ぶ。
(5)　身近な動植物に親しみをもって接し、生命の尊さに気付き、いたわったり、大切にしたりする。
(6)　日常生活の中で、我が国や地域社会における様々な文化や伝統に親しむ。
(7)　身近な物を大切にする。
(8)　身近な物や遊具に興味をもって関わり、自分なりに比べたり、関連付けたりしながら考えたり、試したりして工夫して遊ぶ。
(9)　日常生活の中で数量や図形などに関心をもつ。
(10)　日常生活の中で簡単な標識や文字などに関心をもつ。
(11)　生活に関係の深い情報や施設などに興味や関心をもつ。
(12)　幼稚園内外の行事において国旗に親しむ。

3　内容の取扱い
上記の取扱いに当たっては、次の事項に留意する必要がある。
(1)　幼児が、遊びの中で周囲の環境と関わり、次第に周囲の世界に好奇心を抱き、その意味や操作の仕方に関心をもち、物事の法則性に気付き、自分なりに考えることができるようになる過程を大切にすること。また、他の幼児の考えなどに触れて新しい考えを生み出す喜びや楽しさを味わい、自分の考えをよりよいものにしようとする気持ちが育つようにすること。
(2)　幼児期において自然のもつ意味は大きく、自然の大きさ、美しさ、不思議さなどに直接触れる体験を通して、幼児の心が安らぎ、豊かな感情、好奇心、思考力、表現力の基礎が培われることを踏まえ、幼児が自然との関わりを深めることができるよう工夫すること。
(3)　身近な事象や動植物に対する感動を伝え合い、共感し合うことなどを通して自分から関わろうとする意欲を育てるとともに、様々な関わり方を通してそれらに対する親しみや畏敬の念、生命を大切にする気持ち、

公共心、探究心などが養われるようにすること。
(4)　文化や伝統に親しむ際には、正月や節句など我が国の伝統的な行事、国歌、唱歌、わらべうたや我が国の伝統的な遊びに親しんだり、異なる文化に触れる活動に親しんだりすることを通じて、社会とのつながりの意識や国際理解の意識の芽生えなどが養われるようにすること。
(5)　数量や文字などに関しては、日常生活の中で幼児自身の必要感に基づく体験を大切にし、数量や文字などに関する興味や関心、感覚が養われるようにすること。

言葉

〔経験したことや考えたことなどを自分なりの言葉で表現し、相手の話す言葉を聞こうとする意欲や態度を育て、言葉に対する感覚や言葉で表現する力を養う。〕

1　ねらい
(1)　自分の気持ちを言葉で表現する楽しさを味わう。
(2)　人の言葉や話などをよく聞き、自分の経験したことや考えたことを話し、伝え合う喜びを味わう。
(3)　日常生活に必要な言葉が分かるようになるとともに、絵本や物語などに親しみ、言葉に対する感覚を豊かにし、先生や友達と心を通わせる。

2　内容
(1)　先生や友達の言葉や話に興味や関心をもち、親しみをもって聞いたり、話したりする。
(2)　したり、見たり、聞いたり、感じたり、考えたりなどしたことを自分なりに言葉で表現する。
(3)　したいこと、してほしいことを言葉で表現したり、分からないことを尋ねたりする。
(4)　人の話を注意して聞き、相手に分かるように話す。
(5)　生活の中で必要な言葉が分かり、使う。
(6)　親しみをもって日常の挨拶をする。
(7)　生活の中で言葉の楽しさや美しさに気付く。
(8)　いろいろな体験を通じてイメージや言葉を豊かにする。
(9)　絵本や物語などに親しみ、興味をもって聞き、想像をする楽しさを味わう。
(10)　日常生活の中で、文字などで伝える楽しさを味わう。

3　内容の取扱い
上記の取扱いに当たっては、次の事項に留意する必要がある。
(1)　言葉は、身近な人に親しみをもって接し、自分の感情や意志などを伝え、それに相手が応答し、その言葉を聞くことを通して次第に獲得されていくものであることを考慮して、幼児が教師や他の幼児と関わることにより心を動かされるような体験をし、言葉を交わす喜びを味わえるようにすること。
(2)　幼児が自分の思いを言葉で伝えるとともに、教師や他の幼児などの話を興味をもって注意して聞くことを通して次第に話を理解するようになっていき、言葉に

よる伝え合いができるようにすること。
(3) 絵本や物語などで、その内容と自分の経験とを結び付けたり、想像を巡らせたりするなど、楽しみを十分に味わうことによって、次第に豊かなイメージをもち、言葉に対する感覚が養われるようにすること。
(4) 幼児が生活の中で、言葉の響きやリズム、新しい言葉や表現などに触れ、これらを使う楽しさを味わえるようにすること。その際、絵本や物語に親しんだり、言葉遊びなどをしたりすることを通して、言葉が豊かになるようにすること。
(5) 幼児が日常生活の中で、文字などを使いながら思ったことや考えたことを伝える喜びや楽しさを味わい、文字に対する興味や関心をもつようにすること。

表現

〔感じたことや考えたことを自分なりに表現することを通して、豊かな感性や表現する力を養い、創造性を豊かにする。〕

1 ねらい
(1) いろいろなものの美しさなどに対する豊かな感性をもつ。
(2) 感じたことや考えたことを自分なりに表現して楽しむ。
(3) 生活の中でイメージを豊かにし、様々な表現を楽しむ。

2 内容
(1) 生活の中で様々な音、形、色、手触り、動きなどに気付いたり、感じたりするなどして楽しむ。
(2) 生活の中で美しいものや心を動かす出来事に触れ、イメージを豊かにする。
(3) 様々な出来事の中で、感動したことを伝え合う楽しさを味わう。
(4) 感じたこと、考えたことなどを音や動きなどで表現したり、自由にかいたり、つくったりなどする。
(5) いろいろな素材に親しみ、工夫して遊ぶ。
(6) 音楽に親しみ、歌を歌ったり、簡単なリズム楽器を使ったりなどする楽しさを味わう。
(7) かいたり、つくったりすることを楽しみ、遊びに使ったり、飾ったりなどする。
(8) 自分のイメージを動きや言葉などで表現したり、演じて遊んだりするなどの楽しさを味わう。

3 内容の取扱い
上記の取扱いに当たっては、次の事項に留意する必要がある。
(1) 豊かな感性は、身近な環境と十分に関わる中で美しいもの、優れたもの、心を動かす出来事などに出会い、そこから得た感動を他の幼児や教師と共有し、様々に表現することなどを通して養われるようにすること。その際、風の音や雨の音、身近にある草や花の形や色など自然の中にある音、形、色などに気付くようにすること。

(2) 幼児の自己表現は素朴な形で行われることが多いので、教師はそのような表現を受容し、幼児自身の表現しようとする意欲を受け止めて、幼児が生活の中で幼児らしい様々な表現を楽しむことができるようにすること。
(3) 生活経験や発達に応じ、自ら様々な表現を楽しみ、表現する意欲を十分に発揮させることができるように、遊具や用具などを整えたり、様々な素材や表現の仕方に親しんだり、他の幼児の表現に触れられるよう配慮したりし、表現する過程を大切にして自己表現を楽しめるように工夫すること。

第3章 教育課程に係る教育時間の終了後等に行う教育活動などの留意事項

1 地域の実態や保護者の要請により、教育課程に係る教育時間の終了後等に希望する者を対象に行う教育活動については、幼児の心身の負担に配慮するものとする。また、次の点にも留意するものとする。
(1) 教育課程に基づく活動を考慮し、幼児期にふさわしい無理のないものとなるようにすること。その際、教育課程に基づく活動を担当する教師と緊密な連携を図るようにすること。
(2) 家庭や地域での幼児の生活も考慮し、教育課程に係る教育時間の終了後等に行う教育活動の計画を作成するようにすること。その際、地域の人々と連携するなど、地域の様々な資源を活用しつつ、多様な体験ができるようにすること。
(3) 家庭との緊密な連携を図るようにすること。その際、情報交換の機会を設けたりするなど、保護者が、幼稚園と共に幼児を育てるという意識が高まるようにすること。
(4) 地域の実態や保護者の事情とともに幼児の生活のリズムを踏まえつつ、例えば実施日数や時間などについて、弾力的な運用に配慮すること。
(5) 適切な責任体制と指導体制を整備した上で行うようにすること。

2 幼稚園の運営に当たっては、子育ての支援のために保護者や地域の人々に機能や施設を開放して、園内体制の整備や関係機関との連携及び協力に配慮しつつ、幼児期の教育に関する相談に応じたり、情報を提供したり、幼児と保護者との登園を受け入れたり、保護者同士の交流の機会を提供したりするなど、幼稚園と家庭が一体となって幼児と関わる取組を進め、地域における幼児期の教育のセンターとしての役割を果たすよう努めるものとする。その際、心理や保健の専門家、地域の子育て経験者等と連携・協働しながら取り組むよう配慮するものとする。

保育所保育指針（抄録）

[厚生労働省　平成29年3月告示　平成30年4月施行]

第2章　保育の内容

1　乳児保育に関わるねらい及び内容

(1) 基本的事項

ア　乳児期の発達については、視覚、聴覚などの感覚や、座る、はう、歩くなどの運動機能が著しく発達し、特定の大人との応答的な関わりを通じて、情緒的な絆が形成されるといった特徴がある。これらの発達の特徴を踏まえて、乳児保育は、愛情豊かに、応答的に行われることが特に必要である。

イ　本項においては、この時期の発達の特徴を踏まえ、乳児保育の「ねらい」及び「内容」については、身体的発達に関する視点「健やかに伸び伸びと育つ」、社会的発達に関する視点「身近な人と気持ちが通じ合う」及び精神的発達に関する視点「身近なものと関わり感性が育つ」としてまとめ、示している。

ウ　本項の各視点において示す保育の内容は、第1章の2に示された養護における「生命の保持」及び「情緒の安定」に関わる保育の内容と、一体となって展開されるものであることに留意が必要である。

(2) ねらい及び内容

ア　<u>健やかに伸び伸びと育つ</u>

健康な心と体を育て、自ら健康で安全な生活をつくり出す力の基盤を培う。

(ア) ねらい

① 身体感覚が育ち、快適な環境に心地よさを感じる。
② 伸び伸びと体を動かし、はう、歩くなどの運動をしようとする。
③ 食事、睡眠等の生活のリズムの感覚が芽生える。

(イ) 内容

① 保育士等の愛情豊かな受容の下で、生理的・心理的欲求を満たし、心地よく生活をする。
② 一人一人の発育に応じて、はう、立つ、歩くなど、十分に体を動かす。
③ 個人差に応じて授乳を行い、離乳を進めていく中で、様々な食品に少しずつ慣れ、食べることを楽しむ。
④ 一人一人の生活のリズムに応じて、安全な環境の下で十分に午睡をする。
⑤ おむつ交換や衣服の着脱などを通じて、清潔になることの心地よさを感じる。

(ウ) 内容の取扱い

上記の取扱いに当たっては、次の事項に留意する必要がある。

① 心と体の健康は、相互に密接な関連があるものであることを踏まえ、温かい触れ合いの中で、心と体の発達を促すこと。特に、寝返り、お座り、はいはい、つかまり立ち、伝い歩きなど、発育に応じて、遊びの中で体を動かす機会を十分に確保し、自ら体を動かそうとする意欲が育つようにすること。

② 健康な心と体を育てるためには望ましい食習慣の形成が重要であることを踏まえ、離乳食が完了期へと徐々に移行する中で、様々な食品に慣れるようにするとともに、和やかな雰囲気の中で食べる喜びや楽しさを味わい、進んで食べようとする気持ちが育つようにすること。なお、食物アレルギーのある子どもへの対応については、嘱託医等の指示や協力の下に適切に対応すること。

イ　<u>身近な人と気持ちが通じ合う</u>

受容的・応答的な関わりの下で、何かを伝えようとする意欲や身近な大人との信頼関係を育て、人と関わる力の基盤を培う。

(ア) ねらい

① 安心できる関係の下で、身近な人と共に過ごす喜びを感じる。
② 体の動きや表情、発声等により、保育士等と気持ちを通わせようとする。
③ 身近な人と親しみ、関わりを深め、愛情や信頼感が芽生える。

(イ) 内容

① 子どもからの働きかけを踏まえた、応答的な触れ合いや言葉がけによって、欲求が満たされ、安定感をもって過ごす。
② 体の動きや表情、発声、喃語等を優しく受け止めてもらい、保育士等とのやり取りを楽しむ。
③ 生活や遊びの中で、自分の身近な人の存在に気付き、親しみの気持ちを表す。
④ 保育士等による語りかけや歌いかけ、発声や喃語等への応答を通じて、言葉の理解や発語の意欲が育つ。
⑤ 温かく、受容的な関わりを通じて、自分を肯定する気持ちが芽生える。

(ウ) 内容の取扱い

上記の取扱いに当たっては、次の事項に留意する必要がある。

① 保育士等との信頼関係に支えられて生活を確立していくことが人と関わる基盤となることを考慮して、子どもの多様な感情を受け止め、温かく受容的・応答的に関わり、一人一人に応じた適切な援助を行うようにすること。

② 身近な人に親しみをもって接し、自分の感情などを表し、それに相手が応答する言葉を聞くことを通して、次第に言葉が獲得されていくことを考慮して、楽しい雰囲気の中での保育士等との関わり合いを大切にし、ゆっくりと優しく話しかけるなど、積極的に言葉のやり取りを楽しむことができるようにすること。

ウ　<u>身近なものと関わり感性が育つ</u>

身近な環境に興味や好奇心をもって関わり、感じたことや考えたことを表現する力の基盤を培う。

㈦　ねらい
① 身の回りのものに親しみ、様々なものに興味や関心をもつ。
② 見る、触れる、探索するなど、身近な環境に自分から関わろうとする。
③ 身体の諸感覚による認識が豊かになり、表情や手足、体の動き等で表現する。

㈦　内容
① 身近な生活用具、玩具や絵本などが用意された中で、身の回りのものに対する興味や好奇心をもつ。
② 生活や遊びの中で様々なものに触れ、音、形、色、手触りなどに気付き、感覚の働きを豊かにする。
③ 保育士等と一緒に様々な色彩や形のものや絵本などを見る。
④ 玩具や身の回りのものを、つまむ、つかむ、たたく、引っ張るなど、手や指を使って遊ぶ。
⑤ 保育士等のあやし遊びに機嫌よく応じたり、歌やリズムに合わせて手足や体を動かして楽しんだりする。

㈦　内容の取扱い
上記の取扱いに当たっては、次の事項に留意する必要がある。
① 玩具などは、音質、形、色、大きさなど子どもの発達状態に応じて適切なものを選び、その時々の子どもの興味や関心を踏まえるなど、遊びを通して感覚の発達が促されるものとなるように工夫すること。なお、安全な環境の下で、子どもが探索意欲を満たして自由に遊べるよう、身の回りのものについては、常に十分な点検を行うこと。
② 乳児期においては、表情、発声、体の動きなどで、感情を表現することが多いことから、これらの表現しようとする意欲を積極的に受け止めて、子どもが様々な活動を楽しむことを通して表現が豊かになるようにすること。

(3) 保育の実施に関わる配慮事項
ア　乳児は疾病への抵抗力が弱く、心身の機能の未熟さに伴う疾病の発生が多いことから、一人一人の発育及び発達状態や健康状態についての適切な判断に基づく保健的な対応を行うこと。
イ　一人一人の子どもの生育歴の違いに留意しつつ、欲求を適切に満たし、特定の保育士が応答的に関わるように努めること。
ウ　乳児保育に関わる職員間の連携や嘱託医との連携を図り、第3章に示す事項を踏まえ、適切に対応すること。栄養士及び看護師等が配置されている場合は、その専門性を生かした対応を図ること。
エ　保護者との信頼関係を築きながら保育を進めるとともに、保護者からの相談に応じ、保護者への支援に努めていくこと。
オ　担当の保育士が替わる場合には、子どものそれまでの生育歴や発達過程に留意し、職員間で協力して対応すること。

2　1歳以上3歳未満児の保育に関わるねらい及び内容
(1) 基本的事項
ア　この時期においては、歩き始めから、歩く、走る、跳ぶなどへと、基本的な運動機能が次第に発達し、排泄の自立のための身体的機能も整うようになる。つまむ、めくるなどの指先の機能も発達し、食事、衣類の着脱なども、保育士等の援助の下で自分で行うようになる。発声も明瞭になり、語彙も増加し、自分の意思や欲求を言葉で表出できるようになる。このように自分でできることが増えてくる時期であることから、保育士等は、子どもの生活の安定を図りながら、自分でしようとする気持ちを尊重し、温かく見守るとともに、愛情豊かに、応答的に関わることが必要である。
イ　本項においては、この時期の発達の特徴を踏まえ、保育の「ねらい」及び「内容」について、心身の健康に関する領域「健康」、人との関わりに関する領域「人間関係」、身近な環境との関わりに関する領域「環境」、言葉の獲得に関する領域「言葉」及び感性と表現に関する領域「表現」としてまとめ、示している。
ウ　本項の各領域において示す保育の内容は、第1章の2に示された養護における「生命の保持」及び「情緒の安定」に関わる保育の内容と、一体となって展開されるものであることに留意が必要である。

(2) ねらい及び内容
ア　健康
健康な心と体を育て、自ら健康で安全な生活をつくり出す力を養う。
㈦　ねらい
① 明るく伸び伸びと生活し、自分から体を動かすことを楽しむ。
② 自分の体を十分に動かし、様々な動きをしようとする。
③ 健康、安全な生活に必要な習慣に気付き、自分でしてみようとする気持ちが育つ。

㈦　内容
① 保育士等の愛情豊かな受容の下で、安定感をもって生活をする。
② 食事や午睡、遊びと休息など、保育所における生活のリズムが形成される。
③ 走る、跳ぶ、登る、押す、引っ張るなど全身を使う遊びを楽しむ。
④ 様々な食品や調理形態に慣れ、ゆったりとした雰囲気の中で食事や間食を楽しむ。
⑤ 身の回りを清潔に保つ心地よさを感じ、その習慣が少しずつ身に付く。
⑥ 保育士等の助けを借りながら、衣類の着脱を自分でしようとする。
⑦ 便器での排泄に慣れ、自分で排泄ができるようになる。

㈦　内容の取扱い
上記の取扱いに当たっては、次の事項に留意する必要がある。
① 心と体の健康は、相互に密接な関連があるもの

であることを踏まえ、子どもの気持ちに配慮した温かい触れ合いの中で、心と体の発達を促すこと。特に、一人一人の発育に応じて、体を動かす機会を十分に確保し、自ら体を動かそうとする意欲が育つようにすること。
② 健康な心と体を育てるためには望ましい食習慣の形成が重要であることを踏まえ、ゆったりとした雰囲気の中で食べる喜びや楽しさを味わい、進んで食べようとする気持ちが育つようにすること。なお、食物アレルギーのある子どもへの対応については、嘱託医等の指示や協力の下に適切に対応すること。
③ 排泄の習慣については、一人一人の排尿間隔等を踏まえ、おむつが汚れていないときに便器に座らせるなどにより、少しずつ慣れさせるようにすること。
④ 食事、排泄、睡眠、衣類の着脱、身の回りを清潔にすることなど、生活に必要な基本的な習慣については、一人一人の状態に応じ、落ち着いた雰囲気の中で行うようにし、子どもが自分でしようとする気持ちを尊重すること。また、基本的な生活習慣の形成に当たっては、家庭での生活経験に配慮し、家庭との適切な連携の下で行うようにすること。

イ 人間関係
他の人々と親しみ、支え合って生活するために、自立心を育て、人と関わる力を養う。
(ア) ねらい
① 保育所での生活を楽しみ、身近な人と関わる心地よさを感じる。
② 周囲の子ども等への興味や関心が高まり、関わりをもとうとする。
③ 保育所の生活の仕方に慣れ、きまりの大切さに気付く。
(イ) 内容
① 保育士等や周囲の子ども等との安定した関係の中で、共に過ごす心地よさを感じる。
② 保育士等の受容的・応答的な関わりの中で、欲求を適切に満たし、安定感をもって過ごす。
③ 身の回りに様々な人がいることに気付き、徐々に他の子どもと関わりをもって遊ぶ。
④ 保育士等の仲立ちにより、他の子どもとの関わり方を少しずつ身につける。
⑤ 保育所の生活の仕方に慣れ、きまりがあることや、その大切さに気付く。
⑥ 生活や遊びの中で、年長児や保育士等の真似をしたり、ごっこ遊びを楽しんだりする。
(ウ) 内容の取扱い
上記の取扱いに当たっては、次の事項に留意する必要がある。
① 保育士等との信頼関係に支えられて生活を確立するとともに、自分で何かをしようとする気持ち

が旺盛になる時期であることに鑑み、そのような子どもの気持ちを尊重し、温かく見守るとともに、愛情豊かに、応答的に関わり、適切な援助を行うようにすること。
② 思い通りにいかない場合等の子どもの不安定な感情の表出については、保育士等が受容的に受け止めるとともに、そうした気持ちから立ち直る経験や感情をコントロールすることへの気付き等につなげていけるように援助すること。
③ この時期は自己と他者との違いの認識がまだ十分ではないことから、子どもの自我の育ちを見守るとともに、保育士等が仲立ちとなって、自分の気持ちを相手に伝えることや相手の気持ちに気付くことの大切さなど、友達の気持ちや友達との関わり方を丁寧に伝えていくこと。

ウ 環境
周囲の様々な環境に好奇心や探究心をもって関わり、それらを生活に取り入れていこうとする力を養う。
(ア) ねらい
① 身近な環境に親しみ、触れ合う中で、様々なものに興味や関心をもつ。
② 様々なものに関わる中で、発見を楽しんだり、考えたりしようとする。
③ 見る、聞く、触るなどの経験を通して、感覚の働きを豊かにする。
(イ) 内容
① 安全で活動しやすい環境での探索活動等を通して、見る、聞く、触れる、嗅ぐ、味わうなどの感覚の働きを豊かにする。
② 玩具、絵本、遊具などに興味をもち、それらを使った遊びを楽しむ。
③ 身の回りの物に触れる中で、形、色、大きさ、量などの物の性質や仕組みに気付く。
④ 自分の物と人の物の区別や、場所的感覚など、環境を捉える感覚が育つ。
⑤ 身近な生き物に気付き、親しみをもつ。
⑥ 近隣の生活や季節の行事などに興味や関心をもつ。
(ウ) 内容の取扱い
上記の取扱いに当たっては、次の事項に留意する必要がある。
① 玩具などは、音質、形、色、大きさなど子どもの発達状態に応じて適切なものを選び、遊びを通して感覚の発達が促されるように工夫すること。
② 身近な生き物との関わりについては、子どもが命を感じ、生命の尊さに気付く経験へとつながるものであることから、そうした気付きを促すような関わりとなるようにすること。
③ 地域の生活や季節の行事などに触れる際には、社会とのつながりや地域社会の文化への気付きにつながるものとなることが望ましいこと。その際、保育所内外の行事や地域の人々との触れ合いなど

を通して行うこと等も考慮すること。
- エ 言葉
  経験したことや考えたことなどを自分なりの言葉で表現し、相手の話す言葉を聞こうとする意欲や態度を育て、言葉に対する感覚や言葉で表現する力を養う。
  - (ア) ねらい
    ① 言葉遊びや言葉で表現する楽しさを感じる。
    ② 人の言葉や話などを聞き、自分でも思ったことを伝えようとする。
    ③ 絵本や物語等に親しむとともに、言葉のやり取りを通じて身近な人と気持ちを通わせる。
  - (イ) 内容
    ① 保育士等の応答的な関わりや話しかけにより、自ら言葉を使おうとする。
    ② 生活に必要な簡単な言葉に気付き、聞き分ける。
    ③ 親しみをもって日常の挨拶に応じる。
    ④ 絵本や紙芝居を楽しみ、簡単な言葉を繰り返したり、模倣をしたりして遊ぶ。
    ⑤ 保育士等とごっこ遊びをする中で、言葉のやり取りを楽しむ。
    ⑥ 保育士等を仲立ちとして、生活や遊びの中で友達との言葉のやり取りを楽しむ。
    ⑦ 保育士等や友達の言葉や話に興味や関心をもって、聞いたり、話したりする。
  - (ウ) 内容の取扱い
    上記の取扱いに当たっては、次の事項に留意する必要がある。
    ① 身近な人に親しみをもって接し、自分の感情などを伝え、それに相手が応答し、その言葉を聞くことを通して、次第に言葉が獲得されていくものであることを考慮して、楽しい雰囲気の中で保育士等との言葉のやり取りができるようにすること。
    ② 子どもが自分の思いを言葉で伝えるとともに、他の子どもの話などを聞くことを通して、次第に話を理解し、言葉による伝え合いができるようになるよう、気持ちや経験等の言語化を行うことを援助するなど、子ども同士の関わりの仲立ちを行うようにすること。
    ③ この時期は、片言から、二語文、ごっこ遊びでのやり取りができる程度へと、大きく言葉の習得が進む時期であることから、それぞれの子どもの発達の状況に応じて、遊びや関わりの工夫など、保育の内容を適切に展開することが必要であること。
- オ 表現
  感じたことや考えたことを自分なりに表現することを通して、豊かな感性や表現する力を養い、創造性を豊かにする。
  - (ア) ねらい
    ① 身体の諸感覚の経験を豊かにし、様々な感覚を味わう。
    ② 感じたことや考えたことなどを自分なりに表現しようとする。
    ③ 生活や遊びの様々な体験を通して、イメージや感性が豊かになる。
  - (イ) 内容
    ① 水、砂、土、紙、粘土など様々な素材に触れて楽しむ。
    ② 音楽、リズムやそれに合わせた体の動きを楽しむ。
    ③ 生活の中で様々な音、形、色、手触り、動き、味、香りなどに気付いたり、感じたりして楽しむ。
    ④ 歌を歌ったり、簡単な手遊びや全身を使う遊びを楽しんだりする。
    ⑤ 保育士等からの話や、生活や遊びの中での出来事を通して、イメージを豊かにする。
    ⑥ 生活や遊びの中で、興味のあることや経験したことなどを自分なりに表現する。
  - (ウ) 内容の取扱い
    上記の取扱いに当たっては、次の事項に留意する必要がある。
    ① 子どもの表現は、遊びや生活の様々な場面で表出されているものであることから、それらを積極的に受け止め、様々な表現の仕方や感性を豊かにする経験となるようにすること。
    ② 子どもが試行錯誤しながら様々な表現を楽しむことや、自分の力でやり遂げる充実感などに気付くよう、温かく見守るとともに、適切に援助を行うようにすること。
    ③ 様々な感情の表現等を通じて、子どもが自分の感情や気持ちに気付くようになる時期であることに鑑み、受容的な関わりの中で自信をもって表現をすることや、諦めずに続けた後の達成感等を感じられるような経験が蓄積されるようにすること。
    ④ 身近な自然や身の回りの事物に関わる中で、発見や心が動く経験が得られるよう、諸感覚を働かせることを楽しむ遊びや素材を用意するなど保育の環境を整えること。
- (3) 保育の実施に関わる配慮事項
  - ア 特に感染症にかかりやすい時期であるので、体の状態、機嫌、食欲などの日常の状態の観察を十分に行うとともに、適切な判断に基づく保健的な対応を心がけること。
  - イ 探索活動が十分できるように、事故防止に努めながら活動しやすい環境を整え、全身を使う遊びなど様々な遊びを取り入れること。
  - ウ 自我が形成され、子どもが自分の感情や気持ちに気付くようになる重要な時期であることに鑑み、情緒の安定を図りながら、子どもの自発的な活動を尊重するとともに促していくこと。
  - エ 担当の保育士が替わる場合には、子どものそれまでの経験や発達過程に留意し、職員間で協力して対応すること。

監修者・編者・著者紹介

▶ **監修**　**無藤 隆**（むとう たかし）　第1章§1～6
東京大学教育学部卒業。同大学院教育学専攻科博士課程中退。お茶の水女子大学助教授、同子ども発達教育研究センター教授、白梅学園大学教授を経て、現在、白梅学園大学名誉教授。専門は、発達心理学、幼児教育学、保育学。
【著書】『現場と学問のふれあうところ』（新曜社）、『幼児教育のデザイン』（東京大学出版会）他。

▶ **編者代表**　**浜口順子**（はまぐち じゅんこ）　第1章§7、第2章、第5章§3・4
お茶の水女子大学家政学部卒業。同大学院人間文化研究科博士課程単位取得退学。博士（人文科学）。十文字学園女子大学助教授を経て、現在、お茶の水女子大学教授。専門は、幼児教育学、保育人間学。
【著書】『自由保育とは何か』（共著、フレーベル館）、『倉橋惣三「児童心理」講義録を読み解く』（共著、萌文書林）他。

▶ **編者**　**宮里暁美**（みやさと あけみ）　第6章
お茶の水女子大学家政学部卒業。国公立幼稚園教諭、お茶の水女子大学附属幼稚園副園長を経て、現在、お茶の水女子大学アカデミック・プロダクション寄附講座教授。専門は、幼児教育学。
【著書】『シードブック 保育内容 環境』（共著、建帛社）、『新保育講座　保育内容総論』（共著、ミネルヴァ書房）他。

刑部育子（ぎょうぶ いくこ）　第9章
早稲田大学人間科学部卒業。東京大学大学院教育学研究科博士課程単位取得退学。博士（学術）。公立はこだて未来大学講師を経て、現在、お茶の水女子大学教授。専門は幼児教育学、発達心理学。
【著書】『協働と表現のワークショップ』（共著、東信堂）、『保育者論』（共著、北大路書房）他。

▶ **著者**　**砂上史子**（すながみ ふみこ）　第3章
（執筆順）
富山大学教育学部卒業。日本女子大学大学院、お茶の水女子大学大学院を経て白梅学園大学大学院子ども学研究科博士課程修了。博士（子ども学）。現在、千葉大学教育学部教授。専門は保育学。
【著書】『保育現場の人間関係対処法』（編著、中央法規）、『「おんなじ」が生み出す子どもの世界―幼児の同型的行動の機能―』（単著、東洋館出版社）他

吉川はる奈（よしかわ はるな）　第4章
お茶の水女子大学家政学部卒業。同大学院家政学研究科修士課程修了。お茶の水女子大学生活科学部助手を経て、現在、埼玉大学教育学部教授。専門は、保育学、保育臨床学。
【著書】『児童学事典』（編著、丸善出版）、『子育て支援の心理学』（共著、有斐閣）他。

岩立京子（いわたて きょうこ）　第5章§1・2
東京学芸大学教育学部卒業。筑波大学大学院心理学研究科博士課程単位取得退学。博士（心理学）。筑波大学心理学系技官、東京学芸大学教育学部教授を経て、現在、東京家政大学子ども学部子ども支援学科教授。専門は、発達心理学、幼児教育学。
【著書】『乳幼児心理学』（編著、北大路書房）、『保育者を生きる』（共著、東京大学出版会）他

吉永早苗（よしなが さなえ）　第7章
岡山大学教育学部卒業。同大学院教育学研究科修士課程修了。白梅学園大学大学院子ども学研究科博士課程修了。博士（子ども学）。ノートルダム清心女子大学、岡山県立大学を経て、現在、東京家政学院大学教授。専門は、音楽教育、音感受教育。
【著書】『「音」からひろがる子どもの世界』（単著、ぎょうせい）、『共感覚からみえるもの』（共著、勉誠出版）他。

郡司明子（ぐんじ あきこ）　第8章
群馬大学教育学部卒業。横浜国立大学大学院教育学研究科美術教育研究専攻修了。公立小学校、お茶の水女子大学附属小学校教諭を経て、現在、群馬大学共同教育学部教授。専門は、身体性を重視したアート教育。
【著書・論文】『造形表現・図画工作』（共著、建帛社）、「からだ・気づき・対話のアート教育」『子ども学』（萌文書林）他。

事例・写真 提供協力　　　　　　　　　　　　　　　　（五十音順）

お茶の水女子大学いずみナーサリー
お茶の水女子大学附属幼稚園
東京学芸大学附属幼稚園小金井園舎
文京区立お茶の水女子大学こども園
幼児写真家　天野行造

一般財団法人 医療と育成のための
研究所清明会　みどり保育園
お茶の水女子大学附属小学校
齋藤麻由美
東京学芸大学附属小金井小学校
千葉大学教育学部附属幼稚園
土橋もみじ

装幀
大路浩実

本文デザイン・DTP
株式会社明昌堂

新訂 事例で学ぶ保育内容〈領域〉表現

2007年1月7日　初版発行
2008年9月15日　改訂版発行
2017年4月1日　改訂版第5刷発行
2018年4月27日　新訂版第1刷発行
2023年4月1日　新訂版第6刷発行

監修者
無藤 隆

編者代表
浜口順子

発行者
服部直人

発行所
株式会社萌文書林
〒113-0021　東京都文京区本駒込6-15-11
Tel.03-3943-0576　Fax.03-3943-0567
https://www.houbun.com/
info@houbun.com

印刷
シナノ印刷株式会社

ⒸTakashi Muto, Junko Hamaguchi et al. 2018, Printed in Japan
ISBN 978-4-89347-260-1

乱丁・落丁本はお取り替えいたします。
定価はカバーに表示してあります。
本書の無断複写（コピー）・複製は著作権法上での例外を除き禁じられています。
また、代行業者などの第三者による本書のデジタル化は、いかなる場合も著作権法違反となります。